卓越汽车工程师系列

汽车保险与理赔

（第4版）

主　编：付铁军　王乙卉
副主编：马学智　朱　凯
参　编：郑晋军　李松炎

北京理工大学出版社
BEIJING INSTITUTE OF TECHNOLOGY PRESS

内 容 提 要

本教材根据最新汽车保险改革政策与汽车保险行业实践撰写，首先阐述了汽车保险的基本理论知识，汽车保险原则及汽车保险合同的基本原理，在此基础上结合我国汽车保险的发展历程，对汽车保险及费率规章，特别是汽车交通事故责任强制保险以及新版商业汽车保险条款及费率规章进行了细致的分析和讨论，最后系统地讲解了汽车投保、承保、理赔以及车贷险等实务。本教材可作为汽车相关专业的教材，也可作为保险从业人员的培训用书，同时还可作为广大车主系统了解汽车保险理赔知识的参考书。

图书在版编目（CIP）数据

汽车保险与理赔／付铁军，王乙卉主编． --4 版
． --北京：北京理工大学出版社，2022.10
　ISBN 978 - 7 - 5763 - 1749 - 7

Ⅰ．①汽… Ⅱ．①付… ②王… Ⅲ．①汽车保险—理赔—中国—高等学校—教材 Ⅳ．①F842.634

中国版本图书馆 CIP 数据核字（2022）第 187366 号

出版发行／北京理工大学出版社有限责任公司
社　　　址／北京市海淀区中关村南大街5号
邮　　　编／100081
电　　　话／（010）68914775（总编室）
　　　　　　（010）82562903（教材售后服务热线）
　　　　　　（010）68944723（其他图书服务热线）
网　　　址／http://www.bitpress.com.cn
经　　　销／全国各地新华书店
印　　　刷／三河市华骏印务包装有限公司
开　　　本／787 毫米×1092 毫米　1/16
印　　　张／14.25　　　　　　　　　　　　责任编辑／申玉琴
字　　　数／335 千字　　　　　　　　　　　文案编辑／申玉琴
版　　　次／2022 年 10 月第 4 版　2022 年 10 月第 1 次印刷　　责任校对／周瑞红
定　　　价／58.00 元　　　　　　　　　　　责任印制／李志强

前言

目前，我国汽车保险业发展迅速，保险条款日益完善，特别是近年来国家对于汽车保险进行了综合改革。自2020年汽车保险改革以来，随着国家政策的落地生效和不断实践探索，中国银行保险监督管理委员会发布了《关于实施车险综合改革的指导意见》《示范型商车险精算规定》《关于调整交强险责任限额和费率浮动系数的公告》等系列文件，汽车保险综合改革随即启动实施。为适应目前最新汽车保险改革新内容，《汽车保险与理赔》在第3版基础上进行了修订。新版教材由吉林大学技术经济课程教研组联合长春市同济保险公司共同编写，有关汽车保险与理赔业务知识皆依据最新汽车保险理赔行业政策法规，并列举了大量的汽车保险理赔、查勘定损实际案例，教材充分体现了理论基础扎实、内容全面系统，以及兼具新颖性与实用性较强的特点。

本教材可作为车辆工程、汽车服务工程、汽车运用工程等专业的教学用书，也可作为保险从业人员业务培训教材，同时，还可作为广大车主系统了解汽车保险理赔业务知识的参考书。

最后，殷切期望业内同人以及广大读者对本书的疏漏之处，予以批评指正。

编　者

第3版前言

本书为2006年出版的《汽车保险与理赔》教材的第3版，自出版以来，数次重印。2008年第2版，作为中国汽车人才培养工程培训系列教材，被国内多所高校所采用，并深受在校师生及广大读者的欢迎。

随着我国汽车保险业迅速发展，汽车保险理赔政策法规日益完善，特别是2009年新修订的《中华人民共和国保险法》的出台，保监会也相继发布了多项规范汽车保险理赔服务标准。本书主编自2009年被国家人力资源和社会保障部特聘为汽车碰撞估损师培训教师，在培训中积累了丰富的教学经验，为了适应新形势，使读者能够及时、准确、系统地学习掌握我国汽车保险理赔业务知识，特此全面再版编写了本书的第3版。

本书除秉承前版教材的基本结构与基本内容外，主要在以下几个方面进行了修改与完善。

一、依据新修订的《中华人民共和国保险法》，对汽车保险理赔条款进行了及时更新。

二、增加了一些更实用的汽车保险理赔技能知识内容。例如，在理赔实务中参考部委的培训教材，系统地编写了查勘定损的实践技能知识。

三、在汽车保险理赔服务方面，增加了保监会《机动车辆保险理赔管理指引》等有关规范汽车保险理赔市场新标准。

本书在改版过程中，参考借鉴了国家人力资源和社会保障部培训教材的内容，在此对编写部委教材的专家深表感谢。最后，欢迎使用本书的师生和广大读者对本书的误漏之处，予以批评指正。

第2版前言

本书自第一版出版以来，受到广大读者的广泛欢迎。

目前我国汽车保险业发展迅速，保险条款日益完善，特别是随着 2007 年年末交强险保费、理赔限额的变化，各款商业汽车保险也进行了相应的调整。为了适应这一新的形势，使读者能够全面、准确、系统地学习掌握我国汽车保险与理赔的业务知识，本书作者在第一时间进行了全面再版编写，突出了本书的新颖性、实用性强的特点。

本书立足实际、适应新情，内容求新、求全，语言通俗易懂。首先阐述了汽车保险的基本理论知识，着重阐述了汽车保险原则及汽车保险合同。然后结合我国汽车保险的发展历程，对汽车保险条款及费率规章，特别是汽车交通事故责任强制保险以及新版商业汽车保险条款及费率规章进行了细致地分析和讨论。最后系统地讲解了汽车投保、承保、理赔以及车贷险等保险实务。有关汽车保险与理赔业务知识是根据目前我国最新政策法规编写的，并列举了大量汽车保险与理赔的实例。内容简明扼要，博采众长，具有新颖性与实用性较强的特点。

本书可作为车辆工程、汽车营销、汽车服务、汽车运用等专业的教材，也可作为机动车辆保险从业人员的培训用书，同时，还可作为广大保户系统了解机动车辆保险和理赔知识的参考书。

最后，殷切期望广大读者对本书的误漏之处，予以批评指正。

编　者

第 1 版前言

随着汽车工业的发展，汽车及其相关产业的人才需求量也大幅度增长，为了培养汽车复合型、实用型人才，切实掌握汽车保险理赔业务，本书系统地讲解了汽车保险与理赔的基本原理及其运作的专业知识。

本书立足实际、适应新情，内容求新、求全，语言通俗易懂。首先阐述了汽车保险的基本理论知识，着重阐述了汽车保险原则及汽车保险合同。其次结合我国汽车保险的发展历程，对汽车保险条款及费率规章，特别是汽车交通事故责任强制保险以及新版商业汽车保险条款及费率规章进行了细致地分析和讨论。最后系统地讲解了汽车投保、承保、理赔以及车贷险等保险实务。有关汽车保险与理赔业务知识是根据目前我国最新政策法规编写的，并列举了大量汽车保险与理赔的实例。本书内容简明扼要，博采众长，具有新颖性与实用性较强的特点。

本书可作为车辆工程、汽车营销、汽车服务、汽车运用等专业的教材，也可作为机动车辆保险从业人员的培训用书，同时，还可作为广大保户系统了解机动车辆保险和理赔知识的参考书。

目 录

第一章

汽车保险概述

第一节　风险与风险管理

一、风险

（一）风险的含义

德国有句谚语："无风险则无保险"，这已成为保险界的至理名言。认识风险对于理解保险是至关重要的，那么什么是风险呢？

风险一般是指某种事件发生的不确定性。只要某一事件的发生存在着两种或两种以上的可能性，那么该事件即存在着风险。从风险的一般含义可知，风险既可以指积极结果即盈利的不确定性，也可以指损失发生的不确定性。如投资股票有赚钱、赔钱和不赚不赔三种可能，这三种可能都属于风险的不确定性范畴。然而，保险理论上的风险是指损失发生的不确定性，即保险标的发生损失的不确定性。这是从狭义角度界定风险的含义，单指损失，不包括收益。

风险是针对人类的活动而言，没有人类活动，也就无所谓风险。在人类社会发展的漫长历史中，出现过无数次自然灾害与意外事故，造成了不可估量的损失，所以说风险是伴随着人类活动的展开而展开的，没有人类活动，也就不存在风险。当代风险理论认为，在现代社会中，风险无处不在，无处不有。

（二）风险的构成要素

风险是由风险因素、风险事故和损失三个要素构成的。

1. 风险因素

风险因素是指引起或增加某一特定风险事故发生机会或扩大其损失程度的原因或条件。风险因素是风险事故发生的潜在原因，是造成损失的间接原因。对于人而言，风险因素是指健康状况和年龄等；对于汽车而言，风险因素是指制造汽车的材料质量、汽车的结构等。风险因素越多，造成的损失机会越多。根据风险因素的性质不同，通常可将其分为实质风险因素、道德风险因素、心理风险因素。

（1）实质风险因素。实质风险因素也称有形风险因素，是指某一标的本身所具有的足以引起风险事故发生或增加损失机会或加重损失程度的因素。如某一类汽车的刹车系统的可靠性、房屋所处的位置等都属于实质风险因素。在保险实务中，由实质风险因素所引起的损失，大多属于保险责任，是保险公司保障的范围。

（2）道德风险因素。道德风险因素是指由于人们不诚实、不正直或有不轨企图，故意促使风险事故发生，以致引起财产损失和人身伤亡的因素，如投保人或被保险人欺诈、纵火或夸大损失，骗取保险赔款。一般情况下，由于道德风险因素引起的损失不属于保险责任，而属于保险合同中的责任免除。

（3）心理风险因素。心理风险因素是指由于人们疏忽或过失及主观上不注意、不关心、心存侥幸，以致增加风险事故发生的机会和加大损失的严重性的因素。心理风险因素是与人的心理状态有关的无形的风险因素。例如：停车忘了锁门，增加了被偷窃风险的发生；酒后驾车，驾驶有故障车辆，增加了发生交通事故的风险。

道德风险因素和心理风险因素都与人密切相关，可以合并称为人为风险因素，同时这两种风险因素与人的心理活动和道德品质有关，是没有具体形状的，所以，道德风险因素和心理风险因素又可称为无形风险因素。

2. 风险事故

风险事故也称"风险事件"，是指造成人身伤害或财产损失的偶发事件，是造成损失的直接的或外在的原因，是损失的媒介物。即风险只有通过风险事故的发生，才能导致损失。如果风险因素还只是损失发生的可能性，那么风险事故则意味着风险的可能性转化为现实性，即风险的发生。例如，刹车系统失灵酿成车祸而导致人员伤亡，其中刹车失灵是风险因素，车祸是风险事故，人员伤亡是损失。如果仅有刹车系统失灵而未导致车祸，则不会导致人员伤亡。

3. 损失

在风险管理中，损失是指非故意的、非预期的、非计划的经济价值的减少，即经济损失，而像精神打击、政治迫害等行为的结果一般不能视为损失。

在保险实务中，通常可将损失分为两种形态，即直接损失和间接损失。直接损失是指风险事故导致的财产本身损失和人身伤害，这类损失又可称为实质损失；间接损失则是指由直接损失引起的其他损失，包括额外费用损失、收入损失和责任损失等。在有些情况下，间接损失的金额很大，有时甚至超过直接损失。

4. 风险因素、风险事故及损失之间的关系

从风险因素、风险事故及损失之间的关系来看，风险因素引发风险事故，而风险事故导致损失（图1-1）。也就是说，风险因素只是风险事故产生并造成损失的可能性或使这种可能性增加的条件，它并不直接导致损失，只有通过风险事故这个媒介才产生损失。

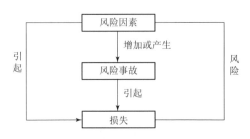

图1-1　风险三要素之间的关系

但是，对于某一特定事件，在一定条件下，风险因素可能是造成损失的直接原因，则它就是引起损失的风险事故；而在其他条件下，可能是造成损失的间接原因，此时它就是风险因素。若因下冰雹使得路滑而发生车祸，造成人员伤亡，这时冰雹是风险因素，车祸是风险事故；若冰雹直接击伤行人，则它是风险事故。

（三）风险的特征

1. 风险的客观性

风险的客观性是指风险是不以人的意志为转移，独立于人的意识之外客观存在的。如自然界的地震、洪水、瘟疫、意外事故等，都是不以人的意志为转移而客观存在。因此，人们只能在一定的时间和空间内改变风险存在与发生的条件，减少风险发生的频率和降低其损失程度，但是无法杜绝风险的存在和发生。正是由于风险存在的客观性，人们才应认识风险、管理风险，使风险造成的损失降到最低程度。于是，保险制度得以产生和发展。

2. 风险的普遍性

风险渗透到人们社会生活和生产的方方面面，无处不在，无处不有。自从人类出现后，就面临着各种各样的风险，如自然灾害、疾病、伤害、战争等。在当今社会，个人面临着生、老、病、死、意外伤害等风险；企业面临着自然风险、市场风险、技术风险、政治风险等。随着科技发展、社会制度的变化也会使新的风险产生，并且新的风险造成的损失也会越来越大，汽车的出现使交通事故增加，交通事故造成的损失也在增加，就是一个明证。

3. 风险的不确定性

风险的不确定性是指风险是否发生不确定，风险发生的时间不确定，风险发生后造成损失程度不确定。从总体上说，风险是客观存在的、普遍存在的，但就具体某一风险而言，其发生是偶然的，是一种随机现象，也是不确定的。

（1）风险是否发生不确定。风险是肯定存在的，但是风险是否发生是不确定的。例如，从总体而言，出行在外谁都面临着车祸风险，但是具体到某个人是否遇到车祸，在出行之前是不能预知的。

（2）风险发生的时间不确定。风险什么时候发生，人们不可预知。例如，人都是要死的，这是人类发展的规律，但是每个人在何时死，是无法预知的。

（3）风险发生后造成损失的程度不确定。风险发生必然造成损失，但是，每一次风险发生后，在经济上带来多大的损失是无法预知的。例如，我国每年都有车祸发生，但是人们无法精确地预知车祸给人们造成多大的损失。

4. 风险的可测定性

个别风险的发生是偶然的，是不可预知的，但通过对大量风险事故的观察会发现，其往往呈现出明显的规律性。根据以往大量资料，利用概率论和数理统计的方法可测算风险事故发生的概率及其损失程度。例如，在汽车保险中，可以根据大量的车祸记录、损失情况，结合其他众多影响因素，就可以测算出不同车险的费率等。

5. 风险的发展性

风险会因时间、空间因素的不断发展变化而发展与变化。人类社会自身进步和发展的同时，也创造和发展了风险。尤其是当代高新科学技术的发展与应用，使风险的发展性更为突出。如原子能的利用、核电站的建立，带来了核污染及核爆炸的巨大风险等。

（四）风险的种类

（1）依据风险性质分类，风险可分为纯粹风险、投机风险与收益风险。

①纯粹风险。纯粹风险是指只有损失机会而无获利可能的风险。如房屋所有者面临的火灾风险，当火灾事故发生时，他们便会遭受经济利益上的损失，而不会得到收益。静态风险一般为纯粹风险。保险公司目前仍以承保纯粹风险为主要业务。

②投机风险。投机风险是相对于纯粹风险而言的，是指既有损失机会又有获利可能的风险。投机风险的后果一般有三种：一是"没有损失"；二是"有损失"；三是"盈利"。如在股票市场上买卖股票，就存在赚钱、赔钱和不赔不赚三种后果，因而属于投机风险。

③收益风险。收益风险是指只会产生收益而不会导致损失的风险。例如，接受教育可使人终身受益，但教育对受教育者的得益程度是无法进行精确计算的，而且，这也与不同的个人因素、客观条件和机遇有密切的关系。对不同的个人来说，虽然付出的代价是相同的，但其收益可能大相径庭，这也可以说是一种风险，有人称之为收益风险，这种风险当然也不能成为保险的对象。

（2）依据风险产生的原因分类，风险可分为自然风险、社会风险、政治风险、经济风险与技术风险。

①自然风险。自然风险是指因自然力的不规则变化使社会生产和社会生活等遭受威胁的风险。如地震、水灾、火灾、风灾等自然现象是经常的，大量发生的。在各类风险中，自然风险是保险人承保最多的风险。

②社会风险。社会风险是指由于个人的异常行为或不可预料的团体行为使社会生产及人们生活遭受损失的风险。如盗窃、抢劫、玩忽职守及故意破坏等行为将可能对他人财产造成损失或人身造成伤害，所以，它们都属于社会风险。

③政治风险。政治风险又称为"国家风险"，是指在对外投资和贸易过程中，因政治原因或订约双方所不能控制的原因，使债权人可能遭受损失的风险。如因输入国实施进口或外汇管制，对输入货物加以限制或禁止输入造成合同无法履行等。

④经济风险。经济风险是指在生产和销售等经营活动中由于受各种市场供求关系、经济贸易条件等因素变化的影响或经营者决策失误，对前景预期出现偏差等导致经营失败的风险。如企业生产规模的增减、市场预测失误、消费需求变化、汇率变化等所导致经济损失的风险。

⑤技术风险。技术风险是指伴随着科学技术的发展、生产方式的改变而发生的风险，如核辐射、空气污染、噪声等风险。

（3）依据风险标的分类，风险可分为财产风险、人身风险、责任风险与信用风险。

①财产风险。财产风险是指导致财产的损毁、灭失或贬值的风险。财产风险强调风险事故所作用的对象是有形的财产及预期收益，而非人身。如车祸属于财产风险，其能造成汽车等有形财产的损毁或火失。

②人身风险。人身风险是指导致人的伤残、死亡、丧失劳动能力及增加费用支出的风险。如人会因生、老、病、死等生理规律和自然、政治、军事、社会等原因导致早逝、伤残、年老无依靠等。

③责任风险。责任风险是指因侵权或违约依法对他人遭受的人身伤亡或财产损失应负赔偿责任的风险。如驾车不慎撞人，造成对方伤残或死亡；医疗事故造成病人病情加重、伤残

或死亡；生产或销售的产品造成他人伤残或死亡等：驾驶员、医院、生产者或经销者面临的这种风险均属于责任风险。

④信用风险。信用风险是指在经济交往中，权利人与义务人之间，由于一方违约或违法致使对方遭受经济损失的风险。如银行放贷有贷款收不回来的风险。

（4）按风险涉及的范围分类，风险可分为特定风险与基本风险。

①特定风险。特定风险是指与特定的人有因果关系的风险，即由特定的人所引起，而且损失仅涉及个人的风险。例如，盗窃、火灾等都属于特定风险。

②基本风险。基本风险是指其损害波及社会的风险。基本风险的起因及影响都不与特定的人有关，至少是个人所不能阻止的风险。例如，与社会或政治有关的风险、与自然灾害有关的风险，都属于基本风险。

特定风险和基本风险的界限，对某些风险来说，会因时代背景和人们观念的改变而有所不同。如失业，过去被认为是特定风险，而现在被认为是基本风险。

除此之外，还存在其他的风险分类方法。例如，风险依其是否可以被商业保险承保可分为可保风险和不可保风险两类。可保风险是指可用商业保险方式加以管理的风险，静态风险、财产风险、人身风险、责任风险、信用风险等都是可保风险；不可保风险就是商业保险不予以承保的风险，动态风险、投机风险等都是不可保风险。一般而言，可保风险都是可管理风险，但是不可保风险不一定是不可管理风险。不可保风险仅是指商业保险无法处理的风险，某些不可保风险可以通过其他方式加以处理。

二、风险管理

（一）风险管理的含义

风险管理是指个人、家庭和各种组织对可能遇到的风险进行风险识别、风险估测、风险评价，并在此基础上选择与优化组合各种风险管理技术，对风险实施有效控制和妥善处理风险所致损失的后果，从而以最小的成本获得最大的安全保障的决策及行动过程。

风险管理含义的具体内容：①风险管理的对象是风险；②风险管理的主体可以是任何组织和个人，如个人、家庭、组织（包括营利性组织和非营利性组织）；③风险管理的过程包括风险识别、风险衡量、风险评价、选择风险管理技术和评估风险管理效果等；④风险管理的基本目标是以最小的成本获得最大的安全保障，具体可分为损失发生之前的目标（减少损失发生的频率）和损失发生之后的目标（降低损失程度）；⑤风险管理成为一个独立的管理系统，并成为一门新兴的学科，在20世纪70年代才得到广泛的重视。

（二）风险管理的意义

1. 对企业而言风险管理的意义

（1）通过风险管理能够为企业提供安全的生产经营环境。企业通过对可能造成风险因素的分析，采取了有效的防范措施，保证了企业的安全生产，进而使生产经营活动正常运行。

（2）风险管理能够促进企业决策的科学化、合理化，减少决策失误的风险。风险管理利用科学系统的方法，管理和处置各种风险有利于企业减少和消除经营风险、决策失误风险，顺利实现企业的生产经营目标。

（3）风险管理能够促进企业经营效益的提高。风险管理的实施可以使企业面临的风险损失降到最低，并能在损失发生后及时合理地得到经济补偿，使企业直接或间接地减少了费用支出，进而可以提高企业的经营效益。

2. 对社会而言风险管理的意义

（1）风险管理有利于资源的有效配置。风险管理是积极地防止和控制风险，它可以在很大程度上减少风险损失，并为风险损失提供补偿，促使更多的社会资源合理地向所需部门流动。

（2）风险管理有利于经济的稳定发展。风险管理的实施有助于消除风险给经济、社会带来的各种不良后果，将风险造成的损失降到最低，有助于社会生产顺利进行，促进经济的稳定发展。

（3）风险管理为保障社会经济的发展创造了安全的社会经济环境。风险管理通过风险的避免、预防、转移等方式，提供最大的安全保障，从而减少生产者对风险的忧虑，使人们生活在一个安定的社会经济环境中，有利于经济的发展。

（三）风险管理的程序

风险管理的基本程序可分为风险识别、风险衡量、风险评价、选择风险管理技术和评估风险管理效果五个环节。

1. 风险识别

风险识别是风险管理的第一步，是指对企业、家庭或个人面临的和潜在的风险加以判断、归类和对风险性质进行鉴定的过程，即对尚未发生的、潜在的和客观存在的各种风险系统地、连续地进行识别和归类，并分析产生风险事故的原因。对风险的识别，既可以通过以往经验和直接感知进行判断识别，又可以借助各种客观的经营资料、会计和统计资料及风险记录进行分析、归纳和整理，从而发现各种风险损害情况；尽可能把握风险内在的、规律性的东西。风险识别的目的有两个：一是用于衡量风险的大小；二是提供最适当的风险管理对策。风险识别是否全面、深刻，直接影响风险管理决策质量，进而影响整个风险管理的最终效果。

2. 风险衡量

风险衡量是在风险识别的基础上，通过对所收集的大量资料进行分析，利用概率统计理论估计和预测风险发生概率与损失程度。风险衡量所要解决的两个问题是损失概率和损失严重程度。其最终目的是为正确选择风险的处理方法提供依据和信息。

3. 风险评价

风险评价是在风险识别和风险衡量的基础上，对风险发生的概率、损失程度，结合其他因素进行全面考虑，评估发生风险的可能性及其危害程度，并与公认的安全指标相比较，以衡量风险的程度，并决定是否需要采取相应的措施。处理风险需要一定的费用，费用与风险损失之间的比例关系直接影响风险管理的效益。通过对风险的定性、定量分析和比较处理风险所支出的费用，来确定风险是否需要处理和处理程度，以判定为处理风险所支出的费用是否有效益。风险评价是风险管理活动中的重要一环，其对决策方向影响很大。对风险做出科学的分析和判断，对整个风险管理具有决策性的意义。

4. 选择风险管理技术

在做好风险识别的前提下，根据风险评价结果，为实现风险管理目标，选择最佳风险管理技术并加以实施是风险管理中最为重要的环节。风险管理技术可分为控制型方法和财务型方法两大类。

（1）控制型方法。控制型方法是指避免、消除风险或减少风险发生频率及控制风险损失扩大的一种风险管理方法。其中心目的是降低损失频率和减少损失程度，重点在于改变引起风险事故和扩大损失的各种条件。其方法主要包括避免、预防和抑制。

①避免。避免是指放弃某项活动以达到回避因从事该项活动可能导致风险损失的目的的行为。它是处理风险的一种消极方法。避免风险虽简单易行，有时能够彻底根除某种风险，但又会产生另一种新的风险，如担心锅炉爆炸，就放弃利用锅炉烧水，改用电热炉等，但又存在因电压过高致使电热炉被损坏的风险。此外，有时因回避风险而放弃了经济利益，增加了机会成本，并且在采取风险避免这种方法时通常会受到一定条件的限制。如新技术的采用、新产品的开发都可能带有某种风险，而如果放弃这些计划，企业就无法从中获得高额利润。

②预防。预防是指在风险发生前为了消除和减少可能引起损失的各种因素而采取的措施。其目的是通过消除或减少风险因素而降低损失发生频率的目的。例如，定期对车辆进行检查，虽不能完全消除车祸风险，但可以及时发现车辆的故障，从而减少车辆损失的机会或减轻车辆损失的程度。

③抑制。抑制是指风险事故发生时或发生后采取的各种防止损失扩大的措施。抑制是处理风险的有效技术，通常在损失发生可能性高并且风险又无法避免和转嫁的情况下采用。例如，汽车中设置被动安全装置，如安全气囊、防抱死制动系统等，其目的是控制事故发生时损失扩大。

（2）财务型方法。财务型方法是事先做好吸纳风险成本的财务安排，通过提留风险准备金，事先做好吸纳风险成本的财务安排来降低风险成本的一种风险管理方法。由于人们对风险的认知受许多因素的制约，因而对风险的预测和估计不可能达到绝对精确的地步，而各种控制处理方法，都有一定的缺陷。为此，有必要采取财务法，以便在财务上预先提留各种风险准备金，消除风险事故发生时所造成的经济困难和精神忧虑，为企业恢复生产、为个人维持正常生活等提供财务资金上的支持。财务型方法包括自留或承担和转移两种。

①自留或承担。风险自留是经济单位或个人自己承担全部风险成本的一种风险管理方法，即对风险的自我承担。自留有主动自留和被动自留之分。采取自留方法，应考虑经济上的合算性和可行性。一般来说，在风险所致损失频率和幅度低、损失在短期内可预测及最大损失不足以影响自己的财务稳定时，宜采用自留方法。但有时会因风险单位数量的限制而无法实现其处理风险的功效，一旦发生损失，可能导致财务调度上的困难而失去其作用。

②转移。风险转移是一些单位或个人为避免承担风险损失而有意识地将风险损失或与风险损失有关的财务后果转嫁给另一单位或个人承担的一种风险管理方式。风险转移可分为非保险转移和保险转移。非保险转移是通过合同将风险损失的财务后果转移给非保险公司的其他人，称为财务型非保险转移。例如，出租汽车公司可以与承包的驾驶员签订合同，由驾驶员承担交通事故中的责任风险。这样的合同尽管转移了风险，一般来说也必然将一部分利益转移给风险受让者，例如，驾驶员在接受交通事故责任风险时，必然会要求少缴纳承包费用，出租汽车公司的利润将有所减少。保险转移是通过保险合同将风险转移给保险公司。此种方法是风险管理方法中最常用、最有效的财务措施。例如，机动车辆所有者可以通过订立保险合同，将其车辆面临的风险转嫁给保险人。

5. 评估风险管理效果

评估风险管理的效果是指对风险管理技术适用性及收益性情况的分析、检查、修正和评估。风险管理效益的大小取决于是否能以最小风险成本取得最大安全保障，同时，在实务中还要考虑风险管理与整体管理目标是否一致，是否具有具体实施的可行性、可操作性和有效性。风险处理对策是否最佳，可通过评估风险管理的效益来判断。

风险处理方法结构如图 1 – 2 所示。

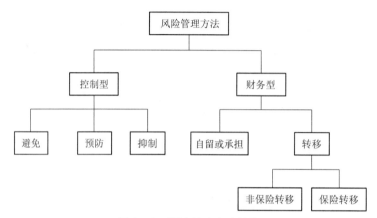

图 1 – 2   风险处理方法结构

（四）风险管理与保险的关系

风险管理与保险关系密切，主要表现如下：

（1）风险管理与保险所研究的对象一致。风险是风险管理和保险的共同研究对象，只是保险研究的是风险中的可保风险。

（2）风险是风险管理与保险产生和存在的前提。风险是客观存在的，是不以人的意志为转移的。风险的发生直接影响社会生产过程的继续进行和家庭正常的生活，因而产生了人们对损失进行补偿的需要，于是，人们开始对风险加以管理，保险是一种被社会普遍接受的经济补偿方式和风险管理的有效方法。因此，风险是风险管理与保险产生和存在的前提，风险的存在是保险关系确立的基础。

（3）保险是一种传统和有效的风险管理方法之一。人们面临的各种风险损失，一部分可以通过控制的方法消除或减少，但风险不可能全部消除。各种风险造成的损失，仅靠自身力量解决，就需要提留与自身财产价值等量的后备基金，这样既造成资金浪费，又难以解决巨额损失的补偿问题，从而转移就成为风险管理的重要手段。保险作为转移方法之一，长期以来被人们视为传统的处理风险手段。通过保险，将不能自行承担的集中风险转嫁给保险人，以小额的固定支出换取对巨额风险的经济保障，使保险成为处理风险的有效措施。

（4）保险经营效益受风险管理技术的制约。保险经营效益的大小受多种因素的制约，风险管理技术作为非常重要的因素，对保险经营效益产生很大的影响。如对风险的识别是否全面，对风险损失的频率和造成损失的幅度估计是否准确，哪些风险可以接受承保，哪些风险不可以承保，保险的范围应有多大，程度如何，保险成本与效益的比较等，都制约着保险的经营效益。

第二节 保险概述

一、保险的含义

"保险"是由英文"Insurance"翻译而来的,刚传入中国时用"燕梳"(Insurance 的译音)来代替。20 世纪 40 年代,逐渐改称为现在的"保险"。人们对保险的解释有很多种,如何确切理解保险的含义呢?

一般来说,保险有广义和狭义之分。广义的保险是指通过建立专门用途的后备基金或保障基金,用于补偿因自然灾害和意外造成的损失,是为社会安定发展而建立物质储备的一种经济补偿制度。为此,广义的保险包括国家政府部门经办的社会保险、按商业原则经营的商业保险及由保险人集资合办的合作保险等,范围比较广泛。狭义的保险仅指商业保险,即按照商业化的原则,通过合同的形式,采用科学的计算方法,集合多数单位和个人,收取保险费,建立保险基金,用于在合同范围内的灾害事故所造成的损失进行补偿的经济保障制度。本书所研究的保险即狭义的商业保险。

(1)从法律角度加以深入分析:保险是一种法律关系,保险双方当事人以合同约定各自享有的权利和承担的义务。保险是一方支付保险费,另一方承担风险损失的法律关系。《中华人民共和国保险法》(以下简称《保险法》)中所说的保险特指商业保险,保险是建立在当事人双方法律地位平等的基础上的自愿行为。

(2)从经济角度进一步分析:保险是风险管理的一种方法,以风险损失分摊机制为基础的一种处理风险的经济机制,它是以面临同质风险的经济单位或个人为对象,通过风险损失分摊机制来实现风险成本最低化的经济方法。

综上所述,保险的含义应该包括四个方面的内容:一是指商业保险行为;二是合同行为;三是权利义务行为;四是经济补偿或保险金给付以合同约定的保险事故发生为条件。因此,可以给保险一个较完整的定义:保险是指投保人根据合同约定,向保险人支付保险费,保险人对于合同约定的可能发生的事故因其发生而造成的财产损失承担赔偿保险金的责任,或者当被保险人死亡、伤残和达到合同约定的年龄、期限时承担给付保险金的义务。

二、保险的要素

现代商业保险的要素主要包括以下五个方面的内容。

(一)可保风险的存在

可保风险是指符合保险人承保条件的特定风险。一般来说,可保风险应具备的条件如下。

1. 风险应当是纯粹风险

保险人承保的风险,只能是仅有损失可能而无获利机会的风险,对于买卖股票而产生的风险,保险人是不承保的。因为投资者既有因股票价格下跌而亏损的可能,又有因股票价格上涨而盈利的机会,所以这是一种投机风险而不是纯粹风险。

2. 必须是意外发生的

意外的风险损失不包括必然会发生和被保险人的故意行为造成的风险。上面提到过的诸如货物的自然损耗和机器设备折旧等现象就是必然发生的，还有被保险人的故意行为（如故意纵火行为）造成的火灾损失，均不属于保险人的可保风险的责任范围。但是，在实际业务中，对一些必然发生的风险损失（如自然损耗的必然损失），经保险人同意，在收取适当保险费用后，也可特约承保。而且，保险人也可承保第三人的故意行为或不法行为所引起的风险损失。例如，在保证保险、信用保险中，保险人对由于另一方不履行与被保险人约定的义务，而应对被保险人承担的经济赔偿责任给予赔偿。再如，财产保险中的偷盗险，保险人承担的赔偿责任也是由于盗贼的故意行为所造成的风险损失。

3. 风险应当使大量保险标的均有遭受重大损失的可能性

可保风险必须是大量保险标的都有可能遭受重大损失的风险。因为如果一种风险只会导致轻微损失，那么就无须通过保险求得保障。再者，保险需要以大数法则作为保险人建立保险基金的数理基础，假如一种风险只是个别或少量标的所具有，那就缺乏这种基础，保险人也就无法利用大数法则计算危险产生的概率和损失程度，从而难以确定保险费费率，进行保险经营。

4. 风险不能使大多数的保险标的同时遭受损失

风险不能使大多数的保险标的同时遭受损失，要求损失的发生具有分散性。因为保险的目的是以多数人支付的小额保费，赔付少数人遭遇的大额损失。如果大多数保险标的同时遭受重大损失，则保险人通过向投保人收取保险费所建立起的保险资金根本无法抵消损失。

5. 风险必须具有现实的可测性

如果风险发生及其所致的损失无法测定，保险人也就无法制定可靠稳定的保险费费率，也难以科学经营，这将使保险人面临很大的经营风险。

（二）大量同质风险的集合与分散

保险的过程既是风险的集合过程，又是风险的分散过程。保险人通过保险将众多投保人所面临的分散性风险集合起来，当发生保险责任范围内的损失时，又将少数人发生的损失分摊给全部投保人；也就是通过保险的补偿或给付行为分摊损失，将集合的风险予以分散。保险风险的集合与分散应具备两个前提条件：一是风险的大量性；二是风险的同质性。

（三）保险费费率的厘定

保险在形式上是一种经济保障活动，而实质上是一种特殊商品的交换行为，因此，制定保险商品的价格，即厘定保险费费率，便构成了保险的基本要素。

（四）保险基金的建立

保险基金是指保险人为保证其如约履行保险赔偿或给付义务，根据政府有关法律规定或业务特定需要，从保费收入或盈余中提取的与其所承担的保险责任相对应的一定数量的基金。为了保证保险公司的正常经营，保护被保险人的利益，各国一般都以保险立法的形式规定保险公司应提存保险准备金，以确保保险公司具备与其保险业务规模相应的偿付能力。

（五）保险合同的订立

保险作为一种民事法律关系，是投保人与保险人之间的权利义务关系，这种关系需要有法律关系对其进行保护和约束，即通过一定的法律形式固定下来，这种法律形式就是保险合同。保险合同是保险双方当事人履行各自权利与义务的依据。保险双方当事人的权利与义务是相互对应的。投保人有承担缴纳保险费的义务，同时又获得保险赔偿或给付的权利；保险人收取保险费的权利就是以承担赔偿或给付被保险人的经济损失的义务为前提的。

三、保险的特征

1. 经济性

保险是通过保险补偿或给付而实现的一种经济保障活动。保险的经济性主要体现在保障对象、保障手段、保障目的等方面。其保障对象财产和人身都直接或间接属于社会再生产中的生产资料和劳动力两大经济要素；其实现保障的手段大多最终采取支付货币的形式进行补偿或给付；其保障的根本目的，无论从宏观的角度还是微观的角度，都是与社会经济发展相关的。

2. 商品性

保险体现了一种等价交换的经济关系，也就是商品经济关系。这种商品经济关系直接表现为个别保险人与个别投保人之间的交换关系，间接表现为在一定时期内全部保险人与全部投保人之间的交换关系，即保险人销售保险产品，投保人购买保险产品的关系。

3. 互助性

保险是一种经济互助行为。保险在一定条件下，分担了单位和个人所不能承担的风险，从而形成一种经济互助关系。这种经济互助关系通过保险人用多数投保人缴纳的保险费建立的保险基金对少数遭受损失的被保险人提供补偿或给付而得以体现。它体现的是"一人为众、众为一人"的互助特性。

4. 法律性

保险具有明显的法律性质。保险是一种合同行为，是一方同意补偿另一方损失的一种合同安排。同意提供损失赔偿的一方是保险人；接受损失赔偿的一方是投保人或被保险人。双方的权利和义务关系受法律约束与调整。保险的法律性不仅体现在保险本身是一种合同行为，法律是保险行为的规范和实现条件，而且法律也是保险组织和保险业务活动的前提条件。

5. 科学性

保险是处理风险的科学、有效措施。现代保险经营以概率论和大数法则等科学的数理理论为基础。保险费费率的厘定、保险准备金的提存等都是以科学的数理计算为依据的。保险是一种科学处理风险的经济方法。

四、保险的分类

（一）按照保险标的分类

按照保险标的分类，保险可分为财产保险和人身保险。

1. 财产保险

财产保险是以财产及其有关利益为保险标的的一种保险，包括财产损失保险、责任保险、信用保险等保险业务。财产损失保险是以各类有形财产为保险标的的财产保险；责任保险是以被保险人对第三者的财产损失或人身伤害依照法律和契约应负的赔偿责任为保险标的的保险；信用保险是以各种信用行为为保险标的的保险。

2. 人身保险

人身保险是以人的寿命和身体为保险标的的保险，包括人寿保险、健康保险、意外伤害保险等保险业务。人寿保险是以被保险人的寿命作为保险标的，以被保险人的生存或死亡为给付保险金条件的一种人身保险；健康保险是以被保险人的身体为保险标的，使被保险人在疾病或意外事故所致伤害时发生的费用或损失获得补偿的一种人身保险业务；意外伤害保险是以被保险人的身体为保险标的，以意外伤害而致被保险人身故或残疾为给付保险金条件的一种人身保险。

（二）按照承保方式分类

按照承保方式分类，保险可分为原保险、再保险、共同保险和重复保险。

1. 原保险

原保险是保险人与投保人之间直接签订保险合同而建立保险关系的一种保险。在原保险关系中，保险需求者将其风险转嫁给保险人，当保险标的遭受保险责任范围内的损失时，保险人直接对被保险人承担赔偿责任。

2. 再保险

再保险（也称"分保"）是保险人将其所承保的风险和责任的一部分或全部，转移给其他保险人的一种保险。转让业务的是原保险人；接受分保业务的是再保险人。这种风险转嫁方式是保险人对原始风险的纵向转嫁，也是保险人与保险人之间的业务往来，即第二次风险转嫁。

3. 共同保险

共同保险（也称"共保"）是由几个保险人联合直接承保同一保险标的、同一风险、同一保险利益的保险。共同保险的各保险人承保金额的总和等于保险标的的保险价值。在保险实务中，可能是多个保险人分别与投保人签订保险合同，也可能是多个保险人以某一保险人的名义签订一份保险合同。与再保险不同，这种风险转嫁方式是保险人对原始风险的横向转嫁，它仍属于风险的第一次转嫁。

4. 重复保险

重复保险是投保人以同一保险标的、同一保险利益、同一保险事故分别与两个或两个以上保险人订立保险合同的一种保险。重复保险的各保险人承保金额总和大于保险标的的保险价值。与共同保险相同，重复保险也是投保人对原始风险的横向转嫁，也属于风险的第一次转嫁。

（三）按照实施方式分类

按照实施方式分类，保险可分为强制保险和自愿保险。

1. 强制保险

强制保险（又称"法定保险"）是由国家（政府）通过法律或行政手段强制实施的一种保险。强制保险的保险关系虽然也是产生于投保人与保险人之间的合同行为，但是合同的订立受制于国家或政府的法律规定。强制保险的实施方式有两种选择：一是保险标的与保险人均由法律限定；二是保险标的由法律限定，但投保人可以自由选择保险人。强制保险具有全面性与统一性的特征，如机动车交通事故责任强制保险。

2. 自愿保险

自愿保险是在自愿原则下，投保人与保险人双方在平等的基础上，通过订立保险合同而建立的保险关系。自愿保险的保险关系是当事人之间自由决定、彼此合意后所建立的合同关系。投保人可以自由决定是否投保、向谁投保、中途退保等，也可以自由选择保险金额、保障范围、保障程度和保险期限等。保险人也可以根据情况自愿决定是否承保、怎样承保等。

（四）按照保额确定方式分类

按照保额确定方式分类，保险可分为定值保险和不定值保险。

1. 定值保险

定值保险是指双方当事人事先确定保险标的（财产）的保险价值，并在合同中载明，以确定保险金最高限额的保险。保险标的的价值是指保险财产投保当时的实际价值，也称约定保险价值。在定值保险的场合，保险事故发生后，保险人应该按照约定的保险价值作为给付保险赔偿金的基础。在实践中，定值保险多适用以艺术品、矿石标本、贵重皮毛、古玩、字画、邮票等不易确定价值的特殊商品为标的的财产保险。海洋货物运输保险也多采用这种方式，因为保险标的物的价值在时间及空间上差异较大，如果在事后估计损失，在技术上受到很大的限制。在定值保险中，除非保险人能够证明被保险人有欺诈行为，否则在保险事故发生以后，保险人不得以保险标的的实际价值与约定价值不符为由拒绝履行赔偿义务，即发生保险事故时，无论财产的价值如何，保险人均按照约定的保险金额来计算赔款。如果发生部分损失则按照保险金额乘以损失程度进行赔偿（在美国的保险学教材中，大多将人寿保险与健康保险也称作定值保险。但在我国通常将定值保险与不定值保险的分类限定在财产保险中）。

2. 不定值保险

不定值保险是指保险双方当事人对保险标的不预先确定价值，而在保险事故发生后再估算价值、确定损失的保险形式。也就是说，在保险合同中只列明保险的金额作为赔偿的最高限额而不是列明保险标的的价值。在实践中，大多数财产保险，如企业财产保险、机动车辆保险等均采用不定值保险的形式。

不定值保险的保险金额是在订立合同时确定的，而核定保险价值是在保险事故发生的时候，由于随着时间的延伸产生价差，即在客观上就会产生保险金额与保险价值不一致的情况。

五、保险与相似制度的比较

（一）保险与社会保险

社会保险是国家或政府通过立法形式，采取强制手段对全体公民或劳动者因遭遇年老、疾病、生育、伤残、失业和死亡等社会特定风险而暂时或永久失去劳动能力、失去生活来源或中断劳动收入时的基本生活需要提供经济保障的一种制度。其主要包括养老保险、医疗保险、失业保险、工伤保险、生育保险。

这里，保险与社会保险的比较主要是对人身保险与社会保险的比较。

1. 人身保险与社会保险的共同点

从产生伊始，社会保险与人身保险就相伴相随、共同发展，两者既相互联系，又相互区别。从表面看来，社会保险包括的保险事故除失业外，与人身保险所包括的保险事故基本相同，即都对人的生、老、病、残、死等危险事故提供保障；从经营技术上都以大数法则作为数理基础，都要求参与者的数量多；从举办的目的上看，都是为了人们生活安定、社会稳定及促进社会的发展。

2. 人身保险与社会保险的区别

（1）经营主体不同。人身保险的经营主体必须是商业保险公司。在我国，经办社会保险的机构是由人力资源和社会保障部授权的社会保险机构。

（2）法律依据和实施方式不同。

①法律依据不同：人身保险是依合同实施的民事行为，保险关系的建立是以保险合同的形式体现的。因此，人身保险关系要通过《民法典》加以调整和约束。而社会保险是依法实施的政府行为，享受社会保险的保障是宪法赋予公民或劳动者的一项基本权利。为了保证这一权利的实现，国家颁布了社会保险方面的法规，属于社会立法范畴。

②实施方式不同：人身保险合同的订立必须贯彻平等互利、协商一致、自愿订立的原则，除少数险种外，大多数险种在法律上没有强制实施的规定。而社会保险具有强制实施的特点，是通过法律来强制实施的。

（3）适用原则不同。人身保险强调"个人公平"原则。人身保险是以合同体现双方当事人关系的，双方的权利与义务是对等的，即保险人承担赔偿和给付保险金的责任完全取决于投保人是否缴纳保险费及缴纳的数额，也就是多投多保，少投少保，不投不保。社会保险强调"社会公平"原则。社会保险因其与政府的社会经济目标相联系，以贯彻国家的社会政策和劳动政策为宗旨。投保人的交费水平与保障水平的联系并不紧密，为了体现政府的职责，无论投保人交费多少，给付标准原则上是统一的，甚至有些人可以免交保险费，但同样能获得社会保险的保障。

（4）保障水平与保费负担不同。两者的保障水平不同。人身保险的保障目标是在保险金额限度内对保险事故所致的损害进行保险金的给付。这一目标可以满足人们一生中生活消费的各个层次的需要，即生存、发展与享受都可以通过购买人身保险得到保障。而社会保险的保障目标是通过社会保险金的支付保障社会成员的基本生活需要，即生存需要，因而保障水平相对较低。两者的保险费负担也不同。交付保险费是人身保险投保人应尽的基本义务，而且保险费中不仅包括死亡、伤残、疾病等费用，还包括保险人的营业与管理费用，全部费用都由投保人负担。因而，人身保险的收费标准一般较高，高于社会保险收费标准，而社会保险的保险费通常是由个人、企业和政府三方共同负担的，至于各方的负担比例，则因项目不同、经济承担能力不同而各异。

（二）保险与储蓄

保险与储蓄既有联系，又有区别。

1. 保险与储蓄的相同点

保险与储蓄都是以现有剩余资金用作将来的准备，即聚集一定资金作为必要的后备，尤其是人身保险的生存保险及两全保险的生存部分，几乎与储蓄难以区分。

2. 保险与储蓄的区别

（1）危险处理方法不同。储蓄是纯粹的个人行为，是增强个人或家庭未来对付自然灾害和意外事故的能力的一种办法，是将生活费的结余存到银行，逐步形成一定数量的储蓄金，作为个人和家庭的后备。储蓄是属于自保范围的应付危险的方法之一，自存自用，目的是应付未来支出的增加。而保险是一种互助行为，是由众人共同参加、交付保险费，建立保险基金，帮助少数人克服自己或他人因发生危险而引起的生活困难或是改变了生活倚仗和生活水准，体现的是"人人为我，我为人人"的保险宗旨，目的是分散危险、分摊损失。

（2）对价关系不同。保险尽管从被保险人总体的角度可以看作储蓄，总保险费收入及其利息在扣除管理费用以外，基本上等于总的赔偿金或给付金，但从单个被保险人来看，被保险人缴纳的保险费与其享受的赔款或给付并不一致；而储蓄无论从总体还是个人方面来看，只要存款就可以提款，提取的金额等于本金加利息，利息的多少受本金数量和存款时间长短的限制，对每一个储户都保持这种对等的关系。

（3）行为发生的前提不同。保险事故发生以后，只要符合保险赔偿的给付条件，被保险人或受益人即可得到保险补偿，而无论投保人缴纳保险费的多少和缴纳时间的长短；而储蓄不同，储户提款不以灾害的发生为前提。

（4）资金属性不同。保险费所形成的保险基金，是为将来补偿做准备的，是全体被保险人的共同财产，保险人同意用于特殊目的，被保险人一般无权干涉；而储蓄存款无论时间长短，其所有者和使用者都是储户个人，他随时可以自由支配。

第三节 汽车保险的含义、特征、功能、作用

一、汽车保险的含义

（一）汽车保险的定义

汽车保险是以汽车本身及其第三者责任为保险标的的一种财产保险。这里的汽车是指经交通管理部门检验合格、核发有效行驶证和号牌的机动车，包括汽车、电车、电瓶车、拖拉机、各种专业机械车、特种车。

从汽车保险的定义可以看出，汽车保险的保险对象为汽车及其相关的经济责任，所以，汽车保险既属于财产保险又属于责任保险。随着汽车保险业的发展，其保险标的除最初的汽车外，已经扩大到所有的机动车辆。世界上许多国家至今仍沿用汽车保险的名称，而我国已经明确定义为机动车辆保险。汽车保险属于机动车辆保险的一部分。

（二）汽车保险的要素

汽车保险的要素和保险的要素相同，也包括五大要素，分别如下。

（1）车祸风险的客观存在。

（2）相同性质、相同类型车祸的分散与集合。

（3）汽车保险费费率的厘定。

（4）建立汽车保险基金。

（5）汽车保险合同的订立。

（三）与汽车保险相关的基本概念

1. 保险标的

保险标的是保险保障的目标和实体，是指保险合同双方当事人权利和义务所指向的对象。汽车保险的保险标的是汽车及其相关经济责任。

2. 保险人

保险人是指与投保人订立汽车保险合同，收取保险费，为被保险人提供保障的人。汽车保险的保险人是指经营汽车保险业务的保险公司。

3. 投保人

投保人是指与保险人订立保险合同，并按照保险合同负有支付保险费义务的人。汽车投保人是指与保险人订立汽车保险合同，并按照汽车保险合同负有支付保险费义务的人。

4. 被保险人

被保险人是因保险事故发生而遭受损失的人。在汽车保险合同中，被保险人是保险车辆的所有人或具有相关利益的人。

5. 保险费

保险费是投保人参加保险时所交付给保险人的费用。汽车保险费是根据汽车保险的保险金额和保险费费率计算出来的。

二、汽车保险的特征

汽车保险属于财产保险的一种，与其他险种相比，它具有以下特征。

（一）广泛性

广泛性有两层含义：一层含义是指被保险人有广泛性，具体体现在企业和个人广泛地拥有汽车，尤其是私人拥有汽车的数量不断增加，汽车逐步成为人们的生活必需品；另一层含义是机动车辆保险业务量大，普及率高，由于汽车出险概率较高，汽车的所有者需要寻求以保险方式转嫁风险。

（二）差异性

（1）汽车的差异性来自汽车的普及。不同类型的企业、不同类型的家庭、不同的个人、不同的风险使得机动车辆保险具有差异性；因此要求保险企业不断创新，推出个性化的产品，满足消费者的需求。

（2）车辆的生产厂家众多，汽车生产形式多种多样，从整车进口到进口零部件的组装，从合资建厂到独资生产。

（3）汽车的价格多种多样，车型、产地、品牌、功能的不同，差异较大，从几万元到几百万元不等。

（三）出险频率高

汽车是陆地的主要交通工具。由于其经常处于运动状态，总是载着人或货物不断地从一个地方开往另一个地方，很容易发生碰撞及意外事故，造成人身伤亡或财产损失。由于车辆数量的迅速增加，一些国家交通设施及管理水平跟不上车辆的发展速度，再加上驾驶人的疏忽、过失等人为原因，交通事故发生频繁，汽车出险率较高。

三、汽车保险的功能

（一）汽车保险的保障功能

保险保障功能是保险业的立业之基，最能体现保险业的特色和核心竞争力。

汽车保险的保障功能是汽车保险得以产生和迅速发展的内在根源，具体表现为补偿损失功能。

汽车保险是在特定灾害事故发生时，在汽车保险的有效期和汽车保险合同约定的责任范围及保险金额内，按其实际损失金额给予补偿，通过补偿使已经存在的社会财富（车辆因灾害事故所导致的实际损失），在价值上得到补偿，在使用价值上得以恢复，从而使社会再生产得以持续进行，人民的生活得以安定，进而保障社会稳定。

（二）汽车保险的金融融资功能

金融融资功能是指将保险资金中闲置的部分重新投入社会再生产过程中所发挥的金融中介作用。汽车保险人为了使保险经营稳定，必须保证保险资金的保值与增值，这就要求汽车保险人对保险资金加以运用。又由于汽车保险的保费收入与赔付支出之间存在时间差和数量差。这又为汽车保险人进行保险资金的融通提供了可能。所以，保险又具有金融融资功能。

汽车保险的融资来源主要包括资本金、总准备金或公积金、各项保险准备金及未分配的盈余。

汽车保险的融资内容主要包括银行存款、购买有价证券、购买不动产、各种贷款、委托信托公司投资、经管理机构批准的项目投资及公共投资、各种票据贴现等。

（三）汽车保险的防灾防损功能

汽车保险人从开发汽车保险产品、制定费率到汽车保险和理赔的各个环节，都直接与灾害事故打交道，不仅具有识别、衡量和分析的专业知识，而且积累了大量的风险损失资料，所以，汽车保险人可以为社会、企业、家庭、个人提供防灾、防损、咨询和技术服务职能，从而减少社会财富即车辆的损失和社会成员的人身伤害。

四、汽车保险的作用

汽车保险正在逐步成为与人们生活密切相关的经济活动，其重要性和社会性正逐步凸显，作用也越加明显。

（一）促进汽车工业的发展，扩大了对汽车的需求

从目前经济发展情况看，汽车工业已成为一个国家经济健康、稳定发展的重要动力之一，汽车产业政策在国家产业政策中的地位越来越重要，汽车产业政策要产生社会效益和经济效益，要成为国家经济发展的原动力，离不开汽车保险与之配套服务。汽车保险业务自身的发展对于汽车工业的发展起到有力的推动作用。汽车保险的出现，解除了企业与个人对使用汽车过程中可能出现的风险的担心，一定程度上提高了消费者购买汽车的欲望，扩大了对汽车的需求。

（二）稳定了社会公共秩序

汽车作为重要的生产运输和代步的工具，成为社会经济及人民生活中不可缺少的一部分，其作用表现得越来越重要。汽车作为一种保险标的，虽然单位保险金不是很高，但数量多且分散，车辆所有者既有党政部门，也有工商企业和个人。车辆所有者为了转嫁使用汽车带来的风险，愿意支付一定的保险费投保，在汽车出险后，及时从保险公司获得经济补偿，恢复正常的生产和生活。由此可以看出，开展汽车保险既有利于社会稳定，又有利于保障保险合同当事人的合法权益。

（三）促进了汽车安全性能的提高

在汽车保险业务中，保险公司经营管理与汽车维修行业及其价格水平密切相关。原因是在汽车保险的经营成本中，事故车辆的维修费用是其中重要的组成部分，同时，车辆的维修质量在一定程度上体现了汽车保险产品的质量。保险公司出于有效控制经营成本和风险的需要，除加强自身的经营业务管理外，必然会加大事故车辆修复工作的管理，一定程度上提高了汽车维修质量管理的水平。同时，汽车保险的保险人从自身和社会效益的角度出发，联合汽车生产厂家、汽车维修企业开展汽车事故原因的统计分析，研究汽车安全设计新技术，并为此投入大量的人力和财力，从而促进了汽车安全性能方面的提高。

（四）汽车保险业务在财产保险中占有重要的地位

目前，大多数发达国家的汽车保险业务在整个财产保险业务中占有十分重要的地位。美国汽车保险的保险费收入，占财产保险总保险费的45%左右，占全部保险费的20%左右。亚洲的日本和我国台湾地区汽车保险的保险费占整个财产保险总保险费的比例更是高达58%左右。

从我国情况来看，随着积极的财政政策的实施，道路交通建设的投入越来越大，汽车保有量逐年递增。在过去的20年，汽车保险业务保险费收入每年都以较快的速度增长。在国内各保险公司中，汽车保险业务保险费收入占其财产保险业务总保险费收入的50%以上，部分公司的汽车保险业务保险费收入占其财产保险业务总保险费收入的60%以上。汽车保险业务已经成为财产保险公司的"吃饭险种"。其经营的盈亏直接关系到整个财产保险行业的经济效益。可以说，汽车保险业务的效益已成为财产保险公司效益的"晴雨表"。

第四节　汽车保险的产生与发展

一、汽车保险的产生

（一）近现代保险分界的标志之一——汽车第三者责任险

汽车保险是近代发展起来的，它晚于水险、火险、盗抢险和综合险。保险公司承保机动车辆的保险基础是根据水险、火险、盗抢险和综合责任险的实践经验而来的。汽车保险的发展异常迅速，如今已成为世界保险业的主要业务险种之一，甚至超过了火险。目前，大多数国家均采用强制或法定保险方式承保的汽车第三者责任保险，它始于19世纪末，并与工业保险一起成为近代保险与现代保险分界的重要标志。

（二）汽车保险的发源地——英国

（1）英国法律事故保险公司于1896年首先开办了汽车保险，成为汽车保险"第一人"。当时，签发了保费为10~100英镑的第三者责任保险单，汽车火险可以加保，但要增加保险费。1899年，汽车保险责任扩展到与其他车辆发生碰撞所造成的损失。这些保险单是由意外险部的综合第三者责任险组签发的。1901年开始，保险公司提供的汽车险保单，已具备了现在综合责任险的条件，在上述承保的责任险范围内，增加了碰撞、盗抢和火灾等责任。1906年，英国成立了汽车保险有限公司，每年该公司的工程技术人员免费检查保险车辆一次，其防灾防损意识领先于其他保险大国。

（2）实施第三者责任强制保险。第一次世界大战后，英国机动车辆的流行加重了公路运输的负担，交通事故层出不穷，有些事故中受害的第三者不知道应找哪一方赔偿损失。针对这种情况，政府出面发起了机动车辆第三者责任强制保险的宣传，并在《1930年公路交通法令》中纳入强制保险条款。在实施机动车辆第三者责任强制保险的过程中，政府又针对实际情况对规定做了许多修改，如颁发保险许可证、取消保险费缓付期限、修改保险合同款式等，以期强制保险业务与法令完全吻合。强制保险的实施使在车祸中死亡或受到伤害的第三方可以得到一笔数额不定的赔偿金。

（3）1945年，英国成立了汽车保险局。汽车保险局依协议运作，其基金由各保险人按年度汽车保费收入的比例分担。当肇事者没有依法投保汽车责任强制保险或保单失效，受害者无法获得赔偿时，由汽车保险局承担保险责任，该局支付赔偿后，可依法向肇事者追偿。

英国现在是世界保险业第三大国，仅次于美国和日本。据英国承保人协会统计，1998年在普通保险业务中，汽车保险业务首次超过了财产保险业务，保险费达到了81亿英镑，汽车保险费占每个家庭支出的9%，足见其重要地位。

二、汽车保险的发展

（一）汽车保险的发展成熟地——美国

美国被称为"轮子上的国家"，汽车已经成为人们生活的必需品。与此相随，美国汽车保险发展迅速，在短短的近百年的时间内，汽车保险业务量已居世界第一。2000年美国汽车保险的保险费总量为1 360亿美元，占财产保险总保险费收入的45.12%。其中，机动车辆责任保险的保险费收入为820亿美元，占60.3%，机动车辆财产损失保险的保险费收入为540亿美元，占39.7%。机动车辆保险的综合赔付率为105.4%；其中，净赔付率为79.3%，费用率为26.1%。美国车险市场准入和市场退出都相对自由，激烈的市场竞争，较为完善的法律法规，使美国成为世界上最发达的车险市场。

美国汽车保险发展有以下四个阶段。

1. 美国汽车保险问世

美国最早开始承保汽车第三者责任强制险是在1898年，由美国旅行者保险公司签发了第一份汽车人身伤害责任保险。1899年汽车碰撞损失险保单问世，1902年开办汽车车身保险业务。

2. 通过《赔偿能力担保法》和《强制汽车保险法》建立了未保险判决基金

1919年，马萨诸塞州率先立法规定汽车所有人必须于汽车注册登记时，提出保险单或以债券作为车辆发生意外事故时赔偿能力的担保，该法案被称为《赔偿能力担保法》。该法实施的目的在于要求汽车驾驶人对未来发生事故产生的民事赔偿责任提供经济担保，但是由于这种担保的滞后性，以及该法无法强制每一辆汽车使用人履行赔偿义务，车祸受害者求偿仍然困难重重。为了改进这一做法，1925年，马萨诸塞州通过了《强制汽车保险法》，并于1927年正式生效，成为美国第一个颁布《强制汽车保险法》的州。该法律要求本州所有的车主都应持有汽车责任保险单或拥有付款保证书。一旦发生交通事故，可以保证受害者及时得到经济补偿，并以此作为汽车注册的先决条件。以后，美国的其他州也相继通过了这一法令。

3. 保险公司推出未保险驾驶人保险

由于未保险判决基金由州政府管理，因此各保险公司指责政府过多地干预保险业。为了阻止政府的这一行为，许多保险公司开始采取措施进行自发抵制。保险公司推出了未保险驾驶人保险，专门为在汽车意外事故中遭受身体伤害的被保险人提供保险保障。驾车人是事故责任人，但是驾车人可能：①没有购买汽车保险；②虽有购买汽车保险，但是其责任限额低于该州要求的最低限额；③肇事后逃跑；④虽有购买汽车保险，但其保险公司由于某种原因拒绝赔偿或破产。目前，美国大多数州保险监管部门已要求销售汽车保险的保险公司提供未保险驾驶人保险。

4. 无过失汽车保险

《赔偿能力担保法》、强制汽车保险、未得到赔偿的判决基金和未保险驾车人保险虽然减少了在汽车事故中未得到经济补偿或不能得到充分经济补偿的受害者，但仍然无法解决诸如下列一些问题。

（1）受害人的索赔过程既费时又费力，常常需要很长时间的调查取证，而且最终也很难确保这些证据能证明对方驾驶人确有过失。

（2）律师的费用和其他审查费用均来自最后受害人补偿到的赔偿金，因此受害人即使获赔，得到的赔偿金也已大打折扣。

（3）虽然轻微受伤人得到的赔偿一般还能弥补其经济损失，但严重的受害人所得到的赔偿数额平均还不到其经济损失的 30%，甚至许多最终根本得不到赔偿。

因此，一些汽车保险制度的改革者们在 20 世纪 70 年代提出了将无过失责任的法律制度推及汽车保险。

所谓无过失责任法律制度，是指无论当事人有无过失，都要承担一定的法律后果。一个"纯"无过失汽车保险将完全取消受害人起诉肇事者的权利，而且将提供一系列的综合保险给予受害人全面的经济损失赔偿。当然，这种"纯"无过失保险并不存在，各州的无过失汽车保险仅部分地限制受害人起诉肇事者的权利。一旦人身伤害损失超过了某一界限，受害人仍可通过起诉的方式要求对方赔偿。通过无过失汽车保险，汽车事故受害人获赔更迅速、更方便。

（二）其他发达国家和地区的汽车保险市场的发展现状

1. 投保人承担部分损失——德国

与中国相似，汽车保险业务也是德国非寿险业务的核心。2002 年，德国汽车保险的保险费收入为 219.7 亿欧元，占整个非寿险保险费收入的 42.7%。德国保险市场开放度较高，有 120 多家经营非寿险的保险公司，竞争非常激烈。特别是车险方面，市场集中度很低，接近完全竞争状态。汽车保险市场份额最大的安联集团，2002 年其保险费收入仅占整个汽车保险市场的 17.8%。汽车保险排名前 10 的公司市场份额之和也只占 63.6%。

德国汽车保险营销渠道主要靠代理机构。代理机构又可分为只为一家公司代理（A）和同时为多家公司代理（B）两类。其中，通过 A 类机构销售的保单占整个保单总量的 74.4%；通过 B 类机构销售的保单占整个保单总量的 13.0%。A 类机构销售的保单比重较大与德国汽车保险经营的传统有关。在德国，如果投保人和保险人无异议，汽车保险保单到期后可自动续保。由于德国车辆出险率很低，因此 A 类机构的客源比较稳定，与保险公司合作基础非常牢固。

德国的保险公司在理赔时实行"责任处罚"原则，即每次理赔无论赔偿额多少，投保人自己都必须承担 325 欧元。这种做法的目的是提醒投保人要尽量避免事故。德国的汽车保险还实行奖优罚次。如果一年不出现需要保险公司理赔的事故，第二年这辆汽车的保险费就会调低一个档位；一旦出了事故并由保险公司进行赔偿，那么次年的保险费就会上调 3 个档位。而且保费的档位越高，档位之间的差额就越大。

2. 汽车保险业的社会管理功能突出——法国

法国汽车保险市场是一个较为成熟和规范的市场，竞争充分，产品丰富，市场细分度高，财产保险公司管理费用率约为 28%（最好的公司可以达到 22%）。法国有 146 家财产保险公司和相互保险公司经营车辆保险。2002 年法国汽车保险的保险费收入为 163 亿欧元，占财产险保险费的 44%，相当于当年法国 GDP 的 1%。调查表明，在法国 100% 的车辆购买了第三者责任强制险，58% 的车辆购买了车损险，82% 的车辆投保了盗抢险和火灾险，87% 的车辆投保了玻璃破碎险。就赔付额而言，2002 年全法国发生的 400 万起事故中，责任险赔款最高，占总赔款的 50.3%，车损险占 33.9%，其他险种占 16.8%。在责任险赔案中，涉及人伤的赔案占总赔案数的 10.5%，但赔款额占总赔款的 59%。这主要是因为法国法律对涉及人身伤害的第三者责任赔款不设上限。

法国汽车保险业的经营区域和范围已经大大超越传统保险的内涵，汽车保险业的社会管理功能更加突出。譬如，保险公司为减少酒后驾车事故发生率，允许客户在因饮酒而不能驾车时，可在保险公司报销一次交通费用；在重大节假日，保险公司会适时在大的娱乐场所进行查验，并对因饮酒不能驾车的客户提供交通服务；有的保险公司内部设立汽车修理研究中心，为客户提供修车价格指导或为汽车修理厂提供技术培训等。

（三）我国汽车保险的发展进程

1. 萌芽时期

我国汽车保险业务的发展经历了一个曲折的历程。汽车保险进入我国是在鸦片战争以后，但由于我国保险市场处于外国保险公司的垄断与控制之下，加之旧中国的工业不发达，我国的汽车保险实质上处于萌芽状态，其作用与地位十分有限。

2. 试办时期

1950 年，创建不久的中国人民保险公司就开办了汽车保险。但是因宣传不够和认识的偏颇，不久就出现对此项保险的争议，有人认为汽车保险及第三者责任强制险对于肇事者予以经济补偿，会导致交通事故的增加，对社会产生负面影响。于是，中国人民保险公司于 1955 年停止了汽车保险业务。直到 20 世纪 70 年代中期，为了满足各国驻华使领馆等外国人拥有的汽车保险的需要，我国开始办理以涉外业务为主的汽车保险业务。

3. 发展时期

1980 年，中国人民保险公司逐步全面恢复中断了近 25 年之久的汽车保险业务，以适应国内企业和单位对于汽车保险的需要，以及公路交通运输业迅速发展、事故日益频繁的客观需要。但当时汽车保险仅占财产保险市场份额的 2%。随着改革开放形势的发展，社会经济和人民生活也发生了巨大的变化，机动车辆迅速普及，机动车辆保险业务也随之得到迅速发展。1983 年，将汽车保险改为机动车辆保险使其具有更广泛的适应性。在此后的近 20 年时间中，机动车辆保险在我国保险市场，尤其在财产保险市场中始终发挥着重要的作用。到 1988 年，汽车保险的保险费收入超过了 20 亿元，占财产保险份额的 37.6%，第一次超过了企业财产险（35.99%）。从此以后，汽车保险一直是财产保险业务中的第一大险种，并保持高增长率，我国的汽车保险业务进入高速发展的时期。

与此同时，机动车辆保险条款、费率及管理也日趋完善，尤其是中国保监会的成立，进一步完善了机动车辆保险的条款，加大了对于费率、保险单证及保险人经营活动的监管力度，加速建设并完善了机动车辆保险中介市场，对全面规范市场，促进机动车辆保险业务的发展起到了积极的作用。

第五节 我国汽车保险业务概述

一、我国汽车保险业务的分类

《机动车交通事故责任强制保险条例》（以下简称《保险条例》）于2006年3月1日公布，自2006年7月1日起施行，2019年进行了修订。根据我国目前汽车保险的政策，在保险实务中，汽车保险因保险性质的不同，一般可分为汽车强制责任保险和汽车商业保险两大部分。虽然它们都属于商业保险公司经营，但汽车强制责任保险是强制性保险，而其他的险种是建立在保险人和被保险人自愿基础上的汽车商业保险。随着2020年的汽车保险改革，相关国家政策相继落地生效。目前实行的汽车保险种类如表1-1所示。

表1-1 我国汽车保险的种类

强制汽车保险	非强制商业汽车保险		
机动车交通事故责任强制保险（以下简称交强险）	主险	汽车损失保险（新能源汽车损失保险）	汽车第三者责任保险（新能源汽车第三者责任保险）、机动车车上人员责任保险（新能源汽车车上人员责任保险）
	附加险	附加绝对免赔率特约条款、附加车轮单独损失险、附加新增加设备损失险、附加车身划痕损失险、附加修理期间费用补偿险、附加发动机进水损坏除外特约条款、附加机动车增值服务特约条款（以上为车辆损失险项下附加险） 附加车上货物责任险、附加精神损害抚慰金责任险、附加法定节假日限额翻倍险、附加医保外医疗费用责任险（以上为第三者责任险项下附加险）	附加外部电网故障损失险、附加自用充电桩损失保险、附加自用充电桩责任保险、附加绝对免赔率特约条款、附加车轮单独损失险、附加新增加设备损失险、附加车身划痕损失险、附加修理期间费用补偿险、附加车上货物责任险、附加新能源汽车增值服务特约条款（新能源汽车损失保险的附加险） 附加精神损害抚慰金责任险、附加法定节假日限额翻倍险、附加医保外医疗费用责任险（新能源汽车第三者责任保险或新能源汽车车上人员责任保险的附加险）

表1-1中是比较常见的汽车保险险种，各家保险公司可以结合自身的特点开发不同的附加险。

强制汽车保险与一般的商业性保险不同，强制汽车保险制度在各国实践中，所采用的模式也不完全相同，一般可分为两种模式：一种是将商业性汽车责任保险赋予强制险的使命与功能，使其承担法定的保险范围及金额，除此之外，没有别的汽车责任险，即"一张保险单保到底"的完全保障，如英国的无限额汽车责任险；另一种是除强制汽车险外，还有任意汽车责任险可以弥补强制险的不足，如日本及我国台湾地区的限额保险制。强制部分的限额是最低保障的额度，所以又被称为基本保障型强制险。

二、我国汽车保险产品的简介

（一）机动车交通事故责任强制保险（交强险）

《机动车交通事故责任强制保险条例》第三条规定："本条例所称机动车交通事故责任强制保险，是指由保险公司对保险机动车发生道路交通事故造成本车人员、被保险人以外的受害人的人身伤亡、财产损失，在责任限额内予以赔偿的强制性责任保险。"

（1）该强制性保险只承保机动车上的人员、被保险人之外的第三人所遭受的损害。

（2）第三人所遭受的损害包括人身损害和财产损失，不包括精神损害。

（3）该强制性保险有一定的责任限额，保险人只在该限额内承担支付保险金的责任。

2022 年汽车保险交强险大幅提升了交强险责任限额。有责总责任限额从 12.2 万元提高到 20 万元，其中死亡伤残赔偿限额从 11 万元提高到 18 万元，医疗费用赔偿限额从 1 万元提高到 1.8 万元，财产损失赔偿限额维持 0.2 万元不变；无责任赔偿限额按照相同比例进行调整，其中死亡伤残赔偿限额从 1.1 万元提高到 1.8 万元，医疗费用赔偿限额从 1 000 元提高到 1 800 元，财产损失赔偿限额维持 100 元不变。

2020 年 9 月 10 日，银保监局发布了《关于调整交强险责任限额和费率浮动系数的公告》，确定了新交强险费率浮动系数方案。该方案将全国分为 5 个地区：

A 地区：内蒙古、海南、青海、西藏。

B 地区：陕西、云南、广西。

C 地区：甘肃、吉林、山西、黑龙江、新疆。

D 地区：北京、天津、河北、宁夏。

E 地区：江苏、浙江、安徽、上海、湖南、湖北、江西、辽宁、河南、福建、重庆、山东、广东、深圳、厦门、四川、贵州、大连、青岛、宁波。

各地区费率浮动具体如表 1-2 所示。

表 1-2　各地区费率浮动　　　　　　　　　　　　　　　　　　%

浮动因素	A 地区浮动方案	B 地区浮动方案	C 地区浮动方案	D 地区浮动方案	E 地区浮动方案
上一个年度未发生有责任道路交通事故	-30	-25	-20	-15	-10
上两个年度未发生有责任道路交通事故	-40	-35	-30	-25	-20
上三个及以上年度未发生有责任道路交通事故	-50	-45	-40	-35	-30
上一个年度发生一次有责任不涉及死亡的道路交通事故	0	0	0	0	0
上一个年度发生两次及两次以上有责任道路交通事故	10	10	10	10	10
上一个年度发生有责任道路交通死亡事故	30	30	30	30	30

交强险最终保险费计算方法是：

交强险最终保险费 = 交强险基础保险费 × (1 + 与道路交通事故相联系的浮动比率 X)，

X 取 A、B、C、D、E 方案其中之一对应的值。

（二）商业汽车保险

我国的强制汽车责任保险采取限额保险制，除交强险外，还有商业汽车保险。根据保障的责任范围，商业汽车保险可分为基本险和附加险。2022 年汽车商业险变化在于，将原来的 12 项附加险变更为 11 项附加险，在保留原有 6 项车险的基础上，新增了 5 项附加险。新增的 5 项，即车轮单独损失险、医保外医疗费用责任险、机动车增值服务特约条款、绝对免赔率特约条款、发动机进水损坏除外特约条款。

商业汽车保险产品更为丰富，增加了驾乘人员意外险产品，包括代送检、道路救援、代驾服务、安全检测等内容的车险增值服务特约条款，为消费者提供更加规范和丰富的汽车保险产品及服务。

（三）2022 年汽车保险网络经营具有与线下同等地位

2022 年的汽车保险购买延续疫情发生以来转为线上的购买方式，无论是前期网上购买还是后期理赔，都会保持与线下购买同等的法律效应。也就是说在享受手续办理方便的同时，法律效应并不会减弱。

 本章复习思考题

1. 最早的汽车保险业务是什么时候产生的？
2. 什么是汽车保险？汽车保险有哪些职能？
3. 简述我国汽车保险的发展进程。
4. 简述我国汽车保险的作用。
5. 如何理解我国目前汽车保险业务中保险的分类？

2

第二章

汽车保险的原则

汽车保险的原则是汽车保险业务在运营过程中要遵循的基本原则，也是《保险法》的基本原则。它集中体现《保险法》本质和精神。汽车保险的原则既是保险立法的依据，又是保险活动中必须遵循的准则。《保险法》的基本原则是通过《保险法》的具体规定来实现的，而《保险法》的具体规定，必须符合其基本原则的要求。

第一节　保险与防灾减损相结合的原则

保险从根本上说，是一种风险管理制度，目的是通过风险管理来防止或减少风险事故发生的机会，把风险事故造成的损失降到最低程度，由此产生了保险与防灾减损相结合的原则。

一、保险与防灾相结合的原则

保险与防灾相结合的原则主要适用保险事故发生前的事前预防。根据这一原则，保险人应对承保的风险责任进行管理，其具体内容包括调查和分析保险标的的风险情况，据此向投保方提出合理建议，促使投保人采取防范措施，并进行监督检查；向投保人提供必要的技术支持，共同完善防范措施和设备；对不同的投保人采取差别费率制，以促使其加强对风险事故的管理，即对事故少、信誉好的投保人给予降低保险费的优惠，反之，则提高保险费等。遵循这一原则，投保人应遵守国家有关消防、安全、生产操作、劳动保护等方面的规定，主动维护保险标的的安全，履行所有人、管理人应尽的义务；同时，按照保险合同的规定，履行风险增加通知义务。

二、保险与减损相结合的原则

保险与减损相结合的原则主要适用保险事故发生后的事后减损。根据这一原则，如果发生保险事故，投保人应尽最大努力积极抢险，避免事故蔓延、损失扩大，并保护出险现场，及时向保险人报案。而保险人通过承担施救及其他合理费用来履行义务。

三、保险与防灾减损相结合原则在汽车保险实务中的适用

在汽车保险实务中，保险公司所制定的无赔款优待正是保险与防灾相结合原则的具体体

现，对于续保的被保险人，如果上一年没有发生交通事故或没有因交通事故得到保险公司的理赔，那么在下一年即可享受续保险种保险费一定比例的减免优惠，此项规定的实施，调动了广大车主积极防范汽车保险事故的积极性。在机动车辆保险条款中对于被保险人的义务，要求其遵守国家有关消防、安全、生产操作、劳动保护等方面的规定，主动维护保险标的的安全，履行所有人、管理人应尽的义务，这也是保险与防灾相结合的原则的具体体现。根据《保险条例》的规定，当车辆发生事故之后，参加汽车保险的车主有义务积极采取合理必要的施救措施，避免事故蔓延、损失扩大，保险公司承担所产生的合理施救费用，这正是保险与减损相结合的原则的具体体现。

第二节　最大诚信原则

一、最大诚信原则的含义

由于保险关系的特殊性，人们在保险实务中越来越感到诚信原则的重要性，要求保险合同双方当事人最大限度地遵守这一原则，故称为最大诚信原则。诚信是指诚实、守信用，即要求合同双方当事人不隐瞒事实，不相互欺诈，以最大诚信全面履行各自的义务，以保证对方权利的实现。保险中的最大诚信原则是指保险当事人在订立、履行保险合同的过程中要诚实守信，不得隐瞒有关保险活动的任何重要事实，特别是投保人必须主动地向保险人陈述涉及保险标的风险情况的重要事情，不得以欺骗手段诱使保险人与之签订保险合同，否则，所签订的保险合同不具备法律效力。其主要表现为以下几个方面。

（一）履行如实告知义务

最大诚信原则要求投保人如实地履行告知义务。由于保险人面对广大的投保人，不可能一一去了解保险标的的各种情况，因此，投保人在投保时，应当将足以影响保险人决定是否承保，足以影响保险人确定保险费率或增加特别条款的重要情况，向保险人如实告知。

告知的方式可分为无限告知和询问告知两种。采用无限告知的方式时，只要事实上与保险标的有关的任何重要事项，无论保险人是否询问，投保人都有义务告知。在美国、英国等国家有类似的规定。《保险法》规定："订立保险合同，保险人就保险标的的或者被保险人的有关情况提出询问，投保人应当如实告知。"明确了保险人所询问的事项为重要事项，对询问以外的事项，投保人或者被保险人不必告知，此种方式即询问告知。我国汽车保险实务中一般以投保单为限，即投保单中询问的内容投保人必须如实填写，告知的内容通常包括车辆情况、使用情况、驾驶员情况等，除此之外，投保人不必告知。

投保人故意或因过失不履行告知义务，保险人有权解除保险合同。《保险法》第十六条规定："投保人故意或因重大过失未履行如实告知义务，足以影响保险人决定是否同意承保或者提高保险费费率的，保险人有权解除保险合同。"投保人违反告知义务由如下两个要件构成：①投保人主观上存在故意，或者重大过失；②未告知的事项足以影响保险人决定是否同意承保或者调整保险费费率。两个要件必须同时满足，才能判定投保人违反了告知义务。

投保人故意不履行如实告知义务的，保险人除有权解除保险合同外，同时对于保险合同解除前发生的保险事故，不承担赔偿或给付保险金的责任，并不退还保险费。投保人因未履行如实告知义务，对保险事故的发生有严重影响的，保险人对于合同解除前发生的保险事故，不承担赔偿或给付保险金的责任，但可以退还保险费。

（二）履行说明义务

最大诚信原则要求保险人认真地履行说明义务。保险人应当就保险合同利害关系条款（特别是免责条款）向投保人明确说明。保险人的说明义务是由保险合同的性质决定的。保险合同为附和合同，其内容由保险人单方拟订，投保人或被保险人几乎没有参与的机会，只能对保险条款表示同意与不同意，无修改的权利，投保人在订立保险合同时处于弱势地位。同时，保险条款集专业性、技术性及科学性为一体，未经专门研习，也难以理解。合同既然是双方当事人意思表示一致的结果，如果一方不明白合同内容就做出承诺，应视为合同当事人意思未达成一致，未达成合意的条款不能产生法律效力，如果构成重大误解或显失公平，当事人可以请求撤销合同。所以，在订立合同时，保险人应就保险合同的内容向投保人进行明确说明和必要的解释。如果保险人在订立保险合同时，没有就一些条款进行明确说明和明确列明，保险人应承担一定的法律后果。《保险法》第十七条规定："对保险合同中免除保险人责任的条款，保险人在订立合同时应当在投保单、保险单或者其他保险凭证上做出足以引起投保人注意的提示，并对该条款的内容以书面或者口头形式向投保人做出明确说明；未做提示或者明确说明的，该条款不产生效力。"

（三）履行保证义务

这里的保证，是指投保人向保险人做出承诺，保证在保险期间遵守作为或不作为的某些规则，或保证某一事项的真实性，因此，这也是最大诚信原则对投保人的要求。

保证是人对事情的作为或不作为的承诺。在保险合同中，作为合同生效先决条件的保证，是指被保险人承诺不因他的作为或不作为使保险标的的危险程度增加。保证事项一般都是重要事项。例如，配备 ABS 系统的汽车发生保险事故的概率有所降低，从而享受较优惠的费率，因此，被保险人应该保证在保险期内 ABS 系统处于良好状态，否则就是违反了保证。被保险人不得在驾驶车辆内携带易爆物品，如果携带易爆物品就违反了保证。

保证可分为明示保证和默示保证。

（1）明示保证一般以特约条款或附贴条款载于保险单内，或者以口头方式承诺。明示保证又可分为承诺保证和确认保证两类。如果被保险人保证的事情现在如此，将来也必须如此，那么这种保证称为承诺保证。例如，机动车辆保险条款中列明："被保险人及其驾驶员应当做好保险车辆的维护、保养工作，保险车辆装载必须符合规定，使其保持安全行驶技术状态。"就是承诺保证。承诺保证一般在保险单中以条款的形式列出。如果被保险人保证的事情现在如此，将来不一定如此，则称为确认保证。确认保证有时以书面形式出现在保险单中，有时仅以口头形式表示确认。

（2）默示保证是根据习惯或惯例认为被保险人应该采取或不应该采取某种行为的事实。默示保证是在保险单内虽无文字规定，但一般是国际惯例必须遵循的准则，习惯上或社会公认的被保险人应在保险实践中遵守的规则。如要求被保险的车辆必须有正常的行驶能力。默示保证一般适用海上保险。

告知的行为主体一般情况下是投保人，而保证的行为主体是投保人和被保险人。在订立保险合同后，保险标的处于投保人或被保险人的控制之下，他们的作为和不作为都极大地影响风险状况，因此，保险人一般都要求投保人和被保险人对某些重要事项做出保证，以约束投保人和被保险人的某些作为与不作为。

无论是明示保证还是默示保证，都对保证人有约束作用，其法律效力是完全相同的，违反保证的行为可以导致的后果有两种情况：一是保险人不承担赔偿或给付保险金的责任；二是保险人解除保险合同。例如，某家银行投保火险附加盗抢险，在投保单上写明24小时有警卫值班，保险公司予以承保并以此作为减少保险费的条件。后银行被抢，经调查某日24小时内有半小时警卫不在岗。因此，保险公司拒绝承担赔偿责任，理由是该银行违反了保证，而保证是保险合同的一部分，违反了保证，就意味着违约，保险人可以解除保险合同，或宣布保险合同无效，在发生保险事故时不承担赔偿保险金责任。

（四）弃权和禁止反言

弃权和禁止反言是最大诚信原则对保险人的要求。所谓弃权，是指保险人放弃法律或保险合同中规定的某项权利，如拒绝承保的权利、解除保险合同的权利等。所谓禁止反言，与弃权有紧密的联系，是指保险人既然放弃了该项权利，就不得向被保险人或受益人再主张这种权利。在保险实务中，弃权和禁止反言一般针对保险人的权利而言，是对保险人及其代理人的行为进行限制。两者的法律意义虽然不同，但是产生的效果完全相同。当投保人有明显的违约行为，保险人有权解除保险合同，或者行使其他权利，保险人放弃这些权利，这就是一种弃权行为。以后保险人不能再就此行为主张权利，因为保险人受禁止反言的限制。

例如，在美国汽车保险中，限制行驶区域为美国和加拿大，然而当投保人告诉保险公司的代理人，被保险人将在投保后驾车到南美洲，如果该代理人为了招揽业务，认为这个告知不影响合同的签订和费率。合同签订后，被保险人驾车到南美洲并发生了意外，那么根据弃权和禁止反言规则，保险人当初放弃了对行驶区域的规定，不能反言以被保险人违反合同中关于行驶区域的规定而行使保险合同解除权，保险人必须偿付保险金。

二、最大诚信原则在汽车保险实务中的运用

在目前保险市场中，尤其在汽车保险业务中，保险欺赔的现象日益严重，违背最大诚信原则恶意违法行为很多。保险人在经营汽车保险时，要对汽车保险的风险因素有足够的认识，加强经营中的风险防范措施，最大限度地限制和打击保险欺诈活动。同时，投保人也应认真遵守最大诚信原则，以免给自己带来不必要的损失。

第三节　保险利益原则

一、保险利益原则的含义

保险利益是指投保人对保险标的所具有的法律上承认的经济利益。其体现的是投保人或被保险人与保险标的之间存在的经济利益关系，当保险标的发生保险事故时，必然使被保险人蒙受经济损失。

例如，某人拥有一辆汽车，如汽车完好，他就可以自己使用该车，或者通过出租、出售

本车来获得利益；如汽车损毁，他就无法使用，更谈不上出租、出售，这样，经济上此人就要受到损失。正是因为他对自己拥有的汽车具有经济利害关系，他才考虑汽车的安危，将其投入汽车保险；而保险人也正因为他对这辆汽车具有经济利害关系，才允许他投保。这就说明汽车的所有人对其所拥有的汽车具有保险利益。

保险利益原则又称可保利益原则，是指在签订和履行保险合同过程中投保人对保险标的应当具有保险利益。投保人对保险标的不具有保险利益的，保险合同无效。如果保险合同生效后，投保人或被保险人对保险标的的失去保险利益，也可能导致保险合同随之失效。保险利益原则主要有两层含义：第一，投保人在投保时，必须对保险标的的具有保险利益；否则，保险就可能成为一种赌博，丧失其补偿经济损失、给予经济帮助的功能。第二，投保人是否对保险标的的具有保险利益，是判断保险合同有效或无效的根本依据，缺乏保险利益要件的保险合同，自然不发生法律效力。

二、保险利益原则对保险经营的意义

1. 避免变保险为赌博

保险与赌博行为都具有侥幸性。如果保险关系不是建立在投保人对保险标的的具有保险利益的基础上，那么必将助长人们为追求获得远远高于其保险费支出的赔付数额而利用保险进行投机的行为。这类行为无异于赌博，是不利于社会公共利益的。例如，投保人以与自己毫无利害关系的车辆为标的投保，一旦发生保险事故就可获得相当于投保标的的价值千百倍的巨额赔款，人们像在赛马场上下赌注一样买保险，这会严重影响社会安定。

2. 防止道德风险的发生

所谓的道德风险是指被保险人或受益人为获取保险金赔付而违反道德规范，甚至故意促使保险事故发生或在保险事故发生时放任损失扩大。由于保险费与保险赔偿或给付金额的悬殊，如果不以投保人对保险标的的具有保险利益为保险合同有效条件，将诱发投保人或被保险人为牟取保险赔款而故意破坏保险标的的道德风险，引发犯罪动机与犯罪行为。

3. 限定保险赔付程度

以保险利益作为保险人承担赔偿或给付责任的最高限额，既能保证被保险人获得足够的、充分的补偿，又不会使被保险人因保险而获得超过损失的额外利益，不允许他们通过保险而"增加财富"。保险利益原则可以为保险赔偿数额的界定提供合理的科学依据。

三、保险利益原则的应用

（一）保险利益的种类

1. 财产保险利益

财产保险的保险标的是财产及其相关利益，其保险利益是指投保人对保险标的的具有法律上承认的经济利益。财产保险的保险利益应当具备以下三个要素。

（1）必须是法律认可并予以保护的合法利益。对于不法利益（如盗窃等非法手段取得的财产），均无保险利益，即使签订了保险合同，保险合同也无效。

（2）必须是客观存的利益。

（3）必须是确定的经济利益，即可以通过货币形式计算出来的利益。

在财产保险实务中，下列人员在法律上享有财产保险利益。

（1）所有权人对其所有的财产。

（2）没有财产所有权，但有合法的占有、使用、收益、处分权中的一项或几项权利的人。

（3）他物权人对依法享有他物权的财产，如承租人对承租的房屋等。

（4）公民、法人对其因侵权行为或合同而可能承担的民事赔偿责任。

（5）债权人对现有的或期待的债权等。

在机动车辆保险合同中，对机动车享有保险利益的人一般包括机动车的所有人、驾驶人、实际使用人、车辆的保管人等。他们可以为机动车投保车损险、道路交通事故责任强制险及各种附加险。这种客观存在的确定利益包括现有利益和期待利益。已经确定的利益或利害关系为现有利益。如投保人对已经拥有车辆的所有权、占有权、使用权等而享有的利益为现有利益。尚未确定但可以确定的利益或利害关系为期待利益，这种利益必须建立在客观物质基础上，而不是主观臆断、凭空想象的利益。如预期的营业利润、预期的租金等属于合理的期待利益，可以作为保险利益。

2. 人身保险利益

人身保险的保险标的是人的寿命和身体，其保险利益是指投保人对被保险人寿命和身体所具有的经济利害关系。人身保险的保险利益具有以下特点。

（1）法律认可并予以保护的人身关系。

（2）人身关系中要具有财产内容。

（3）构成保险利益的是经济利害关系。

《保险法》第三十一条规定："投保人对下列人员具有保险利益：（一）本人；（二）配偶、子女、父母；（三）前项以外与投保人有抚养、赡养或者扶养关系的家庭其他成员、近亲属；（四）与投保人有劳动关系的劳动者。除前款规定外，被保险人同意投保人为其订立合同的，视为投保人对被保险人具有保险利益。"为了保证被保险人的人身安全，《保险法》还严格限定了人身保险利益。《保险法》第三十四条规定："以死亡为给付保险金条件的合同，未经被保险人书面同意并认可保险金额的，合同无效。"

（二）保险利益的时间要求

保险利益原则在保险合同的订立、履行过程中，有不同的适用要求。

1. 财产保险中保险利益的时间规定

就财产保险而言，投保人应当在投保时对保险标的具有保险利益；合同成立后，被保险人可能因保险标的的买卖、转让、赠予、继承等情况而变更，因此，发生保险事故时，被保险人应当对保险标的具有保险利益。在财产保险实务中，当保险合同订立时，如果投保人对保险标的无保险利益，那么该合同就是自始无效合同。如果损失发生时，被保险人的保险利益已经终止或转移出去，也不能得到保险人的赔偿，但海洋货物运输保险除外。例如，2005年4月8日，某建筑公司为其车辆在一家保险公司购买了车辆损失险、第三者责任险、盗抢险，保险期限自2005年4月25日起至2006年4月24日止。建筑公司及时交付了保险费。2005年10月25日，建筑公司将该车转让给个体户王某，并同时在车辆管理所办理了过户手续。2005年11月14日，驾驶员李某驾驶该车辆与另一货车相撞，两辆事故车的修理费分别为3.8万元和4.5万元。根据公安交警大队出具的道路交通事故责任认定书，李某应对交通事故负全部责任。2006年5月，建筑公司和王某一起向保险公司提出索赔申请，并于 2006 年 6 月 10 日向保险公司出具了该车在车管所过户的证明。保险公司以保险车辆已过户但未申请办理保险批改手续为由，向被保险人发出拒赔通知书。其理由如下。

（1）财产保险标的转让应当办理保险批改手续，否则，自保险标的转让之日起，保险合同无效。《保险法》第四十九条规定："保险标的转让的，被保险人或者受让人应当及时通知保险人……因保险标的转让导致危险程度显著增加的，保险人自收到前款规定的通知之日起三十日内，可以按照合同约定增加保险费或者解除合同。"同时，本案的保险合同也约定，在保险合同的有限期限内，保险车辆转卖、转让、赠送他人、变更用途或增加危险程度，被保险人应当事先书面通知保险人并申请办理批改；否则，保险人有权解除保险合同或有权拒绝赔偿。本案保险车辆依法过户转让，但双方未去保险公司办理变更保险合同主体的手续，车辆买卖双方违反了《保险法》的规定和保险合同的约定。因此，该保险合同自保险车辆转让之日起无效。

（2）财产保险的保险利益必须在保险合同订立到损失发生时的全过程中都存在。《保险法》第二十条规定："投保人对保险标的应当具有保险利益。"该法将投保人对保险标的具有保险利益作为保险合同生效的必要条件，但对保险利益的存续期间未做规定。一般情况下，财产保险的保险利益必须在保险合同订立到损失发生时的全过程中都存在；否则，保险合同无效。本案的投保人（被保险人）在投保时具有保险利益，在保险合同有效期内，将保险车辆过户转让，车辆所有权发生转移。保险事故发生时，被保险人对该保险车辆不再具有保险利益。因此，该车辆保险合同自转让之日起因被保险人丧失保险利益而无效。

2. 人身保险中保险利益的时间规定

就人身保险而言，投保时，投保人必须对被保险人具有保险利益，至于发生保险事故时，投保人是否仍具有保险利益，则无关紧要。例如，2015 年 1 月 5 日，某厂女工甲为其丈夫乙投保了 10 年期简易人身保险，指定受益人是乙的儿子丙，现年 4 岁。保险费按月从甲的工资中扣缴。缴费 1 年后，甲与被保险人乙离婚，法院判决孩子由父亲抚养。离婚后，甲继续按月从自己工资中扣缴这笔保险费。2018 年 4 月 2 日被保险人病故，于是甲向保险公司申请给付保险金。从本案看，投保人在投保时是被保险人配偶，投保人对被保险人具有保险利益，合同有效。中途离婚后，投保人对被保险人已无保险利益，但并不影响合同效力，因为在人身保险业务中，只要求投保时投保人与被保险人具有保险利益，在以后的保险期间内无论投保人的保险利益是否存在，也无论投保人的家庭关系如何变化，只要是合同订立后，投保人履行了自己应尽的义务，合同就应该有效。人身保险的保险利益并不要求保险事故发生时也存在，因此，保险公司应承担给付保险金的责任。

（三）保险利益原则在汽车保险实务中的运用

在汽车保险实务中，较为常见和突出的涉及可保利益的问题，是被保险人与车辆所有人不吻合的问题，即在车辆交易的过程中，转让的车辆改变了原有的使用性质或增加了车辆使用的危险因素，《保险法》规定，由于没有对保单项下的被保险人进行及时的变更，导致其与行驶证的车辆所有人不吻合，一旦车辆发生损失，原车辆所有人由于转让了车辆，不具备对于车辆的可保利益，因而导致其名下的保单失效。而车辆新的所有人由于不是保险合同中的被保险人，当然没有索赔权。

第四节　损失补偿原则

一、损失补偿原则的含义

损失补偿原则是指保险事故发生后，保险人在其责任范围内，对被保险人遭受的实际损失进行赔偿。损害补偿只能使被保险人在经济上恢复到受损前有状态，而不允许被保险人通过额外索赔获得经济利益。补偿原则运用于财产保险，其内涵主要有以下几点。

（1）赔偿必须在保险人的责任范围内进行，即保险人只有在保险合同规定的期限内，以约定的保险金额为限，对合同中约定的危险事故所致损失进行赔偿。

（2）赔偿额应以实际损失额为限。当保险标的遭受损失后，按照保险合同规定，保险人的赔偿以被保险人所遭受的实际损失为限，不能超过被保险人的实际损失，被保险人不能通过保险获得额外利益。换而言之，保险人的赔偿应当恰好使保险标的恢复到保险事故发生前的状态。例如，某人投保了车损险，保险金额为 10 万元，后发生保险事故全部毁损，受损时车辆的市价下跌，仅为 6 万元，则保险人只按实际损失赔偿 6 万元。

（3）赔偿额应当以保险利益为限。保险利益是被保险人向保险人索赔的基本依据，因此，实施补偿原则的第三个限度就是以保险利益为限。在机动车辆贷款保险中，如果投保人向贷款人借 10 万元去购买价值 20 万元的汽车，那么贷款人对该汽车的保险利益为 10 万元，并且随着借款人还贷的进程，贷款人的保险利益逐步减少。

（4）损失赔偿是保险人的义务。被保险人提出索赔请求后，保险人应当按主动、迅速、准确、合理的原则，尽快核定损失，与索赔人达成协议并履行赔偿义务；保险人未及时履行赔偿义务时，除支付保险金外，应当赔偿被保险人因此受到的损失。

二、损失补偿原则的派生原则

（一）代位原则

1. 代位原则的含义及意义

代位原则是指保险人依照法律或保险合同约定，对被保险人遭受的损失进行赔偿后，依法取得向对财产损失负有责任的第三者进行追偿的权利或取得被保险人对保险标的所有权。代位包括代位求偿和物上代位。

规定代位原则的意义如下：

（1）防止被保险人因同一损失而获取超额赔偿，即避免被保险人获取双重利益。如果保险标的损失的原因是由第三者的疏忽、过失或故意行为造成的，而且又属于保险人承保的责任范围，那么被保险人既可以按照法律向第三者要求赔偿，也可以按照保险合同的规定向保险人提出赔偿。这样，被保险人获得的赔偿就有可能超过其实际损失额，获得额外利益，而违背损失补偿原则。同样，在保险标的发生保险事故导致实际全损或推定全损，保险人全额赔付后，如果允许被保险人处理保险标的剩余物资或保险标的被找回后，那么被保险人所得到的利益也将超出其实际损失，获得额外利益。

（2）维护社会公共利益，保障公民、法人的合法权益不受侵害。社会公共利益要求责任人对其因疏忽或过失而对他人造成的损失应该承担经济赔偿责任。如果因为被保险人从保险人处获得了赔偿就不再追究责任人的经济赔偿责任，将会使责任人获益，保险人受到损害，不符合公平的原则。同时，还会增加道德危险，容易造成他人对被保险人的故意或过失伤害行为的发生。代位，使责任人无论如何都要承担损害的经济赔偿责任，也使保险人可以从责任人处追回所支付的保险赔款，维护保险人的合法利益。

（3）有利于被保险人及时获得经济补偿，尽快恢复正常的生产和生活。通常被保险人或受害人向责任人索赔比向保险人索赔所需要花费时间、物力和人力会更多。代位，可以尽快使被保险人恢复到保险事故发生前的经济水平而不必直接向责任方进行索赔。

2. 代位原则的内容

代位原则的内容主要包括代位求偿和物上代位两个部分。

（1）代位求偿。代位求偿是指当保险标的遭受保险责任范围内的事故，依法应当由第三者承担赔偿责任时，保险人在支付保险赔偿之后，即取得了对第三者请求赔偿的权利。

①行使代位求偿权的前提条件。保险人行使代位求偿权，需要具备三个前提条件：第一，保险标的损失的原因是保险事故，同时又是第三者的行为所致。这样被保险人对保险人和第三者既可以依据保险合同向保险人要求赔偿，也可以依据法律向第三者要求赔偿。第二，被保险人未放弃向第三者的赔偿请求权。如果被保险人放弃了对第三者请求赔偿的权利，则保险人在赔偿被保险人的损失之后就无权行使代位求偿权。第三，保险人取得代位求偿权是在按照保险合同履行了赔偿责任之后。例如，被保险人所投保的车辆在正常行驶时被另一辆违法车撞毁，被保险人既可以向保险公司要求赔偿，也可以向肇事方要求赔偿，即被保险人对保险公司和肇事方同时存在损失赔偿的请求权。如果保险公司依法承担了赔偿责任，则保险公司获得了代替被保险人向肇事者追偿损失的权利。

②代位求偿权的实施对保险双方的要求。行使代位求偿权对保险双方都有一定的要求。就保险人而言，首先，其行使代位求偿权的权限只能限制在赔偿金额范围以内。如果追偿所得的款额大于赔付给被保险人的款额，其超过部分应归还给被保险人所有。其次，保险人不得干预被保险人就未取得保险赔偿的部分向第三者请求赔偿。就投保人而言，不能损害保险人的代位求偿权并要协助保险人行使代位求偿权。第一，如果被保险人在获得保险人赔偿之前放弃了向第三者请求赔偿的权利，那么，就意味着他放弃了向保险人索赔的权利。第二，如果被保险人在获得保险人赔偿之后未经保险人同意而放弃对第三者请求赔偿的权利，该行为无效。第三，如果发生事故后，被保险人已经从第三者取得赔偿或由于过错致使保险人不能行使代位求偿权，保险人可以相应扣减保险赔偿金。第四，在保险人向第三者行使代位求偿权时，被保险人应当向保险人提供必要的文件和其所知道的有关情况。

（2）物上代位。物上代位是指保险标的因遭受保险事故而发生全损时，保险人在全额支付保险赔偿金之后，依法拥有对该保险标的的物的所有权，即代位取得受损保险标的的物上的一切权利。

《保险法》第五十九条规定："保险事故发生后，保险人已支付了全部保险金额，并且保险金额等于保险价值的，受损保险标的的全部权利归于保险人；保险金额低于保险价值的，保险人按照保险金额与保险价值的比例取得受损保险标的的部分权利。"

物上代位的产生有两种情况：一是发生在实际全损后没有残留物，保险人全额赔付后，残留物归保险人；二是发生推定全损，推定全损是指保险标的发生保险事故后，认为实际全损已不可避免，或者为避免发生实际全损所需支付的费用将超过保险价值，而按全损予以赔偿。

代位求偿与物上代位存在明显的区别：第一，代位求偿的保险标的的损失是由第三者责任引起的；第二，代位求偿取得的是追偿权，而物上代位取得的是所有权。在物上代位中，保险人取得了对保险标的的所有权益和义务。

在保险车辆被盗抢的情况下，保险人赔偿后，如被盗抢的保险车辆找回，应将该车辆归还被保险人，同时收回相应的赔款。如果被保险人不愿意收回原车，则车辆的所有权益归保险人，这是代位原则所要求的。

（二）分摊原则

分摊原则仅适用财产保险中的重复保险，是指在同一投保人对同一保险标的、同一保险利益、同一保险事故分别与两个以上保险人订立保险合同的情况下，被保险人在发生保险事故后，所得赔偿金，由各保险人采用适当的方法进行分摊。

在重复保险情况下，对于损失后的赔款保险人如何进行分摊，各国做法有所不同。主要有以下三种分摊方法。

（1）比例责任制。比例责任制又称保险金额比例分摊制，该分摊方法是将各保险人所承保的保险金额进行加总，得出各保险人应分摊的比例，然后按比例分摊损失金额。

某保险人责任＝某保险人的保险金额/所有保险人的保险金额之和×损失额

例如，某投保人先后分别与甲、乙、丙三家保险公司签订了一份火灾保险合同。甲、乙、丙公司承保的金额分别为 100 000 元、150 000 元、250 000 元，因发生火灾，损失 200 000 元。

甲保险人应赔付款额：100 000/（100 000＋150 000＋250 000）×200 000＝40 000（元）

乙保险人应赔付款额：150 000/（100 000＋150 000＋250 000）×200 000＝60 000（元）

丙保险人应赔付款额：250 000/（100 000＋150 000＋250 000）×200 000＝100 000（元）

（2）限额责任制。限额责任制又称赔款额比例责任制，即保险人分摊赔款额不以保额为基础，而是按照在无他保的情况下各自单独应负的责任限额进行比例分摊赔款。

某保险人责任＝某保险人独立责任限额/所有保险人独立责任之和×损失额

仍以上题为例，采用第二种分摊法计赔。

甲保险人应赔付款额：100 000/（100 000＋150 000＋200 000）×200 000≈44 444（元）

乙保险人应赔付款额：150 000/（100 000＋150 000＋200 000）×200 000≈66 667（元）

丙保险人应赔付款额：200 000/（100 000＋150 000＋200 000）×200 000≈88 889（元）

（3）顺序责任制。顺序责任制又称主要保险制，该方法中各保险人所负责任依签订保单顺序而定，由先订立保单的保险人首先负责赔偿，当赔偿不足时再由其他保单依次承担不足的部分。

顺序责任制对有的保险人有失公平，因而各国实务中已不采用该法，多采用前两种分摊方法。《保险法》第五十六条规定："除合同另有约定外，各保险人按照其保险金额与保险金额总和的比例承担赔偿保险金责任。"可见，我国一般采用比例责任制的分摊方法。

在重复保险情况下，同样的损失用不同的分摊方法计算，各保险公司承担的赔款额是不同的，仍以上题为例，对三种分摊方法加以对比（表2-1）。

表 2-1　重复保险的分摊运用举例

分摊方法	A 公司	B 公司	C 公司
比例责任	40 000	60 000	100 000
限额责任	44 444	66 667	88 889
顺序责任	100 000	100 000	0

三、损失补偿原则在汽车保险实务中的运用

只有保险事故发生造成保险标的毁损致使被保险人遭受经济损失时,保险人才承担损失补偿的责任,否则,即使在保险期限之内发生了保险事故,但被保险人没有遭受损失,就无权要求保险人赔偿。被保险人可获得的补偿量仅保障其保险标的在经济上恢复到保险事故发生之前的状态,而不能使被保险人获得多于或少于损失的补偿,特别是不能让被保险人通过保险获得额外的收益。《中国保险行业协会机动车商业保险示范条款(2020版)》中明确规定,保险金额按投保时被保险机动车的实际价值确定。投保时被保险机动车的实际价值由投保人与保险人根据投保时的新车购置价减去折旧金额后的价格协商确定或其他市场公允价值协商确定。发生保险事故后,保险人依据条款约定在保险责任范围内承担赔偿责任。

第五节　近因原则

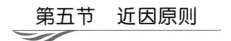

一、近因原则的含义

所谓近因,不是指在时间或空间上与损失结果最为接近的原因,而是指促成损失结果最有效的或起决定作用的原因。

近因原则的含义是损害结果必须与风险事故的发生具有直接的因果关系,若风险事故属于保险责任,保险人承担赔偿或给付责任,若风险事故属于除外责任或未保风险,则保险人不负赔偿责任。在实际生活中,损害结果可能由单因造成,也可能由多因造成。单因比较简单,多因则比较复杂,主要有以下几种情况。

1. 多种原因同时并存发生

损失由多种原因造成,且这些原因几乎同时发生,无法区分时间上的先后顺序。如果损失的发生有同时存在的多种原因,且对损失都起决定性作用,则它们都是近因。而保险人是否承担赔付责任,应区分两种情况。第一,如果这些原因都属于保险风险,则保险人承担赔付责任;相反,如果这些原因都属于除外风险,保险人则不承担赔付责任。第二,如果这些原因中既有保险风险,也有除外风险,保险人是否承担赔付责任,则要看损失结果是否容易分解。对于损失结果可以分别计算,保险人只负责保险风险所致损失的赔付;对于损失结果难以划分的,保险人一般不予赔付。

2. 多种原因连续发生

损失由若干个连续发生的原因造成，且各原因之间的因果关系没有中断。如果损失的发生由具有因果关系的连续事故所致，保险人是否承担赔付责任，也要区分两种情况。第一，如果这些原因中没有除外风险，则这些原因即损失的近因，保险人应负赔付责任。第二，如果这些原因中既有保险风险，也有除外风险，则要看损失的前因是保险风险还是除外风险。如果前因是保险风险，后因是除外风险，且后因是前因的必然结果，则保险人应承担赔付责任；相反，如果前因是除外风险，后因是保险风险，且后因是前因的必然结果，则保险人不承担赔付责任。例如，人身意外伤害保险（疾病是除外风险）的被保险人因车祸撞成重伤，因伤重无法行走，只能倒卧在湿地上等待救护，结果由于着凉而感冒高烧，后又引发了肺炎，最终因肺炎致死。此案例中，被保险人的意外伤害与死亡所存在的因果关系并未因肺炎疾病的发生而中断，虽然与死亡最接近的原因是除外风险——肺炎，但它发生在保险风险——意外伤害之后，且是意外伤害的必然结果，所以，被保险人死亡的近因是意外伤害而非肺炎，保险人应承担赔付责任。

3. 多种原因间断发生

损失由间断发生的多种原因造成。如果风险事故的发生与损失之间的因果关系由于另外独立的新原因介入而中断，则该新原因即损失的近因。如果该新原因属于保险风险，则保险人应承担赔付责任；相反，如果该新原因属于除外风险，则保险人不承担赔付责任。例如，在人身意外伤害保险中，被保险人在交通事故中因严重的脑震荡而诱发癫狂与抑郁交替症。在治疗过程中，医生叮嘱其在服用药物巴斯德林时切忌进食干酪。但是，被保险人未遵医嘱，服该药时又进食了干酪，终因中风而亡，据查中风确为巴斯德林与干酪所致。在此案例中，食用相忌的食品与药物所引发的中风死亡，已打断了车祸与死亡之间的因果关系，食用干酪为中风的近因，故保险人对被保险人中风死亡不承担赔偿责任。

二、近因原则在汽车保险实务中的运用

在汽车保险实务中，近因的确定，对于认定是否属于保险责任具有十分重要的意义。坚持近因原则是为了分清与风险事故有关各方的责任，明确保险人承保的风险与保险标的损失结果之间存在的因果关系。虽然确定近因有其原则性的规定，即以最具作用和最有效果的致损原因作为近因，但在实践中，由于致损原因的发生与损失结果之间的因果关系错综复杂，判定近因和运用近因原则绝不是轻而易举的事。

保险基本原则的适用范围及各原则履行的时效性如图2-1、图2-2所示。

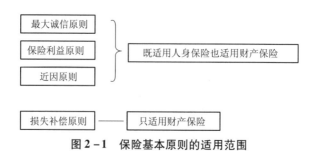

图2-1　保险基本原则的适用范围

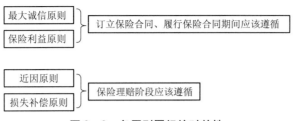

图 2 - 2 各原则履行的时效性

🗯 本章复习思考题

1. 汽车保险应遵循哪些原则?

2. 举例说明保险与防灾减损相结合的原则在车险实务中的应用。

3. 何谓保险利益? 成为可保利益的条件是什么? 简述保险利益原则在车险实践中的理论指导意义。

4. 何谓损失补偿原则? 简述损失补偿原则在车险实践中的理论指导意义。

5. 举例说明什么是物上代位,什么是代位求偿。

6. 何谓近因? 简述近因原则在车险实务中的理论指导意义。

第三章

汽车保险合同

汽车保险合同是保险合同的一种，《保险法》关于保险合同的一般规定，包括合同订立、变更、解除及保险合同双方当事人的权利义务关系等基本内容对汽车保险合同的订立、变更等行为同样是适用的。但是，汽车保险业务活动毕竟与其他的具体险种合同行为存在差别，掌握这些差别，对于正确理解汽车保险具有十分重要的意义。

第一节　汽车保险合同概述

一、汽车保险合同的定义

保险合同，是保险人与投保人约定双方权利义务关系的协议。即根据当事人双方约定，投保人向保险人缴纳保险费，保险人在保险标的遭受约定的事故时，承担经济补偿或给付保险金义务。

保险合同按保险人承担的责任，可将其分为财产保险合同和人身保险合同。财产保险合同是以财产及其有关利益为保险标的的保险合同；人身保险合同是以人的寿命和身体为保险标的的保险合同。财产保险合同与人身保险合同的最大区别在于各自的保险标的不同。

汽车保险合同是财产保险合同的一种，是指以汽车及其有关利益作为保险标的的保险合同。汽车保险合同不仅适用《保险法》《中华人民共和国道路交通安全法》《机动车交通事故责任强制保险条例》等法律法规的规定，而且适用《中华人民共和国民法典》的有关规定。

二、汽车保险合同的法律特征

汽车保险合同是双方当事人在社会地位平等的基础上产生的一项经济活动，是双方当事人平等、等价的一项民事法律行为，属于经济合同的一种。由于汽车保险合同的客体不同于一般的经济合同，所以，它既具有经济合同的一般特点，同时又有自身的独特之处。

（一）汽车保险合同的一般特征

1. 汽车保险合同是有名合同

以法律是否设有规范并赋予一个特定名称为标准，合同可分为有名合同与无名合同。法律尚未确定名称和规范的合同是无名合同；法律直接赋予某种合同名称并规定了其调整规范的合同是有名合同。汽车保险合同是典型的有名合同。目前根据《机动车交通事故责任强制保险条例》，我国的汽车保险被赋予"机动车辆保险"的名称。汽车保险合同被称为"机动车辆保险合同"。

2. 汽车保险合同是有偿合同

订立保险合同是双方当事人有偿的法律行为，保险合同的一方享有合同规定的权利的同时，必须付出一定的代价，这种相互的报偿关系称为对价。汽车保险合同的生效是以投保人交付保险费为条件，换而言之，以交付保险费作为换取保险人承担危险的代价。这种对价是相互的和有偿的。所以，汽车保险合同是典型的有偿合同。

3. 汽车保险合同是射幸合同

射幸就是碰运气、赶机会的意思。射幸合同是合同的效果在订约时不能确定的合同，即合同当事人一方并不必然履行给付义务，而只有当合同中约定的条件具备或合同约定的事件发生时才履行。汽车保险合同是一种典型的射幸合同，投保人根据保险合同支付保险费的义务是确定的，而保险人仅在保险事故发生时，承担赔偿或给付义务，即保险人的义务是否履行在汽车保险合同订立时尚不确定，而是取决于偶然的、不确定的保险事故是否发生。但是，汽车保险合同的射幸性是就单个保险合同而言的，而且也是仅就有形保障而言的。

4. 汽车保险合同是最大诚信合同

任何合同的订立，都应本着诚实、信用的原则。汽车保险合同自投保人正式向保险人提出签订合同的要约时，就必须将汽车保险合同中规定的要素如实告知保险人。作为投保人，应当将汽车本身的情况，如是否是营运车、是否重复保险等情况如实告知保险人，或者如实回答保险公司提出的问题，不得隐瞒，这一点是所有投保汽车保险的投保人应当明白的规则。因为作为保险人的保险公司如果发现投保人对汽车本身的主要危险情况没有告知、隐瞒或错误告知，即使汽车保险合同已经生效，保险人也有权拒绝承担赔偿责任。汽车保险合同的诚信原则不仅是针对投保人而言的，也是针对保险人而言的。保险人也应将保险合同的内容及特别约定事项、免赔责任如实向投保人进行解释，不得误导或引诱投保人参加汽车保险。因此，最大诚信原则对投保人与保险人是同样适用的。

5. 汽车保险合同是对人的合同

在汽车保险中，保险车辆的过户、转让或出售，必须事先通知保险人，经保险人同意并将保险单或保证凭证批改后方可有效，否则从保险车辆过户、转让、出售时起，保险责任即行终止。保险车辆的过户、转让、出售行为是其所有权的转移，必然带来被保险人的变更，而原被保险人在其投保前已经履行了告知义务，承担了支付保险费等义务，保险人对其资信情况也有一定了解，如果被保险人的汽车所有权发生转移，势必导致保险人对新的车辆所有者的资信情况一无所知。众所周知，在汽车保险中保险事故的发生，除客观自然因素外，还与投保人、被保险人的责任心及道德品质有关，倘若汽车新的所有者妄想以保险图谋索赔，那么汽车保险事故就成为一种必然风险。因此，保险车辆所有权转移行为必须通知保险人，否则，保险人有据此解除保险合同关系的权利。所以，从这个角度说，汽车保险合同是对人的合同。

6. 汽车保险合同是双务合同

双务合同是指合同当事人双方互相承担义务、互相享有权利。汽车保险合同的投保人和保险人相互都承担义务和享有权利，投保人承担支付保险费义务，保险人承担约定事故出现后的赔款义务；投保人或被保险人在约定事故发生后有权向保险人索赔，而保险人也有权要求投保人缴纳保险费。所以，汽车保险合同是双务合同。

7. 汽车保险合同是非要式合同

要式合同是指法律要求必须具备一定形式和手续的合同；非要式合同是指法律不要求具备一定形式和手续的合同。两者的区别在于是否要求以一定的形式作为合同成立和生效的条件。要式合同成立和生效一般规定需要具备法律规定采用的一定形式，否则合同就不能成立和生效；非要式合同可由合同双方当事人自由决定合同的形式，无论采用何种形式都不影响合同的成立和生效。在汽车保险实务中，只要投保人如实地填写投保单，并缴纳了相应的保险费，无论保险人是否签发了其他的保险单证，法律上都认定汽车保险合同已经成立和生效。

8. 汽车保险合同是附和合同

附和合同是指合同不是双方当事人充分商议而订立的，而是由一方提出合同的主要内容，而另一方只能取与舍，即可选择接受对方提出的条件订立合同，也可拒绝，而没有修改合同内容的权利。汽车保险合同是附和合同，汽车保险合同是保险人缮制的，通常情况下投保人无权修改合同的内容，只有权决定是否与保险人订立合同。

（二）汽车保险合同有别于一般保险合同的特征

汽车保险合同除具有上述一般经济合同的特征外，还有别于一般保险合同的自身特征。

（1）汽车保险合同的可保利益较大。对于汽车保险，不仅被保险人使用汽车时具有保险利益，对于被保险人允许的合格驾驶员使用保险车辆，同样具有可保利益。

（2）汽车保险合同属于不定值保险合同。保险合同中汽车的保险金额可以由投保人和保险人约定并在保险合同中载明，也可以按照保险事故发生时汽车的实际价值确定。投保汽车保险时，车辆损失险的保险金额不能超过保险价值，超过保险价值的，超过部分无效；保险金额低于保险价值，保险人按照保险金额与保险价值的比例承担赔偿责任。这就是说，汽车保险金额定得太高，超出了保险价值，多投保的那一部分，投保人也不能多得；如果保险金额定得太低，投保人的损失将得不到足额补偿。我国现行的机动车辆保险条款中，明确规定了汽车保险合同为不定值保险合同。

（3）汽车保险合同适用代位原则。如果汽车的损毁是因第三者造成的保险事故引起的，保险人自向被保险人赔偿保险赔款之日起，在赔款金额范围内代位行使被保险人对第三者请求赔偿的权利。如果被保险人已经从第三者取得损害赔偿的，保险人在赔偿保险赔款时，可以相应扣减被保险人从第三者已取得的赔款金额。

三、汽车保险合同的形式

在汽车保险的具体实务工作中，汽车保险合同主要有以下几种形式。

（一）投保单

汽车保险投保单又称为"要保单"或"投保申请书"，是投保人申请保险的一种书面形式。通常，投保单由保险人事先设计并印制，上面列明了保险合同的具体内容，投保人只需要在投保单上按列明的项目逐项填写即可。投保人填写好投保单后，保险人审核同意签章承保，这意味保险人接受了投保人的书面要约，说明汽车保险合同已告成立。汽车投保单的主要内容包括被保险人、投保人的名称、保险车辆的情况、投保的险别、保险金额、保险期限等内容。上述投保单的内容经保险人签章后，保险合同即告成立，保险人按照约定的时间开始承担保险责任。

（二）暂保单

暂保单是保险人出具正式保单以前签发的临时保险合同，用以证明保险人同意承保。暂保单的内容较为简单，仅包括保险标的、保险责任、保险金额及保险关系当事人的权利义务等。

订立暂保单不是签订保险合同的必经程序。一般来说，使用暂保单有以下几种情况。

（1）保险代理人在争取到业务但尚未向保险人办妥保险单之前，需要给被保险人开具的临时证明。

（2）保险公司的分支机构在接受投保人的要约后，需要获得上级保险公司或保险总公司的批准。

（3）保险人和投保人在洽谈或续订保险合同时，订约双方已就主要条款达成一致，但一些条件尚未谈妥。

（4）出口贸易结汇，保险单是必备的文件之一，在保险单或保险凭证未出具之前，可出具暂保单，以证明出口货物已办理保险，作为办理结汇凭证之一。

暂保单具有与正式保单同等的法律效力。与正式保单相比，暂保单的内容相对简单、保险期限短，可由保险人或兼业保险代理机构签发；而正式保单尽管法律效力与暂保单相同，但其内容较为复杂，保险期限通常为一年，保险单只能由保险人签发。我国现行的汽车保险中提车暂保单承保车辆损失险和第三者责任险。

（三）保险单

保险单简称"保单"，是保险人和投保人之间订立保险合同的正式书面凭证。它根据汽车投保人申请，在保险合同成立之后，由保险人向投保人签发。保险单上列明了保险合同的所有内容，它是保险双方当事人确定权利、义务和在发生保险事故遭受经济损失后，被保险人向保险人索赔的重要依据。

（四）保险凭证

保险凭证也称保险卡，是保险人发给投保人以证明保险合同已经订立或保险单已经签发的一种凭证。由于机动车辆保险的标的具有流动性大、出险概率较高的特点，一旦出险就需要出示保险合同。然而，被保险人与其允许的驾驶人员往往不止一人，尤其是单位投保人同时投保多辆车辆，不便也不可能随身携带保险单，因此，保险人在签发保险单时还向被保险人签发机动车辆保险凭证，便于被保险人或其允许的驾驶人员随身携带，证明保险合同的存在。

保险凭证的法律效力与保险单相同，保险凭证上未列明的事项以保险单为准。

（五）批单

在保险合同有效期间，可能发生需要部分变更的情况，这时要求对保险单进行批改。保险单的批改应该根据不同的情况采用统一和标准措辞的批单。批单的内容通常包括批改申请人、批改的要求、批改前的内容、批改后的内容、是否增加保险费、增加保险费的计算方式、增加的保险费，并明确除本批改外原合同的其他内容不变。

批单应该加贴在原保险单正本和副本背面上，并加盖骑缝章，使其成为保险合同的一部分。

在多次批改的情况下，最近一次批改的效力优于之前的批改，手写批改的效力优于打字的批改。

中国人民财产保险股份公司机动车保险单如图 3 – 1 所示。

中国保险监督管理委员会监制 　　　　　　　　　　　　　　限在吉林省销售

中国人民财产保险股份有限公司机动车保险单（正本）

吉：

保险单号：

鉴于投保人已向保险人提出投保申请，并同意按约定交付保险费，保险人依照承保险种及其对应条款和特别约定承担赔偿责任。

被保险人						
保险车辆情况	号牌号码		厂牌型号			
	VIN 码		车架号		机动车种类	
	发动机号		核定载客　人		核定载质量　千克	已使用年限　年
	初次登记日期		年平均行驶里程　公里		使用性质	
	行驶区域				新车购置价	元

承保险种	费率浮动（±）	保险金额／责任限额（元）	保险费（元）

保险费合计（人民币大写）：　　　　　　　　　　　　　　　　　（　）：　　　　元

保险期间自　　年　　月　　日零时起至　　　年　　月　　日二十四时止

特别约定	

保险合同争议解决方式

重要提示	1. 本保险合同由保险条款、投保单、保险单、批单和特别约定组成。 2. 收到本保险单、承保险种对应的保险条款后，请立即核对，如有不符或疏漏，请在48小时内通知保险人并办理变更或补充手续，超过48小时未通知的，视为投保人无异议。 3. 请详细阅读承保险种对应的保险条款，特别是责任免除和投保人、被保险人义务。 4. 被保险机动车因改装、加装、改变使用性质等导致危险程度增加以及转卖、转让、赠送他人的，应书面通知保险人并办理变更手续。 5. 被保险人应当在交通事故发生后及时通知保险人。

保险人	公司名称：　　　　　　　　　　公司地址： 　　　　　　　　　　　　　　　联系电话：95518　　网址：www.e-picc.com.cn 邮政编码：　　　　　　　　　　签单日期：　　　　　　　　（保险人签章）

核保：　　　　　　　　　　　　　制单：　　　　　　　　　　　　经办：

图 3 – 1　中国人民财产保险股份公司机动车保险单

机动车交通事故责任强制保险单如图3-2所示。

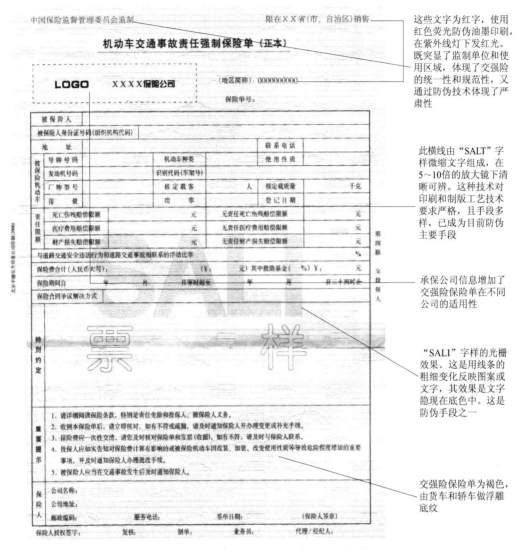

图3-2 机动车交通事故责任强制保险单

(六) 书面协议

保险人经与投保人协商同意,可将双方约定的承保内容及彼此的权利义务关系以书面协议形式明确。这种书面协议也是保险合同的一种形式。与正式保单相比,书面协议的内容不事先拟订,而是根据保险关系双方当事人协商一致的结果来签订,具有较大的灵活性和针对性,是一种不固定格式的保险单,它与保险单具有同等法律效力。

第二节 汽车保险合同的主体、客体和内容

一、汽车保险合同的主体

所谓汽车保险合同的主体是指具有权利能力和行为能力的保险关系双方，包括汽车保险合同当事人、关系人和中介人三个方面内容。与汽车保险合同订立直接发生关系的人是保险合同的当事人，包括汽车保险人和汽车保险投保人；与汽车保险合同间接发生关系的人是合同的关系人，它仅指被保险人。由于在保险业务中涉及的面较广，通常存在中介人，如保险代理人、经纪人、公估人等。

（一）汽车保险合同的当事人

汽车保险合同的当事人包括保险人和投保人。

1. 保险人

汽车保险人是指与投保人订立汽车保险合同，对于合同约定的可能发生的事故因其发生造成汽车本身损失及其他损失承担赔偿责任的财产保险公司。对于保险人在法律上的资格，各国保险法都有严格规定。一般来说，保险人经营保险业务必须经过国家有关部门审查认可。按我国法律规定，保险人必须符合以下条件：①保险人要具备法定资格；②保险人须以自己的名义订立保险合同；③保险人须依照保险合同承担保险责任。

汽车保险人应履行的义务主要表现如下：

（1）承担赔偿或给付保险金的义务。承担赔偿或给付保险金是保险人最基本的义务。当保险标的遭受保险责任范围内损失时，保险人应承担赔偿或给付保险金的责任。保险人承担保险赔偿或给付的义务范围包括保险金、施救费用、争议处理费、检验费等。

（2）说明合同内容的义务。订立保险合同时，保险人应当向投保人说明保险合同的条款内容，特别是对责任免除条款必须明确说明。

（3）及时签单的义务。保险合同成立后，及时签发保险单证是保险人的法定义务。保险单证是保险合同成立的证明，也是履行保险合同的依据。保险单证中应当载明保险当事人双方约定的合同内容。

（4）为投保人或被保险人保密的义务。保险人在办理保险业务中对知道的投保人或被保险人的业务情况、财产情况、家庭状况、身体健康状况等，负有保密的义务。为投保人或被保险人保密，也是保险人的一项法定义务。

作为汽车保险合同当事人之一的保险人也有自己的权利，主要表现在：决定是否承保；收取保费；有权要求投保人履行如实告知义务；有权代位追偿、处理赔偿后的损余物资。

2. 投保人

汽车保险投保人是指与汽车保险人（保险公司）订立汽车保险合同，并按照保险合同负有支付保险费义务的人。投保人必须对汽车具有可保利益，也就是说，汽车的损毁或失窃，都将影响投保人的利益。汽车保险投保人应具备下列三个条件。

（1）投保人是具有权利能力和行为能力的自然人或法人；反之，不能作为投保人。

（2）投保人对汽车具有利害关系，存在可保利益。

（3）投保人有缴纳保险费的能力。

汽车保险投保人（被保险人）应履行的义务如下：

（1）投保人应如实填写投保单并回答保险人提出的询问，履行如实告知义务。在保险期间内，保险车辆改装、加装等，导致保险车辆危险程度增加的，应当及时书面通知保险人。否则，因保险车辆危险程度增加而发生的保险事故，保险人不承担赔偿责任。

（2）除另有约定外，投保人应当在保险合同成立时一次足额支付保险费；保险费付清前发生的保险事故，保险人不承担赔偿责任。

（3）发生保险事故时，被保险人应当及时采取合理的、必要的施救和保护措施，防止或减少损失，并在保险事故发生后48小时内通知保险人。否则，造成损失无法确定或扩大的部分，保险人不承担赔偿责任。

（4）发生保险事故后，被保险人应当积极协助保险人进行现场查勘。被保险人在索赔时应当提供有关证明和资料。发生与保险赔偿有关的仲裁或诉讼时，被保险人应当及时书面通知保险人。

（5）因第三方对保险车辆的损害而造成保险事故的，保险人自向被保险人赔偿保险金之日起，在赔偿金额范围内代位行使被保险人对第三方请求赔偿的权利，但被保险人必须协助保险人向第三方追偿。

（二）汽车保险合同的关系人

在财产保险合同中，合同的关系人仅指被保险人，而人身保险合同中的关系人除被保险人外，还有受益人。通常被保险人是一个，而受益人可以为多个。汽车保险合同是财产保险合同的一种，应当具有财产保险合同的一般特征，因而，汽车保险合同的关系人是被保险人。所谓汽车保险被保险人是指其财产或人身受汽车保险合同保障，享有保险金请求权的人。

1. 被保险人的特征

（1）被保险人是因保险事故发生而遭受损失的人。在汽车保险合同中，被保险人是保险标的即保险车辆的所有人或具有相关利益的人。

（2）被保险人是享有赔偿请求权的人。因为被保险人是保险事故发生而遭受损失的人，所以享有赔偿请求的权利，投保人不享有赔偿请求的权利。

2. 投保人和被保险人的关系

（1）投保人与被保险人是同一人。在汽车保险中，投保人以自己的汽车投保，投保人同时也就是被保险人。

（2）投保人与被保险人不是同一人。投保人以他人的汽车投保，保险合同一经成立，投保人与被保险人分属两者。在这种情况下，要求投保人对于被保险人的财产损失具有直接的或间接的利益关系。

（三）汽车保险合同的中介人

由于汽车保险在承保与理赔中涉及的面广，中间环节较多，因而在汽车保险合同成立及其理赔过程中存在众多的社会中介组织，如汽车保险代理人、汽车保险经纪人、汽车保险公估人等。

1. 汽车保险代理人

汽车保险代理人是指根据汽车保险人的委托，在汽车保险人授权的范围内代为办理汽车保险业务的单位或者个人。通常，汽车保险代理人可分为专业保险代理人、兼业保险代理人和个人保险代理人。

（1）专业保险代理人是指专门从事保险代理业务的保险代理有限责任公司。专业保险代理人可以代理保险公司推销汽车保险产品和与汽车有关的人身保险产品，代理保险公司收取保险费，协助保险公司进行损失的勘察和理赔等。

（2）兼业保险代理人是指接受汽车保险人的委托，在从事自身业务的同时，指定专人为汽车保险人代办汽车保险业务。兼业保险代理人可以代理保险公司推销汽车保险产品和与汽车有关的人身保险，代理保险公司收取保险费。兼业代理的形式主要有金融机构兼业代理，如商业银行代理保险公司销售贷款抵押汽车保险。

（3）个人保险代理人是指根据保险人的委托，向保险人收取代理手续费，并在保险人授权的范围内代为办理保险业务的个人。在汽车保险领域，个人保险代理人主要承担与汽车有关的人身保险产品的代理推销和车辆等财产保险产品的代理推销，以及相关保险的保险费的收取。

2. 汽车保险经纪人

汽车保险经纪人是指基于投保人的利益，为投保人与保险人订立汽车保险合同或与汽车有关的人身保险合同提供中介服务，并依法收取佣金的单位或个人。在我国，保险经纪人的组织形式限于有限责任公司。

（1）汽车保险经纪人以订立汽车保险合同为目的，为投保人提供防灾、防损或风险评估及风险管理咨询，为投保人拟订投保方案，选择汽车保险人，办理投保手续，监督汽车保险合同的执行情况，为被保险人代为办理检验，以及向汽车保险人提出索赔等。

（2）汽车保险经纪人可以根据汽车保险标的的具体情况及相关汽车保险人的承保情况，为汽车投保人拟订最佳投保方案，代为办理投保手续，减少投保人或被保险人的保险费支出，减轻投保人投保选择的工作难度，提高投保效率。

3. 汽车保险公估人

汽车保险公估人是指接受汽车保险人、投保人或被保险人的委托，办理汽车保险标的的勘察、鉴定、估损及赔款的理算，并向委托人收取佣金的单位或个人，一般是指有限责任制的保险公估公司。

汽车保险公估人的存在有助于汽车保险的赔付趋于公平、合理，有利于调解汽车保险当事人之间关于汽车保险理赔方面的矛盾，避免由于汽车保险人既是承保人又是理赔人，且直接负责对汽车保险标的进行检验和定损可能带来的不公正、不公平情况的出现，体现汽车保险公估工作所具有的公平、公正、公开和合理的特性，促进汽车保险业的健康发展。

到 2020 年年底为止，我国共有 373 家保险公估机构，现在我国保险公估的客户相对集中，主要是各保险公司。然而在发达国家，公估公司的业务 75% 来自被保险人的委托，大一点的被保险人在投保时均指定公估人。在保险公司对公估公司不完全认可、未大范围引入的情况下，一般保险公司仅对国内知名品牌的公估公司做适当引入，特别是财产险较大案件时，均向国内国际有名的公司招标。新成立的公估公司连入围竞标的资格也不具备。因此，保险公估机构在进行自身业务开拓的同时应加大对保险和保险公估知识的宣传，使客户理解保险、认识保险公估，消费保险公估产品，进而促进公估机构不断进行技术创新和服务创新，扩大保险公估市场，发挥保险公估的作用，从而更好地促进我国保险业的发展。

二、汽车保险合同的客体

汽车保险合同的客体是指汽车保险合同当事人双方权利和义务所共同指向的对象。汽车保险合同的客体不是保险标的本身，而是投保人或被保险人对保险标的所具有的合法的经济利害关系，即保险利益，也称可保利益。所谓合法的经济利害关系，是指因标的的完好、健在而使利害关系人获得的经济利益，或因标的的损坏、伤害而使利害关系人遭受的经济损失和痛苦。保险利益是投保人投保签约的起因，也是保险人决定是否可以承保的标准。

保险利益与保险标的的含义不同，但两者又是相互依存的关系。投保人或被保险人在投保或索赔时，一般须对保险标的具有保险利益，否则保险人是不予承保或赔偿的。保险利益又以保险标的的存在为条件，体现在当保险标的的存在时，投保人或被保险人对保险标的的经济利益也继续存在，当保险标的遭遇损失时，投保人或被保险人将蒙受经济上的损失。投保人或被保险人向保险人投保，要求经济保障的，不是保险标的本身，而是其保险标的所具有的经济上的利益。

三、汽车保险合同的内容

汽车保险合同的内容主要用来规定保险双方当事人所享有的权利和承担的义务，它通过保险条款使这种权利义务具体化，包括基本条款和附加条款（约定条款）。

（1）基本条款是汽车保险合同中不可缺少的条款，没有基本条款也就没有汽车保险合同。基本条款中包括：保险人名称和住所、投保人、被保险人名称和住所、保险标的、保险责任和责任免除、保险期限和保险责任开始时间、保险价值、保险金额、保险费、保险赔偿办法、违约责任和争议处理等内容。

（2）附加条款是应投保人的要求而增加承保危险的条款，相当于扩大了承保范围，满足部分投保人的特殊要求。

汽车保险合同基本事项如下。

1. 当事人的姓名和住所

当事人是保险合同权利和义务的直接享有者与承担者，他们的行为使保险合同得以产生，所以，保险合同应该首先载明当事人（保险人和投保人）的名称和住所，被保险人是保险合同保障的对象，无论与投保人是否相同，都应该在合同中载明其姓名和住所。

投保人如是单位，则载明单位全称（与公章名称一致），如是个人则载明姓名。

2. 保险标的

保险标的是作为保险对象的财产及其有关利益，是保险利益的载体。车辆损失险的保险标的是保险车辆，第三者责任险的保险标的是被保险人或其允许的驾驶员在使用保险车辆行驶过程中给他人造成财产损失或人身伤害，依法并按保险合同规定承担经济赔偿责任。

3. 保险责任

保险责任是指保险人依据保险合同约定的必须承担赔偿或给付保险金责任的风险项目。

机动车辆保险合同中的保险责任采用列明方式，具体列明保险人承担哪些保险（责任）事故引起的损失赔偿（或责任赔偿）、施救、救助、诉讼等费用。

4. 责任免除

责任免除也称除外责任，是指根据法律给定或合同约定，保险人对某些风险造成的损失补偿不承担赔偿保险金的责任。责任免除条款适当限制了保险人承担的保险责任范围，意味着被保险人也要对某些风险自行承担责任。在保险合同中明确列出责任免除条款，对保险人和被保险人都十分重要。保险人在与投保人订立保险合同时，应当以十分明确的语言向投保人指明和解释责任免除条款，不得隐瞒或含糊其词。《保险法》第十七条明确规定：对保险合同中免除保险人责任的条款，保险人在订立合同时应当在投保单、保险单或者其他保险凭证上做出足以引起投保人注意的提示，并对该条款的内容以书面或者口头形式向投保人做出明确说明；未做提示或者明确说明的，该条款不产生效力。

5. 保险期限和保险责任开始的时间

保险合同的保险期限是保险合同所持续的有效时间。保险责任开始到保险责任终止的期间叫作保险期间。

保险责任开始时间也称保险合同生效时间，即保险人开始负责对被保险人发生的保险事故引起的损失赔偿的时间。例如，2021年2月18日签订的保险合同，生效时间定于2021年2月19日0时0分，保险人从这个时间开始承担保险责任。

6. 保险人、投保人及被保险人的义务

机动车辆保险合同中明确了保险人、投保人及被保险人的义务，并且在合同中也指明任何一方违反义务时应承担的责任。

7. 保险金额

保险金额是保险合同约定的保险人承担赔偿的最高限额。由于机动车辆损失保险是不定值保险，所以机动车辆损失保险金额可以由投保人和保险人协商确定，但不能超过机动车辆的实际价值。由于第三者责任险中可能涉及人身伤害事故赔偿的处理，而人的生命价值其实无法用货币度量，因此只能由投保人与保险人在订立第三者责任险时协商确定保险金额，作为发生保险事故时保险赔偿（第三者人身伤亡和财产毁损）的限额。

8. 保险费

保险费是投保人向保险人支付的、用以换取保险人承担保险责任而付出的代价。投保人向保险人支付保险费，是投保人与保险人订立保险合同应尽的首要义务。在一般情况下，汽车保险投保人只有支付了保险费以后，汽车保险合同才成立。

9. 保险金的赔偿办法

保险金的赔偿办法是指在保险合同中约定的、当发生保险事故时保险人向被保险人赔付保险金的计算方法。

10. 违约责任和争议处理

违约责任是指合同当事人违反合同义务时应当承担的民事责任。汽车保险合同当事人一方不履行合同义务或者履行合同义务不符合约定的，应当承担继续履行、采取补救措施或者赔偿损失等违约责任。

争议处理是指合同当事人双方对保险合同发生争议或纠纷时的处理解决方式，主要有协商、调解、仲裁和诉讼等方式。一般情况下，双方当事人发生争议或纠纷时应该先采取协商的办法，在互谅的基础上寻找共同可以接受的条件，以达成和解的协议，消除争议。在协商不成的情况下，可以请第三方出面调解，请仲裁机构仲裁，直至到法院诉讼。

11. 订立合同的年、月、日

订立保险合同的年、月、日是指保险合同双方就主要条款达成一致协议，标志保险人认可投保人对保险标的具有保险利益、了解被保险人的风险状况、确认其符合保险条件，投保人接受保险人提出的保险条件，合同成立的具体时间。汽车保险合同成立的日期并不等同于合同生效日期，汽车保险合同的生效还要以某些附加条件的满足为依据。

第三节　汽车保险合同的一般性法律规定

一、汽车保险合同的订立与生效

（一）汽车保险合同的订立

汽车保险合同订立是指保险人与投保人在平等自愿的基础上就汽车保险合同的主要条款经过协商最终达成协议的法律行为。汽车保险合同要经过要约和承诺两个步骤。要约又称"订约提议"，是一方当事人向另一方当事人提出订立合同建议的法律行为，是合同签订的一个重要的程序。汽车保险合同通常以投保人填写的汽车投保单作为向保险公司提出投保意愿的要约的形式，投保人要根据保险公司缮制的投保单，如实履行有限告知的义务。承诺又称"接受订约提议"，是承诺人向要约人表示同意与其缔结合同的意思表示。在保险实务中，保险公司通过审核保险单决定是否接受投保人提出的保险业务，所以，对于保险公司来说，承诺也就是保险公司承保的过程。通过投保人要约与保险人承诺之后，汽车保险合同即告成立，按照我国现行的法律规定，汽车保险的保险期限通常为一年，在保险期满续保时，保险公司向被保险人发出续保通知书，这即保险人向被保险人发出要约。如果被保险人愿意继续在同一家保险公司处投保，可以看作被保险人对保险人的要约给予承诺，新的保险合同成立。

（二）汽车保险合同的生效

一般情况下，保险合同自投保人与保险人就合同的主要条款达成一致协议时成立。机动车辆保险合同采用书面形式，自双方当事人签字或盖章时合同成立。

保险合同的生效与成立的时间不一定一致。保险合同双方当事人可以对合同的效力约定附生效条件或附生效期限。保险合同多为附条件合同。

在机动车辆保险实务中，各家保险公司一般均以缴纳保险费作为保险合同生效的条件。例如，中国人民财产保险公司在家庭自用汽车损失保险的条款中明确规定："投保人应当在保险合同成立时一次足额支付保险费；保险费付清前发生的保险事故，保险人不承担赔偿责任。"对于第三者责任保险及非营业车辆和营业车辆损失保险虽然没有如此严格的规定，但是也规定："除另有约定外，投保人应当在保险合同成立时一次足额支付保险费；保险费付清前发生的保险事故，保险人不承担赔偿责任。"平安财产保险公司虽然没有以缴清保险费作为合同生效的附加条件，但是也规定："在保险合同签订时或在约定的期限内缴清保险费。"太平洋财产保险公司以是否缴纳首期保险费作为合同生效的附加条件，规定："非经保险人书面同意，投保人应在保险合同签订时一次缴纳保险费，否则无论保险合同是否签订，保险人均不承担保险责任；经保险人书面同意分期缴纳保费者，应在保险单上详细约定缴费时间及金额；首期保险费应于保险合同生效前缴纳，否则保险人不承担保险责任；如投保人未按保险合同的约定缴纳保险费而发生保险事故时，保险人不承担保险责任。"

关于保险合同的附生效期限，我国保险公司普遍推行"零时起保制"，把保险合同生效的时间放在合同成立日的次日零时。保险合同生效前发生的保险事故，保险人不承担赔偿责任。

二、汽车保险合同的变更、解除、终止

（一）汽车保险合同的变更

1. 保险合同变更的含义

保险合同的变更是指在保险期限届满之前，当事人根据主、客观情况的变化，依照法律规定的程序，对保险合同的某些条款和事项进行修改或补充。《保险法》明确规定："投保人和保险人可以协商变更合同内容。变更保险合同的，应当由保险人在原保险单或者其他保险凭证上批注或者附贴批单，或者由投保人和保险人订立变更的书面协议。"

2. 汽车保险合同变更的事项

汽车保险合同一般都是一年或一年以上的长期保险合同，在合同的有效期内，因一些情况的变化会产生变更合同的要求。

汽车保险合同的变更主要涉及以下几个方面的内容：

（1）汽车保险合同主体的变更。保险人如分立或合并时，应该变更保险人；投保人或被保险人将保险标的转让给他人的，应该变更投保人或被保险人。

（2）保险标的的变更。保险标的变更包括保险标的的用途、危险程度的变化、保险价值明显增加或减少等情况。

（3）保险合同内容的变更。保险合同内容的变更是指当事人双方权利和义务的合同条款的变更。当投保人或被保险人提出增加或减少保险费，改变保险费的支付方式，扩大或缩小保险责任范围和条件，扩大或缩小责任免除范围和条件，延长或缩短保险期限等要求时，会导致保险合同内容的变更。保险合同标的变更时，也往往引起保险合同内容的变更。

3. 汽车保险合同变更的形式及合同变更的效力

汽车保险合同变更必须采用书面形式，在保险双方当事人协商一致的前提下，可以由保险人在原保险单或其他保险单证上批注，也可附贴批单，还可以就变更问题专门签订书面协议。

根据国际惯例，手写批注的法律效力优于打字批注；打字批注的法律效力优于加贴的附加条款；加贴的附加条款的法律效力优于基本条款；旁注附加的法律效力优于正文附加。变更了的部分保险合同与原保险合同中未变更的部分重新组成一份完整的保险合同，成为合同当事人享有合同权利和履行合同义务的依据。

（二）汽车保险合同的解除

1. 汽车保险合同解除的含义

汽车保险合同解除是指保险合同成立之后，当法定或约定的事由发生时，一方当事人可以行使解除权，使汽车保险合同效力提前消灭的一种法律行为。

2. 汽车保险合同解除的条件情形

（1）投保人解除汽车保险合同。《保险法》第十五条规定："除本法另有规定或者保险合同另有约定外，保险合同成立后，投保人可以解除保险合同。"因此，只要投保人和保险人在签订合同时没有就保险合同的解除做出约定的，机动车辆保险投保人享有随时解除保险合同的权利和自由。在保险实践中，如果投保人没有在投保机动车辆损失保险的同时附加投保机动车辆失窃险，那么在保险合同有效期内保险车辆失窃时投保人就会解除保险合同。另外，当机动车辆在交通事故中被其他车辆严重损伤，肇事车辆所有人根据责任以现金的方式进行赔偿，或者肇事车辆的保险人依据第三者责任险的赔偿责任以现金的方式赔偿，受损伤车辆的价值明显减少，投保人也可能提出解除保险合同。

《保险法》第五十四条规定："保险责任开始前，投保人要求解除合同的，应当按照合同约定向保险人支付手续费，保险人应当退还保险费。保险责任开始后，投保人要求解除合同的，保险人应当将已收取的保险费，按照合同约定扣除自保险责任开始之日起至合同解除之日止应收的部分后，退还投保人。"例如，中国人民财产保险公司在其机动车辆保险条款中规定："保险责任开始前，投保人要求解除保险合同的，应当向保险人支付应缴保险费5%的退保手续费，保险人应当退还保险费。保险责任开始后，投保人要求解除保险合同的，自通知保险人之日起，保险合同解除。保险人按短期月费率收取自保险责任开始之日起至合同解除之日止期间的保险费，并退还剩余部分保险费。"

（2）保险人解除汽车保险合同。保险人解除保险合同的权利一般受法律限制。《保险法》第15条规定："除本法另有规定或者保险合同另有约定外，保险合同成立后，……保险人不得解除保险合同。"但是，机动车辆保险人可以依据如下法定条件行使合同解除权：①投保人违反如实告知义务；②在保险标的危险程度增加的情况下，被保险人不立即通知保险人，并由于危险程度增加而导致损失；③投保人、被保险人违反合同规定，未遵守国家有关消防、安全等方面的规定，对保险标的安全不尽维护安全的责任；④被保险人或投保人在未发生保险事故情况下以口头或书面形式谎称发生了保险事故，向保险人提出赔偿；⑤投保人、被保险人故意制造保险事故。

保险人解除保险合同的后果主要有①保险人由于投保人故意隐瞒事实、不履行如实告知义务而解除保险合同的，保险人对于保险合同解除前发生的保险事故不承担赔偿保险金的责任，并且不退还保险费。②保险人由于投保人过失未履行如实告知义务而解除保险合同的，保险人对于保险合同解除前发生的保险事故不承担赔偿保险金的责任，但是可以退还保险费。③投保人或被保险人谎称发生了保险事故，并且向保险人提出赔偿保险金的，保险人有权解除保险合同，并不退还保险费。④投保人或被保险人无论是直接故意还是间接故意，只要制造的事故属于保险合同约定的保险责任范围内的事故，保险人都有权解除保险合同，并不承担赔偿保险金的责任。

（三）汽车保险合同的终止

汽车保险合同的终止是指保险合同权利义务关系的绝对消灭。引起保险合同终止的情况主要包括以下几种情况：

（1）自然终止。自然终止是指保险合同有效期限届满，保险人承担的保险责任即告终止。自然终止是保险合同终止最普遍、最基本的方式。汽车保险合同的期限通常为一年，合同到期后，投保人续保，新的保险合同成立。

（2）因解除而终止。保险合同被解除是导致终止的又一个重要原因。当汽车保险合同双方当事人中的任何一方根据法律规定或双方的约定行使合同的解除权，并以书面形式通知送达对方当事人，合同的效力即行终止。或者双方当事人通过协商，达成解除合同的协议，合同的效力也即行终止。

（3）因义务履行而终止。因义务履行而终止是指保险事故发生后，保险人履行了赔付保险金的全部责任，导致合同终止。这里的全部责任，是指发生了保险人应当按约定的保险金额全部赔付的保险事故。保险人承担了保险合同约定的应承担的全部责任，因此，因保险人履行了全部义务而导致合同终止。如保险车辆因一次事故全部损毁或推定全损，保险人给付保险赔偿金后，汽车保险合同即行终止。

三、汽车保险合同的解释原则和争议处理

（一）保险合同的解释原则

在保险合同履行过程中，往往会出现由于保险双方当事人对合同的理解不同，在主张权利和义务时发生分歧及争议。在这种情况下，采用合适的原则对合同的内容及其用词进行解释就显得尤为重要。保险合同的解释应遵循以下几项原则。

（1）合法解释原则。解释合同的内容应该首先不违反国家的法律、行政法规。汽车保险合同当事人在对有分歧理解的汽车保险合同条款进行解释时不得违反法律、法规的强制性规定。

（2）文义解释原则。文义解释原则是指应该按照保险条款的文字含义解释的原则。保险条款的文字含义包括文字的普通含义和文字的专门含义，即专业术语。对于专业术语有立法解释的，以立法解释为准，没有立法解释的，以司法解释、行政解释为准；无上述解释的，也按行业习惯或保险业公认的含义解释，同一合同出现的同一词的含义应一致。

（3）意图解释原则。保险合同是双方当事人意思表示一致的结果。因此，在解释合同时，必须尊重订立合同时双方当事人的真实意图。要根据订立合同时候的背景、客观实际情况进行逻辑分析、演绎来确定。

（4）整体解释原则。解释保险合同时，要求从合同的整体全面考虑，不能根据只言片语，断章取义，要根据订立合同的目的，结合合同其他条款的内容来确定具体条款的含义。

（5）有利于被保险人的解释原则。《保险法》第三十条规定："保险人与投保人、被保险人或者受益人对合同条款有争议时，人民法院或者仲裁机关应当做有利于被保险人和受益人的解释。"这是由于保险合同的附和性所决定的，保险条款是由保险人事先拟就的，投保人在订立合同时，对合同条款只能表示是否接受，在法律地位上相对处于弱势，而保险人则有较大的优势。对此，为了平衡保险双方当事人的地位，在合同进行解释的原则上，法律做了一定的倾斜。在按照以上各种解释原则都不能对有争议的条款进行清楚解释的情况下，或者对有争议条款具有两种以上解释的情况下，应当采用有利于被保险人的原则进行解释。

（二）汽车保险合同的争议处理

1. 汽车保险合同争议的含义

汽车保险合同争议是指保险合同双方就保险责任的归属、赔偿金数额确定等问题，对保险条款的解释产生异议，各执己见而发生纠纷。

2. 汽车保险合同争议处理的方式

根据《中国保险行业协会机动车商业保险示范条款（2020 版）》，因履行本保险合同发生的争议，由当事人协商解决，协商不成的，由当事人从下列两种合同争议解决方式中选择一种，并在本保险合同中载明：

（1）提交保险单载明的仲裁委员会仲裁。

（2）依法向人民法院起诉。

本章复习思考题

1. 名词解释：（1）汽车保险合同的主体；（2）汽车保险合同的客体；

（3）投保人；（4）被保险人；（5）保险人；（6）保险标的；（7）投保单；

（8）保险单；（9）批单；（10）保险凭证。

2. 什么是汽车保险合同？汽车保险合同有哪些特征？

3. 简述汽车保险合同订立与生效的过程。

4. 简述汽车保险合同变更与批改。

5. 简述汽车保险合同的解释原则。

6. 简述汽车保险合同争议的处理方式。

第四章

汽车保险费费率

第一节 汽车保险费费率确定原则

一、汽车保险产品的理论价格

汽车保险产品作为一种特殊的商品，首先具有商品的一般属性。在经济学中商品的价格取决于商品的内在价值，价格围绕价值上下波动，汽车保险产品也不例外。保险企业在经营过程中必须遵循市场经济的价值规律。

汽车保险产品的理论价格是指以汽车保险产品价格的内在因素为基础而形成的。汽车保险产品的理论价格由纯费率和附加费率两部分构成，也称作毛费率。

（1）纯费率（技术费率）的确定，通常是在一定期限内的平均保险金额损失率的基础上再加上一定数量的风险附加费率构成的，即损失成本加稳定系数。由它计算出来的保费称为纯保费，它被用于补偿经济损失，用于将来赔付和其他用途的准备金。保险精算的主要目的之一就是确定保险的纯费率，即通过对一定期限内的平均保险金额损失率进行统计分析以实现科学地确定保险价格的目的。其中：

机动车辆平均保险金额损失率 = 一定时期保险赔款总和/一定时期保险金额总和

（2）附加费率是由各财险公司根据其自身的经营水平、税负和预期利润水平确定的，我们常常提到的保险公司给代理商保险费返还和手续费都包括其中。

二、确定汽车保险产品理论价格的方法

保险精算的主要目的就是要确定保险的纯费率，即通过对一定期限内的平均保险金额损失率进行统计和分析以实现科学地确定保险价格的目的。保险精算的方法首先产生于人寿保险，非寿险领域由于风险的不均衡特征，导致其在确定保险商品的价格时失效。但汽车保险不同，其保险业务具有满足保险精算的一些基本特征，即风险单位的差异较小，风险单位具有一定的数量集合，这些都比较符合保险精算的理论基础。这也是车险成为逐步崛起的非寿险精算领域的原因所在。

所以，正确分析汽车保险业务在一定时期内的总体和宏观情况，综合各类保险自身特点及各类被保险人的具体情况，运用非寿险精算的方法科学地厘定费率，实现在所有险种范围

内保险费负担的合理性。但在具体厘定费率时，还需要进一步地细化分析，即对于不同特定类型的风险事故的损失率进行分析。不同的保险标的、不同的保障内容、不同的保险险种、不同类型的被保险人，应该具有不同的保险费费率，保险费费率与具体风险因素形成合理的对价关系，即费率（或者保险费）与风险因素应形成科学的函数关系。

在汽车保险的经营过程中，进一步细化风险具有直接的现实意义。一方面能够有针对性地向被保险人提出改善风险状况的建议，提高车险产品和服务的内涵；另一方面能够使保险人有针对性地对经营的风险进行选择，以确保经营的稳定和利润的最大化。

第二节　汽车保险费费率的确定

一、汽车保险费费率的确定原则

根据保险价格理论，厘定保险费费率是依据不同保险对象的客观环境和主观条件形成的危险度，采用非寿险精算的方法确定的。但是，非寿险精算是一个纯技术的范畴。在实际经营过程中，非寿险精算仅仅是提供一个确定费率的基本依据和方法，而保险人确定汽车保险费费率还应当遵循以下一些基本的原则。

（一）公平合理原则
公平合理原则的核心是确保每一个被保险人的保险费负担基本上反映保险标的的危险程度。这种公平合理的原则应在以下两个层面加以体现。

（1）在保险人和被保险人之间。在保险人和被保险人之间体现公平合理的原则，是指保险人的总体收费应当符合保险价格确定的基本原理，尤其是在附加费率部分，不应让被保险人负担保险人不合理的经营成本和利润。

（2）在不同的被保险人之间。在被保险人之间体现公平合理的原则是指不同被保险人的保险标的的危险程度可能存在较大的差异，保险人对不同的被保险人收取的保险费应当反映这种差异。保险人不但要根据车用途、车型的不同划分不同车的费率档次，还要体现同样的车在不同地区、不同时间和不同主体使用上所具有的风险差异性。

由于汽车保险商品存在一定的特殊性，要实现绝对的公平合理是不可能的，所以，公平合理只能是相对的，保险人在确定费率的过程中应该注意体现一种公平合理的倾向，力求实现费率确定的相对公平合理。

（二）保证偿付原则
保证偿付原则的核心是确保保险人具有充分的偿付能力。汽车保险的最基本的功能是损失补偿，而损失补偿功能的实现是通过建立汽车保险基金来实现的。汽车保险基金主要由开业资金和保险费两部分构成。保险费是保险标的的损失偿付的基本资金，是车辆投保人为获得保险人的保险补偿而支付的费用。所以，厘定的保险费费率应保证保险公司具有相应的偿付能力，这是由保险的基本功能决定的。保险费费率过低，直接影响保险基金的实际规模，势必削弱保险公司的偿付能力，从而影响对被保险人的实际保障。

保证偿付能力是保险费费率确定原则的关键。保险公司是否具有足够的偿付能力，不仅影响保险业的经营秩序和稳定，同时，也对广大的被保险人，乃至整个社会产生直接的影响。

（三）相对稳定原则

相对稳定原则是指保险费费率厘定之后，应当在相当长的一段时间内保持稳定，不要轻易地变动。由于汽车保险业务存在保费总量大、单量多的特点，经常的费率变动势必增加保险公司的业务工作量，导致经营成本上升。同时，也会给投保人带来很多不便，投保人需要不断适应新的费率，从而影响汽车保险业务的开展。

要实现保险费费率确定相对稳定的原则，在确定保险费费率时就应充分考虑各种可能影响费率的因素，建立科学的费率体系，更重要的是应对未来的趋势做出科学的预测，确保费率的适度超前，从而实现费率的相对稳定。

费率的确定具有一定的稳定性是相对的，一旦经营的外部环境发生了较大的变化，保险费费率就必须进行相应的调整，以符合公平合理的原则。随着汽车工业迅速发展，交通环境、市场环境、社会环境和国家的政治政策环境的变化，我国汽车保险费费率已经做了相应的调整。2006 年 7 月 1 日，我国正式开展交强险业务后，机动车辆保险的保险费费率趋于统一。2020 年 9 月 2 日，中国银保监会发布《中国银保监会关于印发实施车险综合改革指导意见的通知》，实行《中国保险行业协会机动车商业保险示范条款（2020 版）》，由保险公司自主制定，报银保监会批准。

（四）促进防损原则

防灾防损是汽车保险的一个重要功能，其内涵是保险公司在经营过程中应协调某一风险群体的利益，积极推动和参与针对这一风险群体的预防灾害和损失的活动，减少或避免不必要的灾害事故的发生。这样不仅可以减少保险公司的赔付金额和减少被保险人的损失，更重要的是可以保障社会财富，稳定企业经营，安定人民生活，促进社会经济发展。为此，保险人在厘定保险费费率的过程中应将防灾防损的费用列入成本，并将这部分费用用于防灾防损工作。在汽车保险业务中防灾防损功能显得尤为重要。一方面保险公司将积极参与汽车制造商对于汽车安全性能的改进工作，如每年都有一些大的保险公司资助汽车制造商进行测试汽车安全性能的碰撞试验；另一方面保险公司对于被保险人加强安全生产、进行防灾防损工作也会予以一定的支持，目的是调动被保险人主动加强风险管理和防灾防损工作的积极性。

二、汽车保险费费率的确定模式

（一）汽车保险费费率

保险费费率：依照保险金额计算保险费的比例，通常以千分率（‰）来表示。

保险金额：简称保额，保险合同双方当事人约定的保险人于保险事故发生后应赔偿（给付）保险金的限额，它是保险人据以计算保险费的基础。

保险费：简称保费，是投保人参加保险时所交付给保险人的费用。

在市场经济条件下，价值价格规律的核心是使价格真实地反映价值，从而体现在交易过程中公平和对价的原则。能够实现这一目标的途径：从被动的角度出发，可以通过市场适度和有序的竞争来实现，但这往往需要付出一定的代价；从主动和积极的角度出发，如果保险人希望能够在市场上生存和发展，就必须探索出确定价格的科学和合理的模式。

就汽车保险而言，保险人同样希望保险费设计得更精确、更合理。在不断地统计和分析研究中，人们发现影响汽车保险索赔频率和索赔幅度的危险因子很多，而且影响的程度也各不相同。每一辆汽车的风险程度是其自身风险因子综合影响的结果，所以，科学的方法是通过全面综合地考虑这些风险因子后确定费率。

（二）汽车保险费费率模式

通常保险人在经营汽车保险的过程中可将风险因子分为两类：一是与汽车相关的风险因子，主要包括汽车的种类、使用的情况和行驶的区域等；二是与驾驶人相关的风险因子，主要包括驾驶人的性格、年龄、婚姻状况、职业等。由此可知，各国汽车保险的费率模式基本上可以划分为两大类，即从车费率模式和从人费率模式。

1. 从车费率模式

从车费率模式是以被保险车辆的风险因子为主作为确定保险费费率主要因素的费率确定模式。目前，我国采用的汽车保险的费率模式属于从车费率模式，影响费率的主要因素是与被保险车辆有关的风险因子。

现行的汽车保险费费率体系中影响费率的主要变量为车辆的使用性质、车辆生产地和车辆的种类。具体如下：

（1）根据车辆的使用性质划分，可分为营业性车辆与非营业性车辆。

（2）根据车辆的生产地划分，可分为进口车辆与国产车辆。

（3）根据车辆的种类和目前国内情况划分，可分为五大种，即客车、货车、专用车、摩托车、拖拉机。

不同类型车辆的使用性质、行驶区域及车辆的性能和安全性不同，其风险程度各不同，从而费率也不同。

除上述的三个主要的从车费率模式因素外，现行的汽车保险费费率还将车辆行驶的区域作为汽车保险的风险因子，即车辆使用的不同地区，适用不同的费率，如在深圳和大连采用专门的费率。

从车费率模式具有体系简单、易于操作的特点，同时，由于我国在一定的历史时期被保险的车辆绝大多数是"公车"，驾驶人与车辆不存在必然的联系，也就不具备采用从人费率模式的条件。随着经济的发展和人民生活水平的提高，汽车逐渐进入家庭，2003 年各保险公司制定并执行的汽车保险条款，开始向从人费率模式方面进行转变。

从车费率模式的缺陷是显而易见的，因为在汽车使用过程中，对于风险的影响起到决定因素的是与车辆驾驶人有关的风险因子，尤其是对汽车保险特有的无赔偿优待与被保险车辆联系，而不是与驾驶人联系，显然不利于调动驾驶人的主观能动性，其本身也与设立无赔偿优待制度的初衷相违背。

2. 从人费率模式

从人费率模式是以驾驶被保险车辆人员的风险因子为主作为确定保险费费率主要因素的费率确定模式。目前，大多数国家采用从人费率模式，影响费率的主要因素是与被保险车辆驾驶人有关的风险因子。

各国采用的从人费率模式考虑的风险因子也不尽相同，主要有驾驶人的年龄、性别、驾龄和安全行驶记录等。

（1）根据驾驶人的年龄划分：通常将驾驶人按年龄划分为三组。第一组是初学驾驶，性格不稳定，缺乏责任感的年轻人；第二组是具有一定驾驶经验，生理和心理条件均较为成熟，有家庭和社会责任感的中年人；第三组是与第二组情况基本相同，但年龄较大，反应较为迟钝的老年人。通常认为第一组驾驶人为高风险人群，第三组驾驶人为次高风险人群，第二组驾驶人为低风险人群。至于三组人群的年龄段划分是根据各国的不同情况确定的。

（2）根据驾驶人的性别划分：可分为男性与女性。研究表明，女性群体的驾驶倾向较为谨慎，为此，相对于男性，她们为低风险人群。

（3）根据驾驶人的驾龄划分：驾龄的长短可以从一个侧面反映驾驶人员的驾驶经验，通常认为从初次领证后的 1~3 年为事故多发期。

（4）根据安全行驶记录划分：安全记录可以反映驾驶人的驾驶心理素质和对待风险的态度，经常发生交通事故的驾驶人可能存在某一方面的缺陷。

从以上对比和分析可以看出，从人费率相对于从车费率具有更科学和合理的特征，所以，我国逐步从车费率的模式过渡到从人费率的模式。

第三节　汽车保险风险因素

汽车保险风险主要取决于四个方面的因素：一是车辆自身风险因素；二是地理环境风险因素；三是社会环境风险因素；四是驾驶人员风险因素。这四个方面的因素对车辆的风险影响相当大，有时是某一因素起主要作用，有时是几个因素同时起作用。

一、车辆自身风险因素

1. 厂家车型

由于世界各国车厂众多，不同的厂家生产的车辆的特点不同，汽车的安全性能也不同。

美国、西北欧车辆首先注重的是安全性；日本车辆的综合性价比较高，但安全性要差于美国及西北欧车；韩国汽车目前在世界上也有一席之地，但在安全性能上均弱于美国、西北欧及日本车，整体上与国产车、合资车相当；东欧车及其他类车次之。一般而言，厂家车型的风险排列情况为

美国、西北欧车 < 日本车 < 韩国车 = 国产车 < 东欧车及其他类车

所以，不同厂家生产的车辆，所面临的风险也不尽相同，其出险频率也不大相同。

2. 车辆种类

目前，国内保险界将机动车辆主要分成五种，即客车、货车、专用车、摩托车、拖拉机。

（1）客车。座位数指车辆拥有的可供乘客乘坐的标准座位的数量，其反映的是车辆的客运能力。

座位数的多与少直接关系到以下两个方面的风险：

①乘客责任的风险。一般情况下，座位数越多，运载的乘客数也越多，对于乘客的责任险而言，其风险就会越大。因此，在承保乘客责任险时，要充分考虑车辆的座位数量。

②第三者责任的风险。座位数多的车辆，车体较大，方向也就越不好控制。因此，在承保第三者责任险时，会予以适当考虑。

（2）货车。货车主要是指那些用来运送货物的车辆，其货运能力主要以吨位数来衡量。

目前国内货车主要分为以下三类：

①2 t 以下货车。

②2～10 t 货车。

③10 t 及其以上货车。

吨位数与座位数的特点较为相似，一个是针对人，一个是针对货物，因此，在承保车上货物责任险时，要充分考虑吨位数。

（3）专用车。专用车主要指具有专门用途的车辆，如油罐车、气罐车、液罐车、冷藏车、起重车、装卸车、工程车、监测车、邮电车、消防车、清洁车、医疗车、救护车等。各种专用车由于具有特殊的使用性能，也就具有特殊的风险性。所以，在承保此类车时应考虑到其特殊性。

（4）摩托车。摩托车包括二轮摩托与三轮摩托。

摩托车操纵灵活，同时适应性和安全性较差，一旦发生事故造成损失的可能性也较大，所以在承保时要考虑到这一特点。

（5）拖拉机。拖拉机主要分为手扶拖拉机、小车四轮拖拉机及大中拖拉机三类。

拖拉机的风险除与其设计、使用功能有关外，还与驾驶员的技术水平有关。

3. 排气量

这里所提及的排气量主要是针对 14 座以下的客车而言，其他车辆则未予以细分。

排气量所体现的是汽车的动力性能，排气量越大，汽车的动力性能也越好，对于同一类汽车而言，也意味着损失程度越大，风险也就越高。因此，核保时要考虑排气量的因素，尤其是大排气量车辆，在承保时要做好风险评估工作。

4. 车龄

车龄是指车辆购置的年限，即从最初新车购置之日起至投保之日止期间的年限。

车龄同车辆状况有直接关系，车龄越大，车辆的磨损与老化程度越高，车况越差，车辆事故的概率及道德风险概率同步上升，因此，车辆本身的风险状况也越高。在核保时，必须认真考虑车龄的因素。

5. 行驶区域

车辆行驶区域是指车辆行驶的地域范围。根据目前我国地理情况，我国将车辆行驶区域分为三类，即省内（含直辖市、自治区）行驶、国内行驶、出入国境行驶。

（1）省内行驶：是指在某一省、直辖市或自治区所辖的地域范围内行驶。

（2）国内行驶：是指在中华人民共和国境内行驶，其范围已包括省内行驶。

（3）出入国境：是指车辆不仅在中华人民共和国境内行驶，而且还跨越国境在其他国境行驶。

由于车辆行驶范围不同，驾驶人对不同地区的交通规则、地形、地貌等熟悉程度不同，以及在不同地区造成损失承担的赔偿责任不同。因此，车辆的风险状况也不同。整体而言，随着行驶地域的扩大，风险程度积累越大。

省内行驶风险＜国内行驶风险＜出入境风险

6. 使用性质

不同的车辆有不同的用途，不同的使用性质具有不同的风险。根据车辆的使用性质，国内目前可将车辆分为两大类：第一大类是营运车辆；第二大类是非营运车辆。

由于车辆的使用性质不同，导致车辆所面临的风险不同。整体而言，营运车辆长时间运转，车辆磨损率及事故概率要比非营运车辆高，因此，营运车辆风险比非营运车辆风险要高。即

非营运车辆风险 ＜ 营运车辆风险

7. 所属性质

由于车辆保险极易发生道德风险，因此，在车险核保时，除意外事故的风险因素要考虑外，道德风险也是在核保时要认真考虑的一个因素。而道德风险主要由车辆所属性质决定。因此，即使同样是营运车辆，由于其所有人的不同，风险情况也不同。首先就营运车辆而言，企业的营运车辆往往是以车队的形式出现，且国有或集体企业所有，投保时也往往是将所有车辆投保于一家保险公司，因而，投保的目的比较明确，就是为意外事故的发生提供保障，因此道德风险因素相对较低。个体营运车辆则与其有区别，由于车辆多为个体营运者所有，投保的目的除为意外事故的发生提供保障外，也往往有潜在的道德风险。

二、地理环境风险因素

由于车辆是流动的标的，因此地理环境对车辆保险具有相当大的影响。对车辆有影响的地理环境因素包括气候、地形、地貌、路面状况等。

1. 气候

我国地域广阔，从南到北，从东到西，气候差异很大。东部与南部的气候温暖、湿润，雨水较多，雨季较长；西部与北部气候寒冷干燥，雨水较少，但降雪较多。由于气候的差异，对车辆造成的风险也有很大的区别。总体而言，由于东部与南部雨水多，导致车辆锈损较严重，同时，在雨季因路面较滑，事故也会增多，此外，车辆水浸的现象较多。而西部与北部则因冬季气候寒冷，降雪较多，路面较滑，在冬季事故则明显增多，同时个别地区因异常寒冷，有车内生火取暖情况，容易导致燃烧。气候与交通事故的关系统计如表4-1所示。

表4-1　气候与交通事故的关系统计

天气因素	事故起数		死亡人数		受伤人数		直接财产损失	
	数量/起	占总数	数量/人	占总数	数量/人	占总数	数量/万元	占总数
雨	2 761	15.20%	750	11.71%	2 445	15.59%	8 471.35	16.65%
雪	619	3.41%	104	1.63%	352	2.24%	1 111.09	2.18%
雾	691	3.80%	373	5.82%	645	4.12%	2 563.62	5.04%
晴	12 010	66.11%	4 387	68.46%	10 227	65.22%	32 950.38	64.74%
大风	23	0.13%	10	0.16%	25	0.16%	56.08	0.11%
阴	2 035	11.20%	772	12.04%	1 953	12.45%	5 663.84	11.13%
沙尘	4	0.02%	0	0.00%	3	0.02%	13.00	0.03%
其他	25	0.13%	11	0.18%	31	0.20%	63.48	0.12%
合计	18 168	100%	6 407	100%	15 681	100%	50 892.83	100%

此表数据来自2005年不同天气条件下高速公路事故。

材料来源：包左军，汤筠筠，李长城.公路交通安全与气象条件［M］.第1版.北京：人民交通出版社，2008：114.

2. 地形、地貌

由于地域广阔，我国地形地貌差异非常大，有平原、丘陵、山地等各种复杂的地形、地貌，不同地形、地貌对车辆的风险也有不同的影响。平原地区由于地势平缓、视野开阔，行车比较安全。山地则因地势高低不平、道路曲折、路面狭窄而容易导致事故，而且容易导致恶性事故。

3. 路面状况

路面状况对行车安全及车辆损耗有直接影响。路面状况好的地段，车辆的事故率相对要低一些，路面差的地段，车辆的事故率则明显要高。

综合上述，地理环境因素，在车险核保时，一般会考虑本地区所处的地理位置、地理环境，针对不同的地理环境，制定不同的承保政策和措施。

三、社会环境风险因素

车辆的运行不仅涉及车辆本身及自然环境，更重要的还涉及周围的社会环境。社会环境因素对车辆的风险有很大影响，具体体现在以下几个方面。

1. 法制环境

由于保险企业是一种经营风险的企业，其对被保险人承担着意外事故发生后的补偿责任，而车辆保险是一种高事故率、高频度补偿的保险业务，同时，事故的原因、补偿的对象及补偿的依据均有相当大的差异。在这种情况下，如果法制比较健全，在事故发生后，责任的鉴定、补偿的处理就会有法可依，从而使保险人与被保险人的利益均受到比较全面的保障。否则便会产生很多法律纠纷，为社会带来许多不良影响。

2. 治安情况

车辆保险有一个最明显的风险就是盗窃、抢劫或抢夺风险，而这一风险与社会治安状况联系最为密切。我国地域广大，各地社会治安状况有很大的差别，社会治安状况好的地方，盗窃、抢劫或抢夺的发生率就会很低。从目前统计分析的情况看，社会治安状况较差的地区，车险的赔付率较高，主要是由于社会治安情况较差导致车辆的盗窃、抢劫或抢夺现象严重所致。因此，在这类地区承保盗窃、抢劫或抢夺责任时，应当采取一定的措施来控制该风险。

四、驾驶人员风险因素

1. 年龄

根据国外保险公司统计数据显示，车辆保险的风险同驾驶员的年龄、性别有相当直接的关系。24 岁以下的青年人因年轻气盛，往往喜欢开快车，因而容易出现交通事故，而且容易导致恶性交通事故；54 岁以上的人驾车速度相对较慢，但因为反应相对迟钝，也容易导致交通事故；24 ~ 54 岁年龄的人驾驶则相对安全些（表 4 - 2）。保险公司针对这种情况，对不同年龄组的人设定不同的系数，并按不同的系数收取保险费。

表 4-2   美国交通事故分析（按年龄分类）

年龄段	司机人数所占比例/%	发生事故所占比例/%	致命事故所占比例/%	年龄段	司机人数所占比例/%	发生事故所占比例/%	致命事故所占比例/%
20 岁以下	5.1	13	11.6	55~64 岁	10.9	6.7	7.4
20~24 岁	9.6	15	14.6	65~74 岁	9.6	4.8	5.8
25~34 岁	22.7	25.6	24.4	74 岁以上	4.3	2.9	5.3
35~44 岁	22.1	20	18.8	合计	100	100	100
45~54 岁	15.7	12	12.1				

此表数据来自 1994 年美国产险市场报告。①

2. 性别

根据统计数据分析发现，交通肇事记录同性别也有密切关系，整体而言，男性驾驶员肇事率比女性高（表 4-3），这主要同男性驾车整体速度较快有关。保险公司因此根据驾驶员的性别设定不同的系数，并按不同的系数收取保险费。

表 4-3   中国交通事故分析（按性别分类）

驾驶人员性别	所占比例/%	平均万人发案率	交通肇事行为人中被告人比例/%
男	85	0.25	94.60
女	15	2.20	5.40

此表数据来自交通运输部 2019 年统计。

3. 经验、职业、婚姻状况

国外保险公司还根据驾驶人员的经验、职业及婚姻状况进行了详细的分析统计。统计结果显示，驾驶经验丰富、白领职业及已婚的驾驶员肇事记录较少，而驾驶经验少、非白领职业及未婚的驾驶人员的肇事记录增多。因此，国外保险公司又根据驾驶人员的经验职业及婚姻状况，设定不同的系数，并按不同的系数收取保险费。

4. 肇事记录、品行

被保险人及其允许的驾驶员的出险记录是指他们过去的索赔记录。国外的研究表明，被保险人及其允许的驾驶员过去的索赔记录是对他们未来索赔次数的最优预测变量，比驾驶人员的年龄、性别和驾龄等都能更好地反映驾驶人员的实际风险情况。

依据被保险人过去的索赔记录来确定续期保险费，能更客观地评估被保险人的风险，使投保人支付的保险费与其实际风险大小相对应。

① 本书写作期间，未找到更新的报告数据。

本章复习思考题

1. 名词解释：（1）汽车保险商品的理论价格；（2）纯费率；（3）保险费费率；（4）保险费；（5）保险金额；（6）从车费率模式；（7）从人费率模式。

2. 确定汽车保险费费率的原则有哪些？

3. 目前汽车保险费费率有哪些模式？各自的优缺点是什么？

4. 汽车保险有哪些风险因素？

5

第五章

汽车交通事故责任强制保险

第一节　强制汽车责任保险制度

一、强制汽车责任保险的产生

第一次世界大战以后，汽车产业迅速发展，随着汽车的大量生产和销售价格的急剧下降，特别是分期付款促销方式的出现，普通平民开始拥有汽车，汽车迅速得到普及，为汽车保险业的发展创造了条件。但由于车主在购买时花费了绝大多数积蓄，出现了许多无力购买汽车保险的驾车人。当发生交通事故时，事故受害人的人身伤亡或财产损失无法得到及时有效的赔偿。因此，许多国家的政府相继制定法令，强制实行汽车责任险，以保障交通事故受害人的权益。

强制汽车责任保险最早产生于美国，1919 年，美国的马萨诸塞州率先立法，规定汽车所有人必须在汽车注册登记时，提供保单或以债券作为车辆发生意外事故时赔偿能力的担保，该法案被称为《赔偿能力担保法》。1927 年，马萨诸塞州首先采用强制汽车责任保险；1956 年纽约州也立法实行强制保险。次年，北卡罗来纳州也通过相应法律。从此，强制汽车责任保险开始在美国盛行。

二、强制汽车责任保险的含义

1. 强制汽车责任保险的定义

强制汽车责任保险一般是指机动车交通事故责任强制保险（交强险），是由保险公司对被保险机动车发生道路交通事故造成受害人（不包括本车人员和被保险人）的人身伤亡、财产损失，在责任限额内予以赔偿的强制性责任保险。

强制汽车责任保险是我国首个由国家法律规定实行的强制保险制度，是国家政府基于公共政策的考虑，为维护社会的普遍利益，以颁布法律法规的形式实施的汽车责任保险。一方面用法律法规的手段强制被保险人必须参加责任保险；另一方面保险人也必须承担汽车责任险，其中心目的就是保障交通事故的受害人能得到合理的基本保障。实施强制汽车责任保险的国家广泛采用"法定保险，商业经营"的模式。

2. 强制汽车责任保险的特征

与商业汽车责任保险相比，强制汽车责任保险所具有的特征表现如下。

（1）强制性。

（2）对第三者的利益具有基本保障性。

（3）具有不可选择性。

（4）建立社会保险基金，由政府专门管理和使用。

（5）以无过失责任为基础。

（6）具有公益性。

交强险为机动车的所有人或管理人的法定投保义务和保险公司的法定承保义务，实行统一的保险条款和基础保险费费率，投保人不得在保险条款和保险费费率之外，向保险公司提出附加其他条件的要求，保险公司不得强制投保人签订商业保险合同及提出附加其他条件的要求。

第二节　国外的强制汽车责任保险

在第二次世界大战和工业的影响之下，汽车工业迅猛发展，汽车保险制度逐步发展，其主要发展历程可以被划分为以下三阶段：进入 20 世纪之前的萌芽阶段是第一阶段。英国法律事故保险公司于 1896 年首次开设汽车保险，签发了第三者责任保险单，使英国成为国际汽车保险的发源地；1898 年，英国法律事故保险公司又率先推出汽车第三者责任保险，可附加汽车火险，标志着汽车保险成为单独的险种。进入 20 世纪，汽车保险业务在全球快速扩张，汽车保险公司开始崭露头角，汽车保险制度正式进入第二阶段持续发展阶段。1903 年，英国创立了汽车通用保险公司，并逐步将其发展成为一家大型的专业化汽车保险公司；1906 年，汽车联盟建立了自己的"汽车联盟保险公司"。20 世纪 10 年代前后，汽车保险业务迅速扩大到 20 多个国家，此时汽车保险费费率和承保办法基本实现了标准化。此后，汽车保险制度进入第三阶段逐渐完善的发展阶段。1927 年，保险大国美国的马萨诸塞州制定并颁布了《强制汽车责任保险法》，成为实施强制汽车责任保险的"第一州"，为强制汽车责任保险的迅速发展奠定了基础。之后，其他各州也开始着力发展相关保险政策，美国形成了差异化的责任险。此外，英国、日本、德国等国家也颁布相关法规条令，来促进汽车第三者责任保险在本国的建设与发展。1930 年，英国颁布了《道路交通法》；1955 年，日本出台了《汽车损害赔偿保障法》；1965 年，德国出台了《汽车持有人强制责任保险法》。自此，强制汽车责任保险在整个世界都开启了迅速发展之路，车损险、盗抢险、货运险等业务也逐渐开始发展起来。

一、美国强制汽车责任保险

美国机动车强制保险制度的立法模式包括绝对强制保险和相对强制保险两类。绝对强制保险是指机动车所有人在领取行驶牌照之前，必须投保最低限额的责任保险；相对强制保险，是指机动车所有人可以自愿选择投保机动车强制保险，但机动车所有人如果因使用或允许他人使用机动车发生道路交通事故导致损害或严重违反交通规则，经法院判决确定机动车所有人投保汽车责任保险或提供保证金的，所有人有义务投保汽车责任保险或提供保证金，否则机动车所有人已领取的行驶牌照予以吊销。美国大部分州实行相对强制保险。

美国各州初期实施的机动车强制保险所采用的是过失责任制，但交通事故往往发生突然，判断当事人的过失比较困难，常需通过诉讼程序来解决赔偿问题。民事损害赔偿在美国法院的诉讼程序非常复杂，诉讼时间长、成本高，律师费用高达赔偿金额的25%～40%，使车祸受害者无法获得合理的保障。马萨诸塞州于1971年率先通过立法实施无过失汽车保险制度，后有近30个州相继仿效采用。

在保险费费率的厘定问题上，各州做法不同，有的州要求采用监管部门规定的费率标准，有的州要求采用保险协会统一制定的费率。在多数情况下保险费费率必须事先审批。美国各州都设有机动车第三者责任保险基金，在当事人未投保、逃逸、失去清偿能力或其保险人无力赔偿时，由各州设立的专业保险基金予以救济。

二、德国强制汽车责任保险

德国机动车强制保险采取的是绝对强制保险的立法模式，没有购买第三者责任险的车辆不能上路行驶。按照法律的规定，所有购买第三者责任险的车辆都会在车前窗贴上一个醒目的标志。德国机动车强制保险的承保范围较宽，包括人身伤害和财产损失，还包括间接损失。德国道路交通法规定，汽车持有人在责任限额内承担无过失责任；汽车驾驶人承担过失责任，可以为自己无过错抗辩，但法律要求驾驶人负最高的注意义务，使其反证极为困难，实际效果是驾驶人与持有人相同，在法定限额内负严格责任。

就保险费费率的厘定而言，德国没有由政府统一制定的全国性或区域性的第三者责任险费率。在1994年汽车保险改革之前，费率由各公司根据自身情况自行制定，报保险监管部门批准。车险改革之后，第三者责任险费率完全放开，保险监管部门不再干预，转为通过对偿付能力指标的监管来实现监管目标。

为了保证对交通事故受害人的赔付，德国成立了第三者责任保险基金，主要负责对肇事车辆未投保、肇事车辆逃逸和驾驶人恶意行为三种情况下的赔付。基金按照一定比例从保险公司第三者责任险保费收入中提取，这个比例是可以浮动的，由保险监管部门掌握。如果基金经营出现亏损，监管部门可上调提取比例；反之，则下调。第三者责任保险基金由一个名为"交通事故受害者协会"的专门机构来管理，该机构独立于政府和保险行业协会。法律规定，在德国经营车险的保险公司必须加入该协会，协会通过投资来实现基金的保值增值。

三、日本强制汽车责任保险

日本在1955年通过了《机动车损害赔偿责任保障法》，以此作为实施机动车强制保险的法律依据。该法已历经多次修改。日本采取绝对强制立法模式，未依照法律规定订立保险合同的机动车不得在道路上行驶。只有经政府批准的保险公司，才能经营强制保险业务。强制保险的承保范围较窄，仅对受害人的人身伤亡提供最基本的保障。日本的机动车强制保险实行过失推定制，当受害者有"重大过失"时须依"过失相抵原则"处理赔偿，但据统计，日本实施强制汽车保险以来因过失相抵不予赔偿或减少赔偿金额不到已赔付金额的1%。日本保险业认为此制度已接近"严格责任"。

各保险公司可以使用自己的费率，但需要事先申报金融监督厅长官。保险费费率的审批遵循"无损失、无利润"的原则，尽量压低费率。但在实践中，保险监管机关允许保险公司有合理的利润。因此，日本财产保险公司仍然愿意承保强制保险。为了有效降低保险公司的经营风险，从而降低保险费费率，日本采用国家再保险制度。保险公司所承保的强制保险业务，由政府就其承保额的 60% 进行再保险，政府与保险公司之间的再保险关系与保险公司和投保人签订强制保险合同时自动成立。

日本设立政府机动车损害赔偿保障事业，由国土交通省作为政府代表予以管理，在肇事车辆的所有人不明、被保险人以外的人肇事等情形下，由机动车损害赔偿保障事业给予受害人一定的补偿。

第三节　我国的强制汽车责任保险

汽车交通事故造成人员伤亡是和平年代威胁人民生命财产安全的主要因素之一，但因机动车给人们带来舒适和便捷，其危害被早期的人们所忽视，甚至漠视。现代社会由于人权逐渐被人们重视，发达国家采取了一系列措施，最大限度地减轻机动车负面效应，汽车强制保险是其中的有效措施之一，保障受害人或其遗属得到一定程度的物质救济和精神抚慰。我国体现以人为本，也借鉴发达国家的做法，实施强制汽车责任保险。

一、我国大陆地区强制汽车责任保险

2004 年 5 月 1 日起实施的《道路交通安全法》首次提出"建立机动车第三者责任强制保险制度，设立道路交通事故社会救助基金"。2006 年 3 月 21 日，国务院颁布《交强险条例》，机动车第三者责任强制保险从此被"交强险"代替，条例规定自 2006 年 7 月 1 日起实施。2006 年 6 月 30 日，中国保险监督管理委员会（以下简称保监会）发布《机动车交通事故责任强制保险业务单独核算管理暂行办法》，规定自发布之日起实施。2007 年 6 月 27 日，保监会发布《机动车交通事故责任强制保险费费率浮动暂行办法》，规定自 7 月 1 日实行。2020 年 9 月 3 日，中国银行保险监督管理委员会官网发布《关于实施车险综合改革的指导意见》，其中明确规定，提升交强险保障水平，将交强险总责任限额从 12.2 万元提高到 20 万元，其中死亡伤残赔偿限额从 11 万元提高到 18 万元，医疗费用赔偿限额从 1 万元提高到 1.8 万元，财产损失赔偿限额维持 0.2 万元不变。2020 年 9 月 11 日，根据《机动车交通事故责任强制保险条例》的有关规定，在广泛征求意见的基础上，中国银行保险监督管理委员会（以下简称银保监会）会同公安部、卫生健康委、农业农村部确定了机动车交通事故责任强制保险责任限额的调整方案，会同公安部确定了交强险费率浮动系数的调整方案。

（一）《机动车交通事故责任强制保险条例》指定的背景

《道路交通安全法》规定，在我国建立机动车交通事故责任强制保险制度和救助基金制度，并由国务院制定具体办法。

《机动车交通事故责任强制保险条例》作为规范机动车交通事故责任强制保险制度的具体措施，受到社会各界的广泛关注。国务院法制办、保监会经过反复研究和论证，并多次向社会各界征求意见。2004 年 12 月 2 日，国务院法制办征求以运输行业为主的北京市民代表对草案的意见。2005 年 1 月 12 日，国务院法制办将草案分别在《人民日报》、《法制日报》和中国政府法制信息网上全文公布，广泛听取社会公众的意见和建议。2005 年 2 月，保监会组织两次专题研讨会，听取国内外专家学者的意见。在征求意见过程中，社会关注的焦点主要集中在赔偿原则、责任限额、保险条款和费率、救助基金来源及税收政策等方面，针对这些问题，国务院法制办、保监会等有关部门经过深入的分析研究，在严格遵守《道路交通安全法》有关规定的前提下，充分吸收了各方面的意见和建议，对草案进一步予以修改和完善。2006 年 3 月 1 日，国务院常务会议审议通过了《机动车交通事故责任强制保险条例》，并于 2006 年 7 月 1 日起正式实施。

（二）《机动车交通事故责任强制保险条例》出台的目的和意义

《机动车交通事故责任强制保险条例》的出台是对《道路交通安全法》中关于建立机动车交通事故责任强制保险制度和道路交通事故社会救助基金制度的具体要求的落实，是保护广大人民群众利益，促进道路交通安全的有效举措。

《机动车交通事故责任强制保险条例》明确了机动车交通事故责任强制保险制度的适用范围、各项原则、保险各方当事人权利义务及监督管理机构的职责，对于机动车交通事故责任强制保险制度的顺利运行具有十分重要的作用。

建立机动车交通事故责任强制保险制度有利于道路交通事故受害人获得及时有效的经济保障和医疗救治；有利于减轻交通事故肇事方的经济负担；有利于促进道路交通安全，通过"奖优罚劣"的费率等经济杠杆手段，促进驾驶人增强安全意识；有利于充分发挥保险的社会保障功能，维护社会稳定。

（三）《机动车交通事故责任强制保险条例》以下简称《条例》的主要特点

《条例》立足现实，着眼长远，既考虑了中国当前经济社会发展水平和能力，又充分借鉴了国外先进经验，具有较强的针对性和鲜明的特点。

（1）突出"以人为本"。将保障受害人得到及时有效的赔偿作为首要目标。《条例》规定，被保险机动车发生道路交通事故造成本车人员、被保险人以外的受害人人身伤亡、财产损失的，由保险公司依法在交强险责任限额范围内予以赔偿。

（2）体现"奖优罚劣"。通过经济手段提高驾驶员守法合规意识，促进道路交通安全。《条例》要求有关部门要逐步建立交强险与道路交通安全违法行为和道路交通事故的信息共享机制，被保险人缴纳的保险费与是否有交通违章挂钩。安全驾驶者将享有优惠的费率，经常肇事者将负担高额保费。

（3）坚持社会效益原则。《条例》要求保险公司经营交强险不以营利为目的，且交强险业务必须与其他业务分开管理、实行单独核算。保监会将定期核查保险公司经营交强险业务的盈亏情况，以保护广大投保人的利益。

（4）实行商业化运作。交强险条款、费率由保险公司制定。保监会①按照交强险业务"总体上不盈利下不亏损"原则进行审批。《条例》主要从交强险的投保、赔偿及监督管理等方面进行了规定，明确了交强险制度的各项原则、保险双方当事人的权利义务及监督管理

---

① 2018 年 3 月，根据《第十三届全国人民代表大会第一次会议关于国务院机构改革方案的决定》，中国保险监督管理委员会（保监会）撤销，设立中国银行保险监督管理委员会（银保监会）。

机构的职责。

（四）我国交强险的确切定义

我国的强制汽车责任保险是以《条例》的形式制定的，机动车是指以动力装置驱动或牵引，上道路行驶的供人员乘用或者运送物品及进行工程专项作业的轮式车辆。因此，我国的强制汽车责任保险应遵从《条例》的有关规定。

交强险，是指由保险公司对被保险机动车发生道路交通事故造成受害人（不包括本车人员和被保险人）的人身伤亡、财产损失，在责任限额内予以赔偿的强制性责任保险。

（五）交强险与商业第三者责任险的区别

交强险与商业第三者责任险保障的内容都是保险车辆发生交通事故给第三者无辜受害人所带来的人身伤亡和财产损失，这是它们的共同点，由于交强险还具有强制性、广覆盖性及公益性的特点，与商业第三者责任险的区别主要表现在以下六个方面。

1. 交强险实行强制性投保和强制性承保

交强险其强制性一方面体现在所有上道路行驶的机动车的所有人或管理人必须依法投保该险种；另一方面也要求具有经营交强险资格的保险公司不能拒绝承保和随意解除合同。区别于基于保险双方自愿的机动车第三者责任保险。

2. 交强险与商业第三者责任险的赔偿原则不同

目前实行的商业机动车第三者责任保险，保险公司是根据被保险人在交通事故中所承担的事故责任来确定其赔偿责任。交强险实施后，无论被保险人是否在交通事故中负有责任，保险公司均将按照《条例》及交强险条款的具体要求在责任限额内予以赔偿。

3. 交强险与商业第三者责任险的保障范围不同

商业第三者责任险的保障范围比交强险的保障范围小。为有效控制风险、减少损失赔偿，商业机动车第三者责任保险规定有不同的责任免除事项和免赔率（额）。而交强险除被保险人故意造成交通事故等少数几项情况外，其保险责任涵盖了绝大多数道路交通风险，且不设免赔率与免赔额。

4. 交强险按不盈不亏原则制定保险费费率

交强险不以营利为目的，并与其他保险业务分开管理，单独核算。而商业机动车第三者责任保险则无须与其他车险险种分开管理，不单独核算。

5. 交强险实行分项责任限额制，且责任限额固定；商业第三者责任险只设定综合的责任限额，但责任限额可以分成不同的档次，由投保人自由选择

交强险责任限额可分为死亡伤残赔偿限额、医疗费用赔偿限额、财产损失赔偿限额，以及被保险人在道路交通事故中无责任的赔偿限额。其中，无责任的赔偿限额分为无责任死亡伤残赔偿限额、无责任医疗费用赔偿限额以及无责任财产损失赔偿限额。而商业第三者责任险只设定综合的责任限额，但责任限额可以分成不同的档次、由投保人自由选择。

6. 交强险实行全国统一条款和基础费率，并且费率与交通违章挂钩

在商业机动车第三者责任保险中，不同保险公司的条款、费率相互存在差异。交强险实行统一的保险条款和基础费率。此外，交强险实行费率与交通违法及交通事故挂钩这一"奖优罚劣"的费率浮动机制。一辆车如果多次出险，次年的保险费很快会涨上去，而常年不出险保险费也会逐年降低。

（六）交强险适用的对象

《机动车交通事故责任强制保险条例》明确要求，在中华人民共和国境内道路上行驶的机动车的所有人或管理人应当投保交强险。这一规定明确了我国交强险的适用对象是在中国境内道路上行驶的机动车的所有人或管理人。

交强险的强制性不仅体现在强制投保上，同时，也体现在强制承保上。一方面，未投保交强险的机动车不得上道路行驶；另一方面，具有经营交强险资格的保险公司不能拒绝承保交强险业务，也不能随意解除交强险合同（投保人未履行如实告知义务的除外）。违反强制性规定的机动车所有人、管理人或保险公司都将受到处罚。

机动车所有人、管理人未按照规定投保交强险的，由公安机关交通管理部门扣留机动车，通知机动车所有人、管理人依照规定投保，处依照规定投保最低责任限额应缴纳的保险费的2倍罚款。

（七）交强险运作主体

2012年3月30日，《国务院关于修改〈机动车交通事故责任强制保险条例〉的决定》修改的具体内容如下："国务院决定对《机动车交通事故责任强制保险条例》做如下修改：第五条第一款修改为'保险公司经保监会批准，可以从事机动车交通事故责任强制保险业务'。"

在2006年7月1日起施行的旧版条例中，允许从事交强险业务的只限于"中资保险公司"。去掉"中资"两个字，意味着中国正式向外资保险公司开放交强险市场，中国保险业进入全面开放阶段。

（八）交强险的保障对象和保障内容

1. 交强险的保障对象

交强险涉及全国数亿多辆机动车，保障全国十几亿道路和非道路通行者的生命财产安全。交强险保障的对象是被保险机动车致害的交通事故受害人，但不包括被保险机动车本车人员、被保险人。限定受害人范围，一是考虑到交强险作为一种责任保险，以被保险人对第三方依法应负的民事赔偿则责任为保险标的，二是考虑到《中华人民共和国道路运输条例》要求从事客运服务的承运人必须投保承运人责任险，乘客的人身财产损害可以依法得到赔偿。

2. 交强险的保障内容

交强险的保障内容包括受害人的人身伤亡和财产损失。《机动车交通事故责任强制保险条例》第二十一条规定："被保险机动车发生道路交通事故造成本车人员、被保险人以外的受害人人身伤亡、财产损失的，由保险公司依法在机动车交通事故责任强制保险责任限额范围内予以赔偿。道路交通事故的损失是由受害人故意造成的，保险公司不予赔偿。"我国的交强险的保障内容既包括人身伤亡也包括财产损失，这贯彻了《道路交通安全法》第七十六条的有关规定，更好地维护了交通事故受害人的合法权益。

（九）交强险的保险单及统一标志

银保监会统一了交强险的保险单格式及保险标志，保险单、保险标记由银保监会监制。

签订交强险合同时，投保人应当一次支付全部保险费；保险公司应当向投保人签发保险单、保险标记。保险单、保险标记应当注明保险单号码、车牌号码、保险期限、保险公司的名称、地址和理赔电话号码。

　　交强险合同由交强险条款、交强险投保单、交强险、交强险保险单、交强险批单和特别约定共同组成。凡与交强险合同有关的约定，都应当采用书面形式。

　　2021年12月27日，中华人民共和国公安部以中华人民共和国公安部令第163号发布修订后的《道路交通安全违法行为记分管理办法》，自2022年4月1日起施行。新修订的《道路交通安全违法行为记分管理办法》中，已经把"上道路行驶的机动车未放置检验合格标志、保险标志，未随车携带行驶证、机动车驾驶证的"内容删除，意味着风挡玻璃上不再需要粘贴保险标志，电子保单及电子标志的时代已经来临。

　　检验标志电子凭证出示方式分别有在线出示、离线出示、打印出示三种出示方式，投保人可以自行申请。

　　图5-1所示为电子交强险标志。

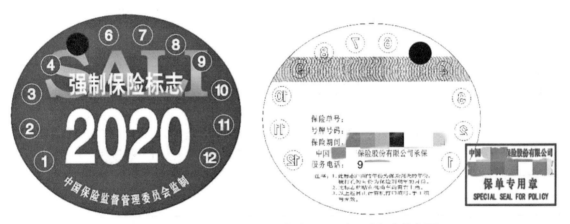

图5-1　交强险标志（左面为标志证明，右面为标志的背面）

二、我国台湾地区强制汽车责任保险

　　我国台湾地区于1998年起实施强制汽车责任保险制度。其主要特点：采用"限额无过失责任制"；保险范围不包括财产损失，车祸赔付限于医疗、残废及死亡三项；赋予车祸受害人向保险人请求给付的直接求偿权；除外责任仅限于受害人的道德危险及犯罪行为；确定为政策性保险，以无盈亏为经营原则。此外，我国台湾地区还设立了"特别补偿基金"，对肇事逃逸或无保险车辆肇事的受害人加以补偿。

第四节　我国的强制汽车责任保险细则

一、《机动车交通事故责任强制保险条款》的颁布

　　《机动车交通事故责任强制保险条款》（简称交强险条款）包括总则、定义、保险责任、追偿、责任免除、保险期间、义务、赔偿处理、变更终止、附则10项内容共27条，其作为

交强险合同的重要组成部分，需要消费者在投保前仔细阅读。

2020 年 9 月 2 日，为贯彻以人民为中心的发展思想，深化供给侧结构性改革，更好维护消费者权益，让市场在资源配置中起决定性作用，推动车险高质量发展，银保监会研究制定了《关于实施车险综合改革的指导意见》，自 2020 年 9 月 19 日起开始施行。

二、解读《机动车交通事故责任强制保险条款》

（一）交强险的责任限额和基础费率

交强险是一项全新的保险制度，具有社会性、公益性和强制性等特点。交强险的责任限额和费率水平直接涉及人民群众的切身利益，受到社会各方面的高度关注。我国的交强险制度需要在实践中逐步探索、完善。伴随着国民经济的发展，全民保险意识和道路交通安全意识的增强，保险公司经营管理水平的提高，交强险制度会越来越成熟，必将真正成为促进提高交通安全意识、加强法制观念的利民工程。

1. 交强险的责任限额

交强险在全国范围内实行统一的责任限额。责任限额可分为四项，即死亡伤残赔偿限额、医疗费用赔偿限额、财产损失赔偿限额，以及被保险人在道路交通事故中无责任的赔偿限额。

前三项责任限额是被保险人在交通事故中有过错的情况下，对受害人死亡伤残、医疗费用及财产损失等不同类型的赔付项目分别设置的最高赔偿金额。实行分项限额有利于结合人身伤亡和财产损失的风险特点进行有针对性的保障，有利于降低赔付的不确定性，从而有效控制风险，降低费率水平。

第四项责任限额是对于被保险机动车在交通事故中无过错的情况下，对受害人设置的赔偿限额。这一方面体现了对受害人的保护，无论交通事故受害人在交通事故中是否有过错，均能获得一定的经济补偿，另一方面也兼顾投保人及社会公众的利益，体现公平性原则。

实行分项责任限额是国际上普遍采用的做法，如日本、韩国、美国等国家和地区均在强制保险中采用分项责任限额。

2. 交强险的费率

2020 年 9 月 11 日，根据《机动车交通事故责任强制保险条例》的有关规定，在广泛征求意见的基础上，银保监会会同公安部、卫生健康委、农业农村部确定了交强险责任限额的调整方案，会同公安部确定了交强险费率浮动系数的调整方案。《机动车交通事故责任强制保险基础费率表》结构、费率水平全国统一（除拖拉机和低速载货汽车）。

结合各地区交强险综合赔付率水平，在道路交通事故费率调整系数中引入区域浮动因子，浮动比率中的上限保持 30% 不变，下浮由原来最低的 -30% 扩大到 -50%，提高对未发生赔付消费者的费率优惠幅度。对于轻微交通事故，鼓励当事人采取"互碰自赔"、在线处理等方式进行快速处理，并研究不纳入费率上调浮动因素。

交强险的基础费率共分 42 种，家庭自用车、非营业客车、营业客车、非营业货车、营业货车、特种车、摩托车和拖拉机 8 大类 42 小类车型保险费费率各不相同。但对同一车型，全国执行统一价格。《关于实施车险综合改革的指导意见》2020 年 9 月 19 日起开始施行，如表 5-1 所示。

表5-1　机动车交通事故责任保险基础费率表（2020年版）

车辆大类	序号	车辆明细分类	调整后保险费/（元·年$^{-1}$）	调整前保险费/（元·年$^{-1}$）
一、家庭自用车	1	家庭自用汽车6座以下	950	1 050
	2	家庭自用汽车6座及以上	1 100	1 100
二、非营业客车	3	企业非营业汽车6座以下	1 000	1 000
	4	企业非营业汽车6~10座	1 130	1 100
	5	企业非营业汽车10~20座	1 220	1 300
	6	企业非营业汽车20座以上	1 270	1 580
	7	机关非营业汽车6座以下	950	950
	8	机关非营业汽车6~10座	1 070	1 070
	9	机关非营业汽车10~20座	1 140	1 140
	10	机关非营业汽车20座以上	1 320	1 320
三、营业客车	11	营业出租租赁6座以下	1 800	1 800
	12	营业出租租赁6~10座	2 360	2 360
	13	营业出租租赁10~20座	2 400	2 580
	14	营业出租租赁20~36座	2 560	3 730
	15	营业出租租赁36座以上	3 530	3 880
	16	营业城市公交6~10座	2 250	2 250
	17	营业城市公交10~20座	2 520	2 520
	18	营业城市公交20~36座	3 020	3 270
	19	营业城市公交36座以上	3 140	4 250
	20	营业公路客运6~10座	2 350	2 350
	21	营业公路客运10~20座	2 620	2 620
	22	营业公路客运20~36座	3 420	3 420
	23	营业公路客运36座以上	4 690	4 690
四、非营业货车	24	非营业货车2 t以下	1 200	1 200
	25	非营业货车2~5 t	1 470	1 630
	26	非营业货车5~10 t	1 650	1 750
	27	非营业货车10 t以上	2 220	2 220
五、营业货车	28	营业货车2 t以下	1 850	1 850
	29	营业货车2~5 t	3 070	3 070
	30	营业货车5~10 t	3 450	3 450
	31	营业货车10 t以上	4 480	4 480

续表

车辆大类	序号	车辆明细分类	调整后保险费/ （元·年$^{-1}$）	调整前保险费/ （元·年$^{-1}$）
六、特种车	32	特种车一	3 710	6 040
	33	特种车二	2 430	2 430
	34	特种车三	1 080	1 320
	35	特种车四	3 980	5 660
七、摩托车	36	摩托车 50 mL 及以下	80	120
	37	摩托车 50～250 mL（含）	120	180
	38	摩托车 250 mL 以上及侧三轮	400	400
八、拖拉机	39	兼用型拖拉机 14.7 kW 及以下	按保监产险〔2007〕53 号实行地区差别费率	按保监产险〔2007〕53 号实行地区差别费率
	40	兼用型拖拉机 14.7 kW 以上		
	41	运输型拖拉机 14.7 kW 及以下		
	42	运输型拖拉机 14.7 kW 以上		

注：1. 座位和吨位的分类都按照"含起点不含终点"的原则来解释。

2. 特种车一：油罐车、汽罐车、液罐车；

特种车二：专用净水车、特种车一以外的罐式货车，以及用于清障、清扫、清洁、起重、装卸、升降、搅拌、挖掘、推土、冷藏、保温等各种专用机动车；

特种车三：装有固定专用仪器设备从事专业工作的监测、消防、运钞、医疗、电视转播等的各种专用机动车；

特种车四：集装箱拖头。

3. 挂车不投保机动车交通事故责任强制保险。

4. 低速载货汽车参照运输型拖拉机 14.7 kW 以上的费率执行。

（二）交强险的赔偿范围

在中华人民共和国境内（不含港、澳、台地区），被保险人在使用被保险机动车过程中发生交通事故，致使受害人遭受人身伤亡或财产损失，依法应当由被保险人承担的损害赔偿责任，保险人按照交强险合同的约定对事故在赔偿限额内负责赔偿（死亡伤残赔偿限额为180 000 元；医疗费用赔偿限额为18 000 元；财产损失赔偿限额为2 000 元）；被保险人无责任时，无责任死亡伤残赔偿限额为18 000 元；无责任医疗费用赔偿限额为1 800 元；无责任财产损失赔偿限额为100 元。

死亡伤残赔偿限额和无责任死亡伤残赔偿限额项下负责赔偿丧葬费、死亡补偿费、受害人亲属办理丧葬事宜支出的交通费用、残疾赔偿金、残疾辅助器具费、护理费、康复费、交通费、被扶养人生活费、住宿费、误工费，被保险人依照法院判决或调解承担的精神损害抚慰金。

医疗费用赔偿限额和无责任医疗费用赔偿限额项下负责赔偿医药费、诊疗费、住院费、住院伙食补助费，必要的、合理的后续治疗费、整容费、营养费。

新旧版交强险方案对比如表5-2所示。

表5-2　交强险方案对比

项目	2008年2月1日前	2008年2月1日-2020年9月19日	2020年9月19日后
责任限额	6万元	12.2万元	20万元
机动车在道路交通事故中有责任的赔偿限额	死亡伤残赔偿限额：50 000元 医疗费用赔偿限额：8 000元 财产损失赔偿限额：2 000元	死亡伤残赔偿限额：110 000元 医疗费用赔偿限额：10 000元 财产损失赔偿限额：2 000元	死亡伤残赔偿限额：180 000元 医疗费用赔偿限额：18 000元 财产损失赔偿限额：2 000元
机动车在道路交通事故中无责任的赔偿限额	死亡伤残赔偿限额：10 000元 医疗费用赔偿限额：1 600元 财产损失赔偿限额：400元	死亡伤残赔偿限额：11 000元 医疗费用赔偿限额：1 000元 财产损失赔偿限额：100元	死亡伤残赔偿限额：18 000元 医疗费用赔偿限额：1 800元 财产损失赔偿限额：100元

被保险机动车发生交通事故造成受害人受伤需要抢救的，保险人在接到公安机关交通管理部门的书面通知和医疗机构出具的抢救费用清单后，按照国务院卫生主管部门组织制定的交通事故人员创伤临床诊疗指南和国家基本医疗保险标准进行核实。对于符合规定的抢救费用，保险人在医疗费用赔偿限额内垫付。被保险人在交通事故中无责任的，保险人在无责任医疗费用赔偿限额内垫付。对于其他损失和费用，保险人不负责垫付和赔偿。可以垫付的情况如下：

（1）驾驶人未取得驾驶资格的。

（2）驾驶人醉酒的。

（3）被保险机动车被盗抢期间肇事的。

（4）被保险人故意制造交通事故的。

对于垫付的抢救费用，保险人有权向致害人追偿。

（三）交强险的责任免除

下列损失和费用，交强险不负责赔偿和垫付：

（1）因受害人故意造成的交通事故的损失。

（2）被保险人所有的财产及被保险机动车上的财产遭受的损失。

（3）被保险机动车发生交通事故，致使受害人停业、停驶、停电、停水、停气、停产、通信，或者网络中断、数据丢失、电压变化等造成的损失，以及受害人财产因市场价格变动造成的贬值、修理后因价值降低造成的损失等其他各种间接损失。

（4）因交通事故产生的仲裁或诉讼费用及其他相关费用。

（四）交强险投保人享有的权利

按照交强险条例的规定，除在保险事故发生后获得赔付以外，投保人还享受以下这些权利：

（1）投保人在投保时应该选择具备从事交强险业务资格的保险公司，保险公司一般情况下不得拒绝或拖延承保。

（2）签订交强险合同时，保险公司不得强制投保人订立商业第三者责任险合同或其他商业保险合同及其他附加险条件。

（3）保险公司不得解除交强险合同，除投保人或者被保险人有重要事项未履行如实告知的义务。

（4）被保险机动车辆发生道路交通事故，被保险人或受害人通知保险公司，保险公司应当立即给予答复，告知被保险人或者受害人具体赔偿程序等有关事项。

（5）被保险机动车辆发生道路交通事故时，由被保险人向保险公司申请赔偿金，保险公司应当在收到赔偿申请之日起，1 日之内书面告知被保险人保险公司需要哪些证明和资料。

（6）保险公司在收到被保险人证明资料 5 天之内，对是否做出赔偿进行核定，并将结果及时通知保险人，对属于保险责任的，应当在被保险人达成赔偿金额协议 10 天之内将保险赔款送到被保险人手中。

本章复习思考题

1. 什么是强制汽车责任保险？具有哪些特征？

2. 我国是如何定义强制汽车责任保险的？

3. 我国制定《机动车交通事故责任强制保险条例》的目的是什么？该条例出台的背景和意义是什么？

4.《机动车交通事故责任强制保险条例》适用对象和交强险运作的主体是什么？

5. 交强险的费率和限额是如何规定的？

6. 交强险的保障对象及保障内容是什么？有哪些事故赔偿原则？

7. 简述《机动车交通事故责任强制保险条例》的主要特点。

8.《机动车交通事故责任强制保险条例》赋予保监会哪些监管职责？

9. 什么是交强险合同的被保险人、交强险合同的受害人、交强险合同的责任限额、交强险合同中的抢救费用？

10.《机动车交通事故责任强制保险条例》规定交强险不负责赔偿和垫付的损失与费用有哪些？

11.《机动车交通事故责任强制保险条例》规定投保人和被保险人的权利与义务有哪些？

12. 交强险与商业第三者责任险有哪些区别？

13. 交强险的保险期间是多少？限额和费率是如何规定的？

6

第六章

汽车商业保险

第一节　汽车商业保险概述

　　汽车商业保险是与汽车强制保险相对而言的，目前，我国各家财产保险公司经营的汽车保险业务还是以汽车商业保险为主，汽车商业保险可分为主险和附加险。主险包括机动车损失保险、机动车第三者责任保险、机动车车上人员责任保险三个独立的险种，投保人可以选择投保全部险种，也可以选择投保其中部分险种。保险人依照本保险合同的约定，按照承保险种分别承担保险责任。附加险不能独立投保。附加险条款与主险条款相抵触的，以附加险条款为准，附加险条款未尽之处，以主险条款为准。

　　1980 年，我国全面恢复国内财产保险业务，汽车保险业务也随之恢复。随着汽车保险业的迅速发展，国家对汽车保险的条款和费率的管理也日益完善。2000 年，保监会统一制定了《机动车辆保险条款》，汽车保险在此条款的指导下，全国汽车保险实行统一的条款和刚性的费率。但是刚性费率由政府定价一刀切，没有考虑到不同地区市场、不同类型的保险消费者的特点，同时，也影响了保险市场的竞争环境，造成保险公司缺乏效率。于是，在2003 年开始在全国范围内推行了汽车保险制度的改革，核心是实现汽车保险产品的费率市场化并建立起以偿付能力为核心的新型汽车保险监管体制，各家保险公司结合自身的特点推出了具有特色的汽车保险产品。2006 年 7 月 1 日，我国出台交强险，伴随着交强险的实施，车损险和商业第三者责任险发生重大的变局。由中国保险行业协会提出，各保险公司经营的商业汽车保险使用新的条款和费率，并于 2006 年 7 月 1 日起正式实行。2006 年商业汽车保险有 A、B、C 三款"套餐"，分别根据中保财险、平安财险和太平洋财险三大公司的汽车保险条款设计。"套餐"中包括车损险和商业第三者责任险两种基本险。对于其他险种，仍允许各家公司进行差异化经营。2007 年年末，我国金融行业首个全国性听证会——交强险费率听证会在京举行，随后保监会对交强险的责任限额、费率水平进行"双调整"。据此各保险公司经营的商业汽车保险条款和费率也有了新的变化。保险行业协会出台了 2007 年条款，2007 版机动车商业保险行业基本条款在 2006 版汽车保险行业基本条款基础上扩大了覆盖范围，除原有的机动车损失保险、机动车第三者责任保险外，又将机动车车上人员责任险、机动车全车盗抢险、玻璃单独破碎险、车身划痕损失险、车损免赔额险、不计免赔率险六个险种也纳入汽车保险行业基本条款的范围，共计八个险种。这些险种是投保率最高的八个险种，涵盖了车辆所面临的主要风险，因此制定并使用行业汽车保险基本条款改变了以往客户面对纷繁冗长的保险条款、复杂的费率计算方法无所适从的情况，减少了少数销售机构和人员利用片面宣传产品差异误导消费者的行为，使消费者明明白白买汽车保险，保护了广大消费者的利益。经过本次修订后，行业三套汽车保险基本条款的这八种险种在保障范围、费率水平、赔偿处理等各方面均基本相同，有效地提高了国内汽车保险产品的标准化程度。

2012 年 3 月 14 日，中国保险行业协会正式发布《机动车辆商业保险示范条款》，为保险公司提供了商业汽车保险条款行业范本。《机动车辆商业保险示范条款》的发布，旨在更好地维护保险消费者的合法权益，切实提升车险承保、理赔工作质量，突出解决理赔过程中服务不到位的问题，促进保险业的持续健康发展。《机动车辆商业保险示范条款》由协会组织行业专业力量，依据相关法律、行政法规和保监会《关于加强机动车辆商业保险条款费率管理的通知》的要求，在广泛征求、充分沟通、反复论证的基础上，前后经过六次修订，历时近一年制定而成。《机动车辆商业保险示范条款》的发布，是国内商业汽车保险产品发展进程中的一次重要创新，对国内车险市场的持续、健康发展意义重大、影响深远。它立足于解决社会公众关心的重要问题、切实维护社会公众利益，对原有商业车险条款进行了全面梳理，认真筛查不利于保护被保险人权益、表述不清和容易产生歧义之处，并进行了合理修订，主要具有四个突出特点：一是调整车辆损失险承保、理赔方式，强化保护消费者利益；二是扩大保险责任，减少免赔事项，提高汽车保险保障能力；三是强化如实告知，简化索赔资料，提升汽车保险服务水平；四是简化产品体系，优化条款条例，便于车主阅读理解。

2015 年 2 月 3 日，《中国保监会〈关于深化商业车险条款费率管理制度改革的意见〉》（保监发〔2015〕18 号文件）发布，建立健全商业汽车保险条款形成机制。一是建立行业示范条款制度。中国保险行业协会负责拟订并不断丰富商业汽车保险示范条款体系。商业汽车保险示范条款的保障范围应满足社会公众的合理预期，条款文字应严谨、规范、明确、通俗。中国保险行业协会应根据政策法律变化和保险市场发展情况，及时对商业汽车保险示范条款进行动态修订和完善，积极推进保险条款的标准化、通俗化进程，不断增强商业汽车保险示范条款的适应性。二是建立创新型条款形成机制。鼓励财产保险公司积极开发商业汽车保险创新型条款，引导财产保险公司为保险消费者提供多样化、个性化、差异化的商业汽车保险保障和服务，满足社会公众不同层次的保险需求；支持中国保险行业协会成立商业车险创新型条款专家评估委员会，建立科学、公正、客观的创新型条款评估机制；探索建立保险产品创新保护机制。

2020 年 9 月 2 日，中国银保监会发布《中国银保监会关于印发实施车险综合改革指导意见的通知》，拓展和优化商业汽车保险保障服务。理顺商业汽车保险主险和附加险责任，在基本不增加消费者保费支出的原则下，支持行业拓展商业汽车保险保障责任范围。引导行业将机动车示范产品的车损险主险条款在现有保险责任基础上，增加机动车全车盗抢、玻璃单独破碎、自燃、发动机涉水、不计免赔率、无法找到第三方特约等保险责任，为消费者提供更加全面完善的车险保障服务。支持行业开发车轮单独损失险、医保外用药责任险等附加险产品。优化商业汽车保险保障服务，引导行业合理删减实践中容易引发理赔争议的免责条款，合理删减事故责任免赔率、无法找到第三方免赔率等免赔约定。提升商业汽车保险责任限额，结合经济社会发展水平，支持行业将示范产品商业"三责险"责任限额从 5 万~500

万元档次提升到 10 万~1 000 万元档次，更加有利于满足消费者风险保障需求，更好发挥经济补偿和化解矛盾纠纷的功能作用。丰富商业汽车保险产品，支持行业制定新能源车险、驾乘人员意外险、机动车延长保修险示范条款，探索在新能源汽车和具备条件的传统汽车中开发机动车里程保险（UBI）等创新产品。引导行业规范增值服务，制定包括代送检、道路救援、代驾服务、安全检测等增值服务的示范条款，为消费者提供更加规范和丰富的车险保障服务。

目前，我国实行的商业汽车保险条款为《中国保险行业协会机动车商业保险示范条款（2020 年版）》。

第二节　汽车损失保险

汽车损失保险简称车损险，是指保险车辆遭受保险责任范围内的自然灾害或意外事故，造成保险车辆本身损失，保险人依照保险合同的规定给予赔偿。车损险为不定值保险，即在汽车损失保险合同中不确定保险标的的保险价值，只列明保险金额，将保险金额作为最高的限额。

本节主要从保险责任、责任免除、保险金额、赔偿处理等方面，对汽车损失保险条款进行详细介绍。

一、汽车损失保险的保险标的

汽车损失保险条款中的保险标的是指在中华人民共和国境内（不含港、澳、台地区）行驶，以动力装置驱动或牵引，在道路行驶的供人员乘用或用于运送物品及进行专项作业的轮式车辆（含挂车）、履带式车辆和其他运载工具，但不包括摩托车、拖拉机、特种车。

二、汽车损失保险条款对保险责任的规定及相关解释

（一）保险责任

（1）保险期间，被保险人或被保险机动车驾驶人（以下简称驾驶人）在使用被保险机动车过程中，因自然灾害、意外事故造成被保险机动车直接损失，且不属于免除保险人责任的范围，保险人依照本保险合同的约定负责赔偿。

（2）保险期间，被保险机动车被盗抢、抢劫、抢夺，经出险地县级以上公安刑侦部门立案证明，满 60 天未查明下落的全车损失，以及因被盗抢、抢劫、抢夺受到损坏造成的直接损失，且不属于免除保险人责任的范围，保险人依照本保险合同的约定负责赔偿。

（3）发生保险事故时，被保险人或驾驶人为防止或减少被保险机动车的损失所支付的必要的、合理的施救费用，由保险人承担；施救费用数额在被保险机动车损失赔偿金额以外另行计算，最高不超过保险金额。

（二）相关术语解释

（1）使用被保险机动车过程：指被保险机动车作为一种工具被使用的整个过程，包括行驶、停放及作业，但不包括在营业场所被维修养护期间、被营业单位拖带或被吊装等施救期间。

（2）自然灾害：指对人类及人类赖以生存的环境造成破坏性影响的自然现象，包括雷击、暴风、暴雨、洪水、龙卷风、冰雹、台风、热带风暴、地陷、崖崩、滑坡、泥石流、雪崩、冰陷、暴雪、冰凌、沙尘暴、地震及其次生灾害等。

（3）意外事故：指被保险人不可预料、无法控制的突发性事件，但不包括战争、军事冲突、恐怖活动、暴乱、污染（含放射性污染）、核反应、核辐射等。

三、汽车损失保险条款对免除责任的规定及解释

（一）免除责任

（1）下列情况下，无论任何原因造成被保险机动车的任何损失和费用，保险人均不负责赔偿。

①事故发生后，被保险人或驾驶人故意破坏、伪造现场，毁灭证据。

②驾驶人有下列情形之一者：

a. 交通肇事逃逸；

b. 饮酒、吸食或注射毒品、服用国家管制的精神药品或者麻醉药品；

c. 无驾驶证，驾驶证被依法扣留、暂扣、吊销、注销期间；

d. 驾驶与驾驶证载明的准驾车型不相符合的机动车。

③被保险机动车有下列情形之一者：

a. 发生保险事故时被保险机动车行驶证、号牌被注销；

b. 被扣留、收缴、没收期间；

c. 竞赛、测试期间，在营业性场所维修、保养、改装期间；

d. 被保险人或驾驶人故意或重大过失，导致被保险机动车被利用从事犯罪行为。

（2）下列原因导致的被保险机动车的损失和费用，保险人不负责赔偿。

①战争、军事冲突、恐怖活动、暴乱、污染（含放射性污染）、核反应、核辐射。

②违反安全装载规定。

③被保险机动车被转让、改装、加装或改变使用性质等，导致被保险机动车危险程度显著增加，且未及时通知保险人，因危险程度显著增加而发生保险事故的。

④投保人、被保险人或驾驶人故意制造保险事故。

（3）下列损失和费用，保险人不负责赔偿。

①因市场价格变动造成的贬值、修理后因价值降低引起的减值损失。

②自然磨损、朽蚀、腐蚀、故障、本身质量缺陷。

③投保人、被保险人或驾驶人知道保险事故发生后，故意或因重大过失未及时通知，致使保险事故的性质、原因、损失程度等难以确定的，保险人对无法确定的部分，不承担赔偿责任，但保险人通过其他途径已经知道或应当及时知道保险事故发生的除外。

④因被保险人违反汽车损失保险条款第 15 条约定，导致无法确定的损失。

⑤车轮单独损失，无明显碰撞痕迹的车身划痕，以及新增加设备的损失。

⑥非全车盗抢，仅车上零部件或附属设备被盗窃。

（4）免赔额。对于投保人与保险人在投保时协商确定绝对免赔额的，保险人在依据本保险合同约定计算赔款的基础上，增加每次事故绝对免赔额。

（二）相关术语解释

（1）车轮单独损失：指未发生被保险机动车其他部位的损失，因自然灾害、意外事故，仅发生轮胎、轮毂、轮毂罩的分别单独损失，或上述三者之中任意两者的共同损失，或三者的共同损失。

（2）车身划痕：仅发生被保险机动车车身表面油漆的损坏，且无明显碰撞痕迹。

（3）新增加设备：指被保险机动车出厂时原有设备以外的，另外加装的设备和设施。

四、汽车损失保险条款对保险金额的规定及解释

（一）保险金额

保险金额按投保时被保险机动车的实际价值确定。

投保时被保险机动车的实际价值由投保人与保险人根据投保时的新车购置价减去折旧金额后的价格协商确定或其他市场公允价值协商确定。

折旧金额可根据保险合同所列明的折旧系数表（表6-1）参考确定。

表6-1　折旧系数表　　　　　　　　　　　　　　%

车辆种类	月折旧系数			
	家庭自用	非营业	营业	
			出租	其他
9座以下客车	0.60	0.60	1.10	0.90
10座以上客车	0.90	0.90	1.10	0.90
微型载货汽车	—	0.90	1.10	1.10
带拖挂的载货汽车	—	0.90	1.10	1.10
低速货车和三轮汽车	—	1.10	1.40	1.40
其他车辆	—	0.90	1.10	0.90

折旧按月计算，不足一个月的部分，不计折旧。最高折旧金额不超过投保时被保险机动车新车购置价的80%。

$$折旧金额 = 新车购置价 \times 被保险机动车已使用月数 \times 月折旧系数$$

（二）相关术语解释

新车购置价是指保险合同签订地购置与被保险机动车同类型新车的价格。无同类型新车市场销售价格的，由投保人与保险人协商确定。

五、汽车损失保险条款对赔偿处理规定及解释

（一）赔偿处理

（1）发生保险事故后，保险人依据汽车损失保险条款约定在保险责任范围内承担赔偿责任。赔偿方式由保险人与被保险人协商确定。

（2）因保险事故损坏的被保险机动车，修理前被保险人应当会同保险人检验，协商确定维修机构、修理项目、方式和费用。无法协商确定的，双方委托共同认可的有资质的第三方进行评估。

（3）被保险机动车遭受损失后的残余部分由保险人、被保险人协商处理，如折归被保险人的，由双方协商确定其价值并在赔款中扣除。

（4）因第三方对被保险机动车的损害而造成保险事故，被保险人向第三方索赔的，保险人应积极协助；被保险人也可以直接向保险人索赔，保险人在保险金额内先行赔付被保险人，并在赔偿金额内代位行使被保险人对第三方请求赔偿的权利。

被保险人已经从第三方取得损害赔偿的，保险人进行赔偿时，相应扣减被保险人从第三方已取得的赔偿金额。

保险人未赔偿之前，被保险人放弃对第三方请求赔偿的权利的，保险人不承担赔偿责任。

被保险人故意或因重大过失致使保险人不能行使代位请求赔偿的权利的，保险人可以扣减或要求返还相应的赔款。

保险人向被保险人先行赔付的，保险人向第三方行使代位请求赔偿的权利时，被保险人应当向保险人提供必要的文件和所知道的有关情况。

（5）机动车损失赔款按以下方法计算：

①全部损失。

赔款 = 保险金额 − 被保险人已从第三方获得的赔偿金额 − 绝对免赔额

②部分损失。

被保险机动车发生部分损失，保险人按实际修复费用在保险金额内计算赔偿：

赔款 = 实际修复费用 − 被保险人已从第三方获得的赔偿金额 − 绝对免赔额

③施救费。

在施救的财产中，含有保险合同之外的财产，应按保险合同所保险财产的实际价值占总施救财产的实际价值比例分摊施救费用。

（6）被保险机动车发生保险事故，导致全部损失，或一次赔款金额与免赔金额之和（不含施救费）达到保险金额，保险人按保险合同约定支付赔款后，保险责任终止，保险人不退还机动车损失保险及其附加险的保险费。

（二）相关术语解释

全部损失是指被保险机动车发生事故后灭失，或者受到严重损坏完全失去原有形体、效用，或者不能再归被保险人所拥有的，为实际全损；或被保险机动车发生事故后，认为实际全损已经不可避免，或者为避免发生实际全损所需支付的费用超过实际价值的，为推定全损。

第三节   汽车第三者责任保险

汽车第三者责任保险是承保被保险人或其允许的驾驶人员在使用保险车辆过程中，因意外事故造成的第三者人身伤亡或财产直接损失，依法应负的经济赔偿责任。此保险中的"第三者"，是指被保险人及其财产和保险车辆上一切人员与财产以外的他人、他物。

此节所讲汽车第三者责任保险是商业性的责任保险，其与交强险不同。

一、汽车第三者责任保险的保险标的

汽车第三者责任保险的保险标的是指因被保险机动车发生意外事故遭受人身伤亡或财产损失的人，但不包括被保险机动车本车车上人员和被保险人。

二、汽车第三者责任保险的保险责任及相关解释

（一）保险责任

保险期间，被保险人或其允许的驾驶人在使用被保险机动车过程中发生意外事故，致使第三者遭受人身伤亡或财产直接损毁，依法应当对第三者承担的损害赔偿责任，且不属于免除保险人责任的范围，保险人依照保险合同的约定，对于超过交强险各分项赔偿限额的部分负责赔偿。

保险人依据被保险机动车一方在事故中所负的事故责任比例，承担相应的赔偿责任。

被保险人或被保险机动车一方根据有关法律法规选择自行协商或由公安机关交通管理部门处理事故，但未确定事故责任比例的，按照下列规定确定事故责任比例。

（1）被保险机动车一方负主要事故责任的，事故责任比例为70%。

（2）被保险机动车一方负同等事故责任的，事故责任比例为50%。

（3）被保险机动车一方负次要事故责任的，事故责任比例为30%。

涉及司法或仲裁程序的，以法院或仲裁机构最终生效的法律文书为准。

（二）相关解释

（1）意外事故：指不是行为人故意，而是由于不可预知的及不可抗拒的原因造成损失的突发事件。其包括在道路上发生的道路交通事故及不在道路上（如场院、乡间小路）发生的非道路交通事故。前者一般由公安交通管理部门依据《道路交通事故处理办法》处理；后者一般由出险当地政府参照《道路交通事故处理办法》研究解决。

这里的意外事故主要表现在两个方面：一方面是被保险人事先没有预见到的事故会发生，可以理解为被保险人不能预见到或无法预见的事故会发生，或者是被保险人事先预见到的事故会发生，但由于被保险人疏忽而没有预见到；另一方面是事故的发生违背了被保险人的主观意愿，被保险人已经预见到事故即将发生，但客观上已不能采取措施避免事故发生。

（2）第三者：在保险合同中，保险人是第一方，也称第一者；被保险人或致害人是第二方，也称第二者；除保险人与被保险人之外的，因保险车辆的意外事故而遭受人身伤害或财产损失的受害人是第三方，也称第三者。

（3）人身伤亡：指人的身体受到伤害或人的生命终止。

（4）直接损毁：保险车辆发生意外事故，直接造成事故现场他人现有财产的实际损毁。

（5）被保险人或其允许的驾驶员，应同时具备以下两个条件：

①被保险人本人及经被保险人委派、雇佣或许可的驾驶人员。

②合格驾驶员是指驾驶保险车辆的驾驶员须合格，必须持有效驾驶证，且驾驶车辆与驾驶证规定的准驾车型相符；驾驶出租车或营业性客车还需要具备交通运输管理部门核发的许可证。

三、汽车第三者责任保险的责任免除及相关解释

（一）责任免除

（1）在上述保险责任范围内，下列情况下，无论任何原因造成的人身伤亡，保险人均不负责赔偿。

①事故发生后，被保险人或驾驶人故意破坏、伪造现场，毁灭证据。

②驾驶人有下列情形之一者：

a. 交通肇事逃逸；

b. 饮酒、吸食或注射毒品、服用国家管制的精神药品或麻醉药品；

c. 无驾驶证，驾驶证被依法扣留、暂扣、吊销、注销期间；

d. 驾驶与驾驶证载明的准驾车型不相符合的机动车；

e. 非被保险人允许的驾驶人。

③被保险机动车有下列情形之一者：

a. 发生保险事故时被保险机动车行驶证、号牌被注销的；

b. 被扣留、收缴、没收期间；

c. 竞赛、测试期间，在营业性场所维修、保养、改装期间；

d. 全车被盗窃、被抢劫、被抢夺、下落不明期间。

（2）下列原因导致的人身伤亡，保险人不负责赔偿。

①战争、军事冲突、恐怖活动、暴乱、污染（含放射性污染）、核反应、核辐射。

②被保险机动车被转让、改装、加装或改变使用性质等，导致被保险机动车危险程度显著增加，且未及时通知保险人，因危险程度显著增加而发生保险事故的。

③投保人、被保险人或驾驶人故意制造保险事故。

（3）下列人身伤亡、损失和费用，保险人不负责赔偿。

①被保险人及驾驶人以外的其他车上人员的故意行为造成的自身伤亡。

②车上人员因疾病、分娩、自残、斗殴、自杀、犯罪行为造成的自身伤亡。

③罚款、罚金或惩罚性赔款。

④超出《道路交通事故受伤人员临床诊疗指南》和国家基本医疗保险同类医疗费用标准的费用部分。

⑤律师费，未经保险人事先书面同意的诉讼费、仲裁费。

⑥投保人、被保险人或驾驶人知道保险事故发生后，故意或因重大过失未及时通知，致使保险事故的性质、原因、损失程度等难以确定的，保险人对无法确定的部分，不承担赔偿责任，但保险人通过其他途径已经知道或应当及时知道保险事故发生的除外。

⑦精神损害抚慰金。

⑧应当由机动车交通事故责任强制保险赔付的损失和费用。

（二）相关术语解释

（1）家庭成员：指配偶、父母、子女和其他共同生活的近亲属。

（2）污染（含放射性污染）：指被保险机动车正常使用过程中或发生事故时，由于油料、尾气、货物或其他污染物的泄漏、飞溅、排放、散落等造成的被保险机动车和第三方财产的污损、状况恶化或人身伤亡。

（3）饮酒：指驾驶人饮用含有酒精的饮料，驾驶机动车时血液中的酒精含量 ≥ 20 mg/（100 mL）的。

四、汽车第三者责任保险的责任限额

每次事故的责任限额，由投保人和保险人在签订保险合同时协商确定。

主车和挂车连接使用时视为一体，发生保险事故时，由主车保险人和挂车保险人按照保险单上载明的机动车第三者责任保险责任限额的比例，在各自的责任限额内承担赔偿责任。

五、汽车第三者责任保险的赔偿处理及相关解释

（一）赔偿处理

（1）保险人对被保险人或其允许的驾驶人给第三者造成的损害，可以直接向该第三者赔偿。

被保险人或其允许的驾驶人给第三者造成损害，对第三者应负的赔偿责任确定的，根据被保险人的请求，保险人应当直接向该第三者赔偿。被保险人怠于请求的，第三者就其应获赔偿部分直接向保险人请求赔偿的，保险人可以直接向该第三者赔偿。

被保险人或其允许的驾驶人给第三者造成损害，未向该第三者赔偿的，保险人不得向被保险人赔偿。

（2）发生保险事故后，保险人依据本条款约定在保险责任范围内承担赔偿责任。赔偿方式由保险人与被保险人协商确定。

因保险事故损坏的第三者财产，修理前被保险人应当会同保险人检验，协商确定维修机构、修理项目、方式和费用。无法协商确定的，双方委托共同认可的有资质的第三方进行评估。

（3）赔款计算。

①当（依合同约定核定的第三者损失金额 − 机动车交通事故责任强制保险的分项赔偿限额）×事故责任比例等于或高于每次事故责任限额时：

$$赔款 = 每次事故责任限额$$

②当（依合同约定核定的第三者损失金额 − 机动车交通事故责任强制保险的分项赔偿限额）×事故责任比例低于每次事故责任限额时：

$$赔款 =（依合同约定核定的第三者损失金额 − 机动车交通事故责任强制$$
$$保险的分项赔偿限额）×事故责任比例$$

（4）保险人按照《道路交通事故受伤人员临床诊疗指南》和国家基本医疗保险的同类医疗费用标准核定医疗费用的赔偿金额。

未经保险人书面同意，被保险人自行承诺或支付的赔偿金额，保险人有权重新核定。不属于保险人赔偿范围或超出保险人应赔偿金额的，保险人不承担赔偿责任。

（二）相关术语解释

自行承诺或支付的赔偿金额，指不符合《道路交通事故处理办法》或有关法律、法规等有关规定，且事先未征得保险人同意，被保险人擅自同意或支付的赔款。

第四节　机动车车上人员责任保险

2020年版汽车保险中的机动车车上人员责任保险是主险，投保人可以单独投保。

一、车上人员责任保险的保险责任及相关解释

（一）保险责任

（1）保险期间，被保险人或其允许的驾驶人在使用被保险机动车过程中发生意外事故，致使车上人员遭受人身伤亡，且不属于免除保险人责任的范围，依法应当对车上人员承担的损害赔偿责任，保险人依照保险合同的约定负责赔偿。

（2）保险人依据被保险机动车一方在事故中所负的事故责任比例，承担相应的赔偿责任。

被保险人或被保险机动车一方根据有关法律法规选择自行协商或由公安机关交通管理部门处理事故，但未确定事故责任比例的，按照下列规定确定事故责任比例。

①被保险机动车一方负主要事故责任的，事故责任比例为70%。

②被保险机动车一方负同等事故责任的，事故责任比例为50%。

③被保险机动车一方负次要事故责任的，事故责任比例为30%。

涉及司法或仲裁程序的，以法院或仲裁机构最终生效的法律文书为准。

（二）相关术语解释

车上人员是指发生意外事故的瞬间，在被保险机动车车体内或车体上的人员，包括正在上下车的人员。

二、车上人员责任保险的责任免除及相关解释

（一）责任免除

（1）在上述保险责任范围内，下列情况下，无论任何原因造成的人身伤亡，保险人均不负责赔偿。

①事故发生后，被保险人或驾驶人故意破坏、伪造现场，毁灭证据。

②驾驶人有下列情形之一者：

a. 交通肇事逃逸；

b. 饮酒、吸食或注射毒品、服用国家管制的精神药品或者麻醉药品；

c. 无驾驶证，驾驶证被依法扣留、暂扣、吊销、注销期间；

d. 驾驶与驾驶证载明的准驾车型不相符合的机动车；

e. 非被保险人允许的驾驶人。

③被保险机动车有下列情形之一者：

a. 发生保险事故时被保险机动车行驶证、号牌被注销的；

b. 被扣留、收缴、没收期间；

c. 竞赛、测试期间，在营业性场所维修、保养、改装期间；

d. 全车被盗窃、被抢劫、被抢夺、下落不明期间。

（2）下列原因导致的人身伤亡，保险人不负责赔偿。

①战争、军事冲突、恐怖活动、暴乱、污染（含放射性污染）、核反应、核辐射。

②被保险机动车被转让、改装、加装或改变使用性质等，导致被保险机动车危险程度显著增加，且未及时通知保险人，因危险程度显著增加而发生保险事故的。

③投保人、被保险人或驾驶人故意制造保险事故。

（3）下列人身伤亡、损失和费用，保险人不负责赔偿。

①被保险人及驾驶人以外的其他车上人员的故意行为造成的自身伤亡。

②车上人员因疾病、分娩、自残、斗殴、自杀、犯罪行为造成的自身伤亡。

③罚款、罚金或惩罚性赔款。

④超出《道路交通事故受伤人员临床诊疗指南》和国家基本医疗保险同类医疗费用标准的费用部分。

⑤律师费，未经保险人事先书面同意的诉讼费、仲裁费。

⑥投保人、被保险人或驾驶人知道保险事故发生后，故意或者因重大过失未及时通知，致使保险事故的性质、原因、损失程度等难以确定的，保险人对无法确定的部分，不承担赔偿责任，但保险人通过其他途径已经知道或者应当及时知道保险事故发生的除外。

⑦精神损害抚慰金。

⑧应当由机动车交通事故责任强制保险赔付的损失和费用。

（二）相关术语解释

污染（含放射性污染）：指被保险机动车正常使用过程中或发生事故时，由于油料、尾气、货物或其他污染物的泄漏、飞溅、排放、散落等造成的被保险机动车上人员伤亡。

三、车上人员责任保险的责任限额

驾驶人每次事故责任限额和乘客每次事故每人责任限额由投保人和保险人在投保时协商确定。投保乘客座位数按照被保险机动车的核定载客数（驾驶人座位除外）确定。

四、车上人员责任保险的赔偿处理及相关解释

（一）赔偿处理

（1）赔款计算。

①对每座的受害人，当（依合同约定核定的每座车上人员人身伤亡损失金额－应由机动车交通事故责任强制保险赔偿的金额）×事故责任比例高于或等于每次事故每座责任限额时：

$$赔款 = 每次事故每座责任限额$$

②对每座的受害人，当（依合同约定核定的每座车上人员人身伤亡损失金额－应由机动车交通事故责任强制保险赔偿的金额）×事故责任比例低于每次事故每座责任限额时：

$$赔款 = （依合同约定核定的每座车上人员人身伤亡损失金额－应由机动$$
$$车交通事故责任强制保险赔偿的金额）×事故责任比例$$

（2）保险人按照《道路交通事故受伤人员临床诊疗指南》和国家基本医疗保险的同类医疗费用标准核定医疗费用的赔偿金额。

未经保险人书面同意，被保险人自行承诺或支付的赔偿金额，保险人有权重新核定。不属于保险人赔偿范围或超出保险人应赔偿金额的，保险人不承担赔偿责任。

（二）相关术语解释

（1）保险人在确定保险责任时，可以要求被保险人提供证明和材料、向被保险人提供专业建议等，但此行为不能说明保险人已经同意承担赔偿责任。

（2）非道路交通事故造成的损失赔偿应参照《道路交通事故处理办法》规定的赔偿范围、项目和标准以及保险合同的规定计算保险赔偿金额。

第五节　通用条款

2020 版车险是银保监会机动车示范产品的车损险条款，主险包括机动车损失保险、机动车第三者责任保险、机动车车上人员责任保险三个独立的险种，投保人可以选择投保全部险种，也可以选择投保其中部分险种。本节讲述主险的通用条款。

1. 保险期间

除另有约定外，保险期间为一年，以保险单载明的起讫时间为准。

2. 其他事项

（1）发生保险事故时，被保险人或驾驶人应当及时采取合理的、必要的施救和保护措施，防止或者减少损失，并在保险事故发生后 48 小时内通知保险人。

被保险机动车全车被盗抢的，被保险人知道保险事故发生后，应在 24 小时内向出险当地公安刑侦部门报案，并通知保险人。

被保险人索赔时，应当向保险人提供与确认保险事故的性质、原因、损失程度等有关的证明和资料。

被保险人应当提供保险单、损失清单、有关费用单据、被保险机动车行驶证和发生事故时驾驶人的驾驶证。

属于道路交通事故的，被保险人应当提供公安机关交通管理部门或法院等机构出具的事故证明、有关的法律文书（判决书、调解书、裁定书、裁决书等）及其他证明。被保险人或其允许的驾驶人根据有关法律法规规定选择自行协商方式处理交通事故的，被保险人应当提供依照《道路交通事故处理程序规定》签订记录交通事故情况的协议书。

被保险机动车被盗抢的，被保险人索赔时，须提供保险单、损失清单、有关费用单据、《机动车登记证书》、机动车来历凭证以及出险当地县级以上公安刑侦部门出具的盗抢立案证明。

（2）保险人按照保险合同的约定，认为被保险人索赔提供的有关证明和资料不完整的，应当及时一次性通知被保险人补充提供。

（3）保险人收到被保险人的赔偿请求后，应当及时做出核定；情形复杂的，应当在 30 日内做出核定。保险人应当将核定结果通知被保险人；对属于保险责任的，在与被保险人达成赔偿协议后 10 日内，履行赔偿义务。保险合同对赔偿期限另有约定的，保险人应当按照约定履行赔偿义务。

保险人未及时履行前款约定义务的，除支付赔款外，应当赔偿被保险人因此受到的损失。

（4）保险人依照本条款的约定做出核定后，对不属于保险责任的，应当自做出核定之日起 3 日内向被保险人发出拒绝赔偿通知书，并说明理由。

（5）保险人自收到赔偿请求和有关证明、资料之日起 60 日内，对其赔偿数额不能确定的，应当根据已有证明和资料可以确定的数额先予支付；保险人最终确定赔偿数额后，应当支付相应的差额。

（6）保险人受理报案、现场查勘、核定损失、参与诉讼、进行抗辩、要求被保险人提供证明和资料、向被保险人提供专业建议等行为，均不构成保险人对赔偿责任的承诺。

（7）在保险期间，被保险机动车转让他人的，受让人承继被保险人的权利和义务。被保险人或受让人应当及时通知保险人，并及时办理保险合同变更手续。

因被保险机动车转让导致被保险机动车危险程度发生显著变化的，保险人自收到前款约定的通知之日起 30 日内，可以相应调整保险费或解除保险合同。

（8）保险责任开始前，投保人要求解除保险合同的，应当向保险人支付应交保险费金额 3% 的退保手续费，保险人应当退还保险费。

保险责任开始后，投保人要求解除保险合同的，自通知保险人之日起，保险合同解除。保险人按日收取自保险责任开始之日起至合同解除之日止期间的保险费，并退还剩余部分保险费。

（9）因履行保险合同发生的争议，由当事人协商解决，协商不成的，由当事人从列明的两种合同争议解决方式中选择一种，并在保险合同中载明：

①提交保险单载明的仲裁委员会仲裁。

②依法向人民法院起诉。

③本保险合同适用中华人民共和国法律（不含港、澳、台地区法律）。

第六节　附　加　险

附加险条款的法律效力优于主险条款。附加险条款未尽事宜，以主险条款为准。除附加险条款另有约定外，主险中的责任免除、双方义务同样适用附加险。主险保险责任终止的，其相应的附加险保险责任同时终止。

一、附加绝对免赔率特约条款

绝对免赔率为 5%、10%、15%、20%，由投保人和保险人在投保时协商确定，具体以保险单载明为准。

被保险机动车发生主险约定的保险事故，保险人按照主险的约定计算赔款后，扣减附加绝对免赔率特约条款约定的免赔。即

$$主险实际赔款 = 按主险约定计算的赔款 \times (1 - 绝对免赔率)$$

二、附加车轮单独损失险

投保了机动车损失保险的机动车，可投保本附加险。

1. 保险责任

保险期间，被保险人或被保险机动车驾驶人在使用被保险机动车过程中，因自然灾害、意外事故，导致被保险机动车未发生其他部位的损失，仅有车轮（含轮胎、轮毂、轮毂罩）单独的直接损失，且不属于免除保险人责任的范围，保险人依照本附加险合同的约定负责赔偿。

2. 责任免除

（1）车轮（含轮胎、轮毂、轮毂罩）的自然磨损、朽蚀、腐蚀、故障、本身质量缺陷；

（2）未发生全车盗抢，仅车轮单独丢失。

3. 保险金额

保险金额由投保人和保险人在投保时协商确定。

4. 赔偿处理

（1）发生保险事故后，保险人依据本附加险条款约定在保险责任范围内承担赔偿责任。赔偿方式由保险人与被保险人协商确定。

（2）赔款＝实际修复费用－被保险人已从第三方获得的赔偿金额。

（3）在保险期间内，累计赔款金额达到保险金额，本附加险保险责任终止。

三、附加新增加设备损失险

投保了机动车损失保险的机动车，可投保本附加险。

1. 保险责任

保险期间，投保了本附加险的被保险机动车因发生机动车损失保险责任范围内的事故，造成车上新增加设备的直接损毁，保险人在保险单载明的本附加险的保险金额内，按照实际损失计算赔偿。

2. 保险金额

保险金额根据新增加设备投保时的实际价值确定。新增加设备的实际价值是指新增加设备的购置价减去折旧金额后的金额。

3. 赔偿处理

发生保险事故后，保险人依据本附加险约定在保险责任范围内承担赔偿责任。赔偿方式由保险人与被保险人协商确定。

$$赔款＝实际修复费用－被保险人已从第三方获得的赔偿金额$$

四、附加车身划痕损失险

投保了机动车损失保险的机动车，可投保本附加险。

1. 保险责任

保险期间，被保险机动车在被保险人或被保险机动车驾驶人使用过程中，发生无明显碰撞痕迹的车身划痕损失，保险人按照保险合同约定负责赔偿。

2. 责任免除

（1）被保险人及其家庭成员、驾驶人及其家庭成员的故意行为造成的损失。

（2）因投保人、被保险人与他人的民事、经济纠纷导致的任何损失。

（3）车身表面自然老化、损坏，腐蚀造成的任何损失。

3. 保险金额

保险金额为 2 000 元、5 000 元、10 000 元或 20 000 元，由投保人和保险人在投保时协商确定。

4. 赔偿处理

（1）发生保险事故后，保险人依据本条款约定在保险责任范围内承担赔偿责任，赔偿方式由保险人与被保险人协商确定。

$$赔款 = 实际修复费用 - 被保险人已从第三方获得的赔偿金额$$

（2）在保险期间，累计赔款金额达到保险金额，本附加险保险责任终止。

五、附加修理期间费用补偿险

投保了机动车损失保险的机动车，可投保本附加险。

1. 保险责任

保险期间，投保了本附加险的机动车在使用过程中，发生机动车损失保险责任范围内的事故，造成车身损毁，致使被保险机动车停驶，保险人按保险合同约定，在保险金额内向被保险人补偿修理期间费用，作为代步车费用或弥补停驶损失。

2. 责任免除

下列情况下，保险人不承担修理期间费用补偿。

（1）因机动车损失保险责任范围以外的事故而致被保险机动车的损毁或修理。

（2）非在保险人认可的修理厂修理时，因车辆修理质量不合要求造成返修。

（3）被保险人或驾驶人拖延车辆送修期间。

3. 保险金额

本附加险保险金额 = 补偿天数 × 日补偿金额。补偿天数及日补偿金额由投保人与保险人协商确定并在保险合同中载明，保险期间内约定的补偿天数最高不超过 90 天。

4. 赔偿处理

全车损失，按保险单载明的保险金额计算赔偿；部分损失，在保险金额内按约定的日补偿金额乘以从送修之日起至修复之日止的实际天数计算赔偿，实际天数超过双方约定修理天数的，以双方约定的修理天数为准。

保险期间，累计赔款金额达到保险单载明的保险金额，本附加险保险责任终止。

六、附加发动机进水损坏除外特约条款

投保了机动车损失保险的机动车，可投保本附加险。

保险期间，投保了本附加险的被保险机动车在使用过程中，因发动机进水后导致的发动机的直接损毁，保险人不负责赔偿。

七、附加车上货物责任险

投保了机动车第三者责任保险的营业货车（含挂车），可投保本附加险。

1. 保险责任

保险期间，发生意外事故致使被保险机动车所载货物遭受直接损毁，依法应由被保险人承担的损害赔偿责任，保险人负责赔偿。

2. 责任免除

（1）偷盗、哄抢、自然损耗、本身缺陷、短少、死亡、腐烂、变质、串味、生锈，动物走失、飞失，货物自身起火燃烧或爆炸造成的货物损失。

（2）违法载运造成的损失。

（3）因包装、紧固不善，装载、遮盖不当导致的任何损失。

（4）车上人员携带的私人物品的损失。

（5）保险事故导致的货物减值、运输延迟、营业损失及其他各种间接损失。

（6）法律、行政法规禁止运输的货物的损失。

3. 责任限额

责任限额由投保人和保险人在投保时协商确定。

4. 赔偿处理

（1）被保险人索赔时，应提供运单、起运地货物价格证明等相关单据。保险人在责任限额内按起运地价格计算赔偿。

（2）发生保险事故后，保险人依据本附加险约定在保险责任范围内承担赔偿责任，赔偿方式由保险人与被保险人协商确定。

八、附加精神损害抚慰金责任险

投保了机动车第三者责任保险或机动车车上人员责任保险的机动车，可投保本附加险。

在投保人仅投保机动车第三者责任保险的基础上附加本附加险时，保险人只负责赔偿第三者的精神损害抚慰金；在投保人仅投保机动车车上人员责任保险的基础上附加本附加险时，保险人只负责赔偿车上人员的精神损害抚慰金。

1. 保险责任

保险期间，被保险人或其允许的驾驶人在使用被保险机动车的过程中，发生投保的主险约定的保险责任内的事故，造成第三者或车上人员的人身伤亡，受害人据此提出精神损害赔偿请求，保险人依据法院判决及保险合同约定，对应由被保险人或被保险机动车驾驶人支付的精神损害抚慰金，在扣除机动车交通事故责任强制保险应当支付的赔款后，在本附加险赔偿限额内负责赔偿。

2. 责任免除

（1）根据被保险人与他人的合同协议，应由他人承担的精神损害抚慰金。

（2）未发生交通事故，仅因第三者或本车人员的惊恐而引起的损害。

（3）怀孕妇女的流产发生在交通事故发生之日起 30 天以外的。

3. 赔偿限额

本附加险每次事故赔偿限额由保险人和投保人在投保时协商确定。

4. 赔偿处理

本附加险赔偿金额依据生效法律文书或当事人达成且经保险人认可的赔付协议，在保险单所载明的赔偿限额内计算赔偿。

九、附加法定节假日限额翻倍险

投保了机动车第三者责任保险的家庭自用汽车，可投保本附加险。

保险期间，被保险人或其允许的驾驶人在法定节假日期间使用被保险机动车发生机动车第三者责任保险范围内的事故，并经公安部门或保险人查勘确认的，被保险机动车第三者责任保险所适用的责任限额在保险单载明的基础上增加一倍。

十、附加医保外医疗费用责任险

投保了机动车第三者责任保险或机动车车上人员责任保险的机动车，可投保本附加险。

1. 保险责任

保险期间，被保险人或其允许的驾驶人在使用被保险机动车的过程中，发生主险保险事故，对于被保险人依照中华人民共和国法律（不含港、澳、台地区法律）应对第三者或车上人员承担的医疗费用，保险人对超出《道路交通事故受伤人员临床诊疗指南》和国家基本医疗保险同类医疗费用标准的部分负责赔偿。

2. 责任免除

下列损失、费用，保险人不负责赔偿。

（1）在相同保障的其他保险项下可获得赔偿的部分。

（2）所诊治伤情与主险保险事故无关联的医疗、医药费用。

（3）特需医疗类费用。

3. 赔偿限额

赔偿限额由投保人和保险人在投保时协商确定，并在保险单中载明。

4. 赔偿处理

被保险人索赔时，应提供由具备医疗机构执业许可的医院或药品经营许可的药店出具的、足以证明各项费用赔偿金额的相关单据。保险人根据被保险人实际承担的责任，在保险单载明的责任限额内计算赔偿。

十一、附加机动车增值服务特约条款

投保了机动车保险后，可投保本特约条款。

本特约条款包括道路救援服务特约条款、车辆安全检测特约条款、代为驾驶服务特约条款、代为送检服务特约条款四个独立的特约条款，投保人可以选择投保全部特约条款，也可以选择投保其中部分特约条款。保险人依照保险合同的约定，按照承保特约条款分别提供增值服务。

（一）道路救援服务特约条款

1. 服务范围

保险期间，被保险机动车在使用过程中发生故障而丧失行驶能力时，保险人或其受托人根据被保险人请求，向被保险人提供如下道路救援服务。

（1）单程50 km以内拖车。

（2）送油、送水、送防冻液、搭电。

（3）轮胎充气、更换轮胎。

（4）车辆脱离困境所需的拖拽、起重机。

2. 责任免除

（1）根据所在地法律法规、行政管理部门的规定，无法开展相关服务项目的情形。

（2）送油、更换轮胎等服务过程中产生的油料、防冻液、配件、辅料等材料费用。

（3）被保险人或驾驶人的故意行为。

3. 责任限额

保险期间，保险人提供 2 次免费服务，超出 2 次的，由投保人和保险人在签订保险合同时协商确定，可分为 5 次、10 次、15 次、20 次四档。

（二）车辆安全检测特约条款

1. 服务范围

保险期间，为保障车辆安全运行，保险人或其受托人根据被保险人请求，为被保险机动车提供车辆安全检测服务。车辆安全检测项目如下。

（1）发动机检测（机油、空滤、燃油、冷却等）。

（2）变速器检测。

（3）转向系统检测（含车轮定位测试、轮胎动平衡测试）。

（4）底盘检测。

（5）轮胎检测。

（6）汽车玻璃检测。

（7）汽车电子系统检测（全车电控电器系统检测）。

（8）车内环境检测。

（9）蓄电池检测。

（10）车辆综合安全检测。

2. 责任免除

（1）检测中发现的问题部件的更换、维修费用。

（2）洗车、打蜡等常规保养费用。

（3）车辆运输费用。

3. 责任限额

保险期间，本特约条款的检测项目及服务次数上限由投保人和保险人在签订保险合同时协商确定。

（三）代为驾驶服务特约条款

1. 服务范围

保险期间，保险人或其受托人根据被保险人请求，在被保险人或其允许的驾驶人因饮酒、服用药物等原因无法驾驶或存在重大安全驾驶隐患时提供单程 30 km 以内的短途代驾服务。

2. 责任免除

根据所在地法律法规、行政管理部门的要求，无法开展相关服务项目的情形。

3. 责任限额

保险期间，本特约条款的服务次数上限由投保人和保险人在签订保险合同时协商确定。

（四）代为送检服务特约条款

1. 服务范围

保险期间，按照《中华人民共和国道路交通安全法实施条例》，被保险机动车需由机动车安全技术检验机构实施安全技术检验时，根据被保险人请求，由保险人或其受托人代替车辆所有人进行车辆送检。

2. 责任免除

（1）根据所在地法律法规、行政管理部门的要求，无法开展相关服务项目的情形。

（2）车辆检验费用及罚款。

（3）维修费用。

（五）相关术语解释

（1）法定节假日包括中华人民共和国国务院规定的元旦、春节、清明节、劳动节、端午节、中秋节和国庆节放假调休日期及星期六、星期日，具体以国务院公布的文件为准。

法定节假日不包括因国务院安排调休形成的工作日，国务院规定的一次性全国假日，地方性假日。

（2）特需医疗类费用：指医院的特需医疗部门/中心/病房，包括但不限于特需医疗部、外宾医疗部、VIP部、国际医疗中心、联合医院、联合病房、干部病房、A级病房、家庭病房、套房等不属于社会基本医疗保险范畴的高等级病房产生的费用，以及名医门诊、指定专家团队门诊、特需门诊、国际门诊等产生的费用。

第七节　新能源汽车商业保险

新能源汽车商业保险主险包括新能源汽车损失保险、新能源汽车第三者责任保险、新能源汽车车上人员责任保险三个独立的险种，投保人可以选择投保全部险种，也可以选择投保其中部分险种。保险人依照保险合同的约定，按照承保险种分别承担保险责任。

附加险不能独立投保。附加险条款与主险条款相抵触的，以附加险条款为准，附加险条款未尽之处，以主险条款为准。

一、新能源汽车损失保险

新能源汽车商业保险保险合同中的被保险新能源汽车是指在中华人民共和国境内（不含港、澳、台地区）行驶，采用新型动力系统，完全或主要依靠新型能源驱动，上道路行驶的供人员乘用或者用于运送物品及进行专项作业的轮式车辆、履带式车辆和其他运载工具，但不包括摩托车、拖拉机、特种车。

（一）保险责任

（1）保险期间，被保险人或被保险新能源汽车驾驶人（以下简称驾驶人）在使用被保险新能源汽车过程中，因自然灾害、意外事故（含起火燃烧）造成被保险新能源汽车下列设备的直接损失，且不属于免除保险人责任的范围，保险人依照保险合同的约定负责赔偿。

①车身。

②电池及储能系统、电动机及驱动系统、其他控制系统。

③其他所有出厂时的设备。

使用包括行驶、停放、充电及作业。

（2）保险期间，被保险新能源汽车被盗抢、抢劫、抢夺，经出险地县级以上公安刑侦部门立案证明，满60天未查明下落的全车损失，以及因被盗抢、抢劫、抢夺受到损坏造成的直接损失，且不属于免除保险人责任的范围，保险人依照保险合同的约定负责赔偿。

（3）发生保险事故时，被保险人或驾驶人为防止或者减少被保险新能源汽车的损失所支付的必要的、合理的施救费用，由保险人承担；施救费用数额在被保险新能源汽车损失赔偿金额以外另行计算，最高不超过保险金额。

（二）责任免除

（1）在上述保险责任范围内，下列情况下，无论任何原因造成被保险新能源汽车的任何损失和费用，保险人均不负责赔偿。

①事故发生后，被保险人或驾驶人故意破坏、伪造现场，毁灭证据。

②驾驶人有下列情形之一者：

a. 交通肇事逃逸；

b. 饮酒、吸食或注射毒品、服用国家管制的精神药品或麻醉药品；

c. 无驾驶证，驾驶证被依法扣留、暂扣、吊销、注销期间；

d. 驾驶与驾驶证载明的准驾车型不相符合的新能源汽车。

③被保险新能源汽车有下列情形之一者：

a. 发生保险事故时被保险新能源汽车行驶证、号牌被注销；

b. 被扣留、收缴、没收期间；

c. 竞赛、测试期间，在营业性场所维修、保养、改装期间；

d. 被保险人或驾驶人故意或重大过失，导致被保险新能源汽车被利用从事犯罪行为。

（2）下列原因导致的被保险新能源汽车的损失和费用，保险人不负责赔偿。

①战争、军事冲突、恐怖活动、暴乱、污染（含放射性污染）、核反应、核辐射。

②违反安全装载规定。

③被保险新能源汽车被转让、改装、加装或改变使用性质等，导致被保险新能源汽车危险程度显著增加，且未及时通知保险人，因危险程度显著增加而发生保险事故的。

④投保人、被保险人或驾驶人故意制造保险事故。

（3）下列损失和费用，保险人不负责赔偿。

①因市场价格变动造成的贬值、修理后因价值降低引起的减值损失。

②自然磨损、电池衰减、朽蚀、腐蚀、故障、本身质量缺陷。

③投保人、被保险人或驾驶人知道保险事故发生后，故意或者因重大过失未及时通知，致使保险事故的性质、原因、损失程度等难以确定的，保险人对无法确定的部分，不承担赔偿责任，但保险人通过其他途径已经知道或者应当及时知道保险事故发生的除外。

④因被保险人违反新能源汽车损失保险条款第十五条约定，导致无法确定的损失。

因保险事故损坏的被保险机动车，修理前被保险人应当会同保险人检验，协商确定维修机构、修理项目、方式和费用。无法协商确定的，双方委托共同认可的有资质的第三方进行评估。

⑤车轮单独损失，无明显碰撞痕迹的车身划痕，以及新增加设备的损失。

⑥非全车盗抢、仅车上零部件或附属设备被盗窃。

⑦充电期间因外部电网故障导致被保险新能源汽车的损失。

（三）免赔额

对于投保人与保险人在投保时协商确定绝对免赔额的，保险人在依据保险合同约定计算赔款的基础上，增加每次事故绝对免赔额。

（四）保险金额

保险金额按投保时被保险新能源汽车的实际价值确定。

投保时被保险新能源汽车的实际价值由投保人与保险人根据投保时的新车购置价格减去折旧金额后的价格协商确定或其他市场公允价值协商确定。

折旧金额可根据保险合同列明的折旧系数表参考确定。

（五）赔偿处理

（1）发生保险事故后，保险人依据保险条款约定在保险责任范围内承担赔偿责任。赔偿方式由保险人与被保险人协商确定。

（2）因保险事故损坏的被保险新能源汽车，修理前被保险人应当会同保险人检验，协商确定维修机构、修理项目、方式和费用。无法协商确定的，双方委托共同认可的有资质的第三方进行评估。

（3）被保险新能源汽车遭受损失后的残余部分由保险人、被保险人协商处理。如折归被保险人的，由双方协商确定其价值并在赔款中扣除。

（4）因第三方对被保险新能源汽车的损害而造成保险事故，被保险人向第三方索赔的，保险人应积极协助；被保险人也可以直接向保险人索赔，保险人在保险金额内先行赔付被保险人，并在赔偿金额内代位行使被保险人对第三方请求赔偿的权利。

被保险人已经从第三方取得损害赔偿的，保险人进行赔偿时，相应扣减被保险人从第三方已取得的赔偿金额。

保险人未赔偿之前，被保险人放弃对第三方请求赔偿的权利的，保险人不承担赔偿责任。

被保险人故意或者因重大过失致使保险人不能行使代位请求赔偿的权利的，保险人可以扣减或者要求返还相应的赔款。

保险人向被保险人先行赔付的，保险人向第三方行使代位请求赔偿的权利时，被保险人应当向保险人提供必要的文件和所知道的有关情况。

（5）被保险新能源汽车损失赔款按以下方法计算：

①全部损失。

　　　赔款＝保险金额－被保险人已从第三方获得的赔偿金额－绝对免赔额

②部分损失。被保险新能源汽车发生部分损失，保险人按实际修复费用在保险金额内计算赔偿：

　　　赔款＝实际修复费用－被保险人已从第三方获得的赔偿金额－绝对免赔额

③施救费。在施救的财产中，含有保险合同之外的财产，应按保险合同规定的保险财产的实际价值占总施救财产的实际价值比例分摊施救费用。

（6）被保险新能源汽车发生保险事故，导致全部损失，或一次赔款金额与免赔金额之和（不含施救费）达到保险金额，保险人按保险合同约定支付赔款后，保险责任终止，保险人不退还新能源汽车损失保险及其附加险的保险费。

二、新能源汽车第三者责任保险

第三者是指因被保险新能源汽车发生意外事故遭受人身伤亡或者财产损失的人，但不包括被保险新能源汽车本车车上人员、被保险人。

（一）保险责任

（1）保险期间，被保险人或其允许的驾驶人在使用被保险新能源汽车过程中发生意外事故（含起火燃烧），致使第三者遭受人身伤亡或财产直接损毁，依法应当对第三者承担的损害赔偿责任，且不属于免除保险人责任的范围，保险人依照保险合同的约定，对于超过交强险各分项赔偿限额的部分负责赔偿。

使用包括行驶、停放、充电及作业。

（2）保险人依据被保险新能源汽车一方在事故中所负的事故责任比例，承担相应的赔偿责任。

被保险人或被保险新能源汽车一方根据有关法律法规选择自行协商或由公安机关交通管理部门处理事故，但未确定事故责任比例的，按照下列规定确定事故责任比例。

①被保险新能源汽车一方负主要事故责任的，事故责任比例为70%。
②被保险新能源汽车一方负同等事故责任的，事故责任比例为50%。
③被保险新能源汽车一方负次要事故责任的，事故责任比例为30%。
涉及司法或仲裁程序的，以法院或仲裁机构最终生效的法律文书为准。

（二）责任免除

（1）在上述保险责任范围内，下列情况下，无论任何原因造成的人身伤亡、财产损失和费用，保险人均不负责赔偿。

①事故发生后，被保险人或驾驶人故意破坏、伪造现场，毁灭证据。
②驾驶人有下列情形之一者：
a. 交通肇事逃逸；
b. 饮酒、吸食或注射毒品、服用国家管制的精神药品或麻醉药品；
c. 无驾驶证，驾驶证被依法扣留、暂扣、吊销、注销期间；
d. 驾驶与驾驶证载明的准驾车型不相符合的新能源汽车；
e. 非被保险人允许的驾驶人。
③被保险新能源汽车有下列情形之一者：
a. 发生保险事故时被保险新能源汽车行驶证、号牌被注销的；
b. 被扣留、收缴、没收期间；
c. 竞赛、测试期间，在营业性场所维修、保养、改装期间；
d. 全车被盗窃、抢劫、抢夺、下落不明期间。

（2）下列原因导致的人身伤亡、财产损失和费用，保险人不负责赔偿。
①战争、军事冲突、恐怖活动、暴乱、污染（含放射性污染）、核反应、核辐射。
②第三者、被保险人或驾驶人故意制造保险事故、犯罪行为，第三者与被保险人或其他

致害人恶意串通的行为。

③被保险新能源汽车被转让、改装、加装或改变使用性质等，导致被保险新能源汽车危险程度显著增加，且未及时通知保险人，因危险程度显著增加而发生保险事故的。

（3）下列人身伤亡、财产损失和费用，保险人不负责赔偿。

①被保险新能源汽车发生意外事故，致使任何单位或个人停业、停驶、停电、停水、停气、停产、通信或网络中断、电压变化、数据丢失造成的损失以及其他各种间接损失。

②第三者财产因市场价格变动造成的贬值，修理后因价值降低引起的减值损失。

③被保险人及其家庭成员、驾驶人及其家庭成员所有、承租、使用、管理、运输或代管的财产的损失，以及车上财产的损失。

④被保险人、驾驶人、车上人员的人身伤亡。

⑤停车费、保管费、扣车费、罚款、罚金或惩罚性赔款。

⑥超出《道路交通事故受伤人员临床诊疗指南》和国家基本医疗保险同类医疗费用标准的费用部分。

⑦律师费，未经保险人事先书面同意的诉讼费、仲裁费。

⑧投保人、被保险人或驾驶人知道保险事故发生后，故意或者因重大过失未及时通知，致使保险事故的性质、原因、损失程度等难以确定的，保险人对无法确定的部分，不承担赔偿责任，但保险人通过其他途径已经知道或者应当及时知道保险事故发生的除外。

⑨因被保险人违反新能源汽车第三者责任保险条款第二十八条约定，导致无法确定的损失。

发生保险事故后，保险人依据新能源汽车第三者责任保险条款约定在保险责任范围内承担赔偿责任。赔偿方式由保险人与被保险人协商确定。

因保险事故损坏的第三者财产，修理前被保险人应当会同保险人检验，协商确定维修机构、修理项目、方式和费用。无法协商确定的，双方委托共同认可的有资质的第三方进行评估。

⑩精神损害抚慰金。

⑪应当由交强险赔偿的损失和费用。

保险事故发生时，被保险新能源汽车未投保交强险或交强险合同已经失效的，对于交强险责任限额以内的损失和费用，保险人不负责赔偿。

（三）责任限额

（1）每次事故的责任限额，由投保人和保险人在签订保险合同时协商确定。

（2）主车和挂车连接使用时视为一体，发生保险事故时，由主车保险人和挂车保险人按照保险单上载明的第三者责任保险责任限额的比例，在各自的责任限额内承担赔偿责任。

（四）赔偿处理

（1）保险人对被保险人或其允许的驾驶人给第三者造成的损害，可以直接向该第三者赔偿。

被保险人或其允许的驾驶人给第三者造成损害，对第三者应负的赔偿责任确定的，根据被保险人的请求，保险人应当直接向该第三者赔偿。被保险人怠于请求的，第三者就其应获赔偿部分直接向保险人请求赔偿的，保险人可以直接向该第三者赔偿。

被保险人或其允许的驾驶人给第三者造成损害，未向该第三者赔偿的，保险人不得向被保险人赔偿。

（2）发生保险事故后，保险人依据保险约定在保险责任范围内承担赔偿责任。赔偿方式由保险人与被保险人协商确定。

因保险事故损坏的第三者财产，修理前被保险人应当会同保险人检验，协商确定维修机构、修理项目、方式和费用。无法协商确定的，双方委托共同认可的有资质的第三方进行评估。

（3）赔款计算。

①当（依合同约定核定的第三者损失金额－机动车交通事故责任强制保险的分项赔偿限额）×事故责任比例等于或高于每次事故责任限额时：

$$赔款 = 每次事故责任限额$$

②当（依合同约定核定的第三者损失金额－机动车交通事故责任强制保险的分项赔偿限额）×事故责任比例低于每次事故责任限额时：

$$赔款 = （依合同约定核定的第三者损失金额 - 机动车交通事故责任$$
$$强制保险的分项赔偿限额）\times 事故责任比例$$

（4）保险人按照《道路交通事故受伤人员临床诊疗指南》和国家基本医疗保险的同类医疗费用标准核定医疗费用的赔偿金额。

未经保险人书面同意，被保险人自行承诺或支付的赔偿金额，保险人有权重新核定。不属于保险人赔偿范围或超出保险人应赔偿金额的，保险人不承担赔偿责任。

三、新能源汽车车上人员责任保险

车上人员是指发生意外事故的瞬间，在被保险新能源汽车车体内或车体上的人员，包括正在上下车的人员。

（一）保险责任

（1）保险期间，被保险人或其允许的驾驶人在使用被保险新能源汽车过程中发生意外事故（含起火燃烧），致使车上人员遭受人身伤亡，且不属于免除保险人责任的范围，依法应当对车上人员承担的损害赔偿责任，保险人依照保险合同的约定负责赔偿。

使用包括行驶、停放、充电及作业。

（2）保险人依据被保险新能源汽车一方在事故中所负的事故责任比例，承担相应的赔偿责任。

被保险人或被保险新能源汽车一方根据有关法律法规选择自行协商或由公安机关交通管理部门处理事故，但未确定事故责任比例的，按照下列规定确定事故责任比例。

①被保险新能源汽车一方负主要事故责任的，事故责任比例为70%。

②被保险新能源汽车一方负同等事故责任的，事故责任比例为50%。

③被保险新能源汽车一方负次要事故责任的，事故责任比例为30%。

涉及司法或仲裁程序的，以法院或仲裁机构最终生效的法律文书为准。

（二）责任免除

（1）在上述保险责任范围内，下列情况下，无论任何原因造成的人身伤亡，保险人均不负责赔偿。

①事故发生后，被保险人或驾驶人故意破坏、伪造现场，毁灭证据。

②驾驶人有下列情形之一者：

a. 交通肇事逃逸；

b. 饮酒、吸食或注射毒品、服用国家管制的精神药品或麻醉药品；

c. 无驾驶证，驾驶证被依法扣留、暂扣、吊销、注销期间；

d. 驾驶与驾驶证载明的准驾车型不相符合的新能源汽车；

e. 非被保险人允许的驾驶人。

③被保险新能源汽车有下列情形之一者：

a. 发生保险事故时被保险新能源汽车行驶证、号牌被注销的；

b. 被扣留、收缴、没收期间；

c. 竞赛、测试期间，在营业性场所维修、保养、改装期间；

d. 全车被盗窃、抢劫、抢夺、下落不明期间。

（2）下列原因导致的人身伤亡，保险人不负责赔偿。

①战争、军事冲突、恐怖活动、暴乱、污染（含放射性污染）、核反应、核辐射。

②被保险新能源汽车被转让、改装、加装或改变使用性质等，导致被保险新能源汽车危险程度显著增加，且未及时通知保险人，因危险程度显著增加而发生保险事故的。

③投保人、被保险人或驾驶人故意制造保险事故。

（3）下列人身伤亡、损失和费用，保险人不负责赔偿。

①被保险人及驾驶人以外的其他车上人员的故意行为造成的自身伤亡。

②车上人员因疾病、分娩、自残、斗殴、自杀、犯罪行为造成的自身伤亡。

③罚款、罚金或惩罚性赔款。

④超出《道路交通事故受伤人员临床诊疗指南》和国家基本医疗保险同类医疗费用标准的费用部分。

⑤律师费，未经保险人事先书面同意的诉讼费、仲裁费。

⑥投保人、被保险人或驾驶人知道保险事故发生后，故意或者因重大过失未及时通知，致使保险事故的性质、原因、损失程度等难以确定的，保险人对无法确定的部分，不承担赔偿责任，但保险人通过其他途径已经知道或应当及时知道保险事故发生的除外。

⑦精神损害抚慰金。

⑧应当由机动车交通事故责任强制保险赔付的损失和费用。

（三）责任限额

驾驶人每次事故责任限额和乘客每次事故每人责任限额由投保人与保险人在投保时协商确定。投保乘客座位数按照被保险新能源汽车的核定载客数（驾驶人座位除外）确定。

（四）赔偿处理

（1）赔款计算。

①对每座的受害人，当（依合同约定核定的每座车上人员人身伤亡损失金额 – 应由交强险赔偿的金额）×事故责任比例高于或等于每次事故每座责任限额时：

$$赔款 = 每次事故每座责任限额$$

②对每座的受害人，当（依合同约定核定的每座车上人员人身伤亡损失金额 – 应由交强险赔偿的金额）×事故责任比例低于每次事故每座责任限额时：

$$赔款 = （依合同约定核定的每座车上人员人身伤亡损失金额 – 应由交强险$$

赔偿的金额）×事故责任比例

（2）保险人按照《道路交通事故受伤人员临床诊疗指南》和国家基本医疗保险的同类医疗费用标准核定医疗费用的赔偿金额。

未经保险人书面同意，被保险人自行承诺或支付的赔偿金额，保险人有权重新核定。不属于保险人赔偿范围或超出保险人应赔偿金额的，保险人不承担赔偿责任。

四、通用条款

新能源汽车商业保险主险包括新能源汽车损失保险、新能源汽车第三者责任保险、新能源汽车车上人员责任保险共三个独立的险种，本处讲述主险的通用条款。

（一）保险期间

除另有约定外，保险期间为一年，以保险单载明的起讫时间为准。

（二）其他事项

（1）发生保险事故时，被保险人或驾驶人应当及时采取合理的、必要的施救和保护措施，防止或者减少损失，并在保险事故发生后48小时内通知保险人。

被保险新能源汽车全车被盗抢的，被保险人知道保险事故发生后，应在24小时内向出险当地公安刑侦部门报案，并通知保险人。

被保险人索赔时，应当向保险人提供与确认保险事故的性质、原因、损失程度等有关的证明和资料。

被保险人应当提供保险单、损失清单、有关费用单据、被保险新能源汽车行驶证和发生事故时驾驶人的驾驶证。

属于道路交通事故的，被保险人应当提供公安机关交通管理部门或法院等机构出具的事故证明、有关的法律文书（判决书、调解书、裁定书、裁决书等）及其他证明。被保险人或其允许的驾驶人根据有关法律法规规定选择自行协商方式处理交通事故的，被保险人应当提供依照《道路交通事故处理程序规定》签订记录交通事故情况的协议书。

被保险新能源汽车被盗抢的，被保险人索赔时，须提供保险单、损失清单、有关费用单据、《机动车登记证书》、机动车来历凭证以及出险当地县级以上公安刑侦部门出具的盗抢立案证明。

（2）保险人按照保险合同的约定，认为被保险人索赔提供的有关证明和资料不完整的，应当及时一次性通知被保险人补充提供。

（3）保险人收到被保险人的赔偿请求后，应当及时做出核定；情形复杂的，应当在30日内做出核定。保险人应当将核定结果通知被保险人；对属于保险责任的，在与被保险人达成赔偿协议后10日内，履行赔偿义务。保险合同对赔偿期限另有约定的，保险人应当按照约定履行赔偿义务。

保险人未及时履行前款约定义务的，除支付赔款外，应当赔偿被保险人因此受到的损失。

（4）保险人依照保险合同的约定做出核定后，对不属于保险责任的，应当自做出核定之日起3日内向被保险人发出拒绝赔偿通知书，并说明理由。

（5）保险人自收到赔偿请求和有关证明、资料之日起60日内，对其赔偿数额不能确定的，应当根据已有证明和资料可以确定的数额先予支付；保险人最终确定赔偿数额后，应当支付相应的差额。

（6）保险人受理报案、现场查勘、核定损失、参与诉讼、进行抗辩、要求被保险人提供证明和资料、向被保险人提供专业建议等行为，均不构成保险人对赔偿责任的承诺。

（7）在保险期间内，被保险新能源汽车转让他人的，受让人承继被保险人的权利和义务。被保险人或受让人应当及时通知保险人，并及时办理保险合同变更手续。

因被保险新能源汽车转让导致被保险新能源汽车危险程度发生显著变化的，保险人自收到前款约定的通知之日起30日内，可以相应调整保险费或解除保险合同。

（8）保险责任开始前，投保人要求解除保险合同的，应当向保险人支付应交保险费金额3%的退保手续费，保险人应当退还保险费。

保险责任开始后，投保人要求解除保险合同的，自通知保险人之日起，保险合同解除。保险人按日收取自保险责任开始之日起至合同解除之日止期间的保险费，并退还剩余部分保险费。

（9）因履行保险合同发生的争议，由当事人协商解决，协商不成的，由当事人从列明的两种合同争议解决方式中选择一种，并在保险合同中载明：

①提交保险单载明的仲裁委员会仲裁。

②依法向人民法院起诉。

③本保险合同适用中华人民共和国法律（不含港、澳、台地区法律）。

五、附加险

附加险条款的法律效力优于主险条款。附加险条款未尽事宜，以主险条款为准。除附加险条款另有约定外，主险中的责任免除、双方义务同样适用附加险。主险保险责任终止的，其相应的附加险保险责任同时终止。

（一）附加外部电网故障损失险

投保了新能源汽车损失保险的新能源汽车，可投保本附加险。

（1）保险期间，投保了本附加险的被保险新能源汽车在充电期间，因外部电网故障，导致被保险新能源汽车的直接损失，且不属于免除保险人责任的范围，保险人依照本保险合同的约定负责赔偿。

（2）发生保险事故时，被保险人为防止或者减少被保险新能源汽车的损失所支付的必要的、合理的施救费用，由保险人承担；施救费用数额在被保险新能源汽车损失赔偿金额以外另行计算，最高不超过主险保险金额。

（二）附加自用充电桩损失保险

投保了新能源汽车损失保险的新能源汽车，可投保本附加险。

1. 保险责任

保险期间，保险单载明地址的，被保险人的符合充电设备技术条件、安装标准的自用充电桩，因自然灾害、意外事故、被盗抢或遭他人损坏导致的充电桩自身损失，保险人在保险单载明的本附加险的保险金额内，按照实际损失计算赔偿。

2. 责任免除

投保人、被保险人或驾驶人故意制造保险事故。

3. 保险金额

保险金额为 2 000 元、5 000 元、10 000 元或 20 000 元，由投保人和保险人在投保时协商确定。

4. 赔偿处理

（1）发生保险事故后，保险人依据本附加险约定在保险责任范围内承担赔偿责任，赔偿方式由保险人与被保险人协商确定。

$$赔款 = 实际修复费用 - 被保险人已从第三方获得的赔偿金额$$

（2）在保险期间，累计赔款金额达到保险金额，本附加险保险责任终止。

（三）**附加自用充电桩责任保险**

投保了新能源汽车第三者责任保险的新能源汽车，可投保本附加险。

1. 保险责任

保险期间，保险单载明地址的，被保险人的符合充电设备技术条件、安装标准的自用充电桩造成第三者人身伤亡或财产损失，依法应由被保险人承担的损害赔偿责任，保险人负责赔偿。

2. 责任免除

因被保险人的故意行为导致事故。

3. 责任限额

责任限额由投保人和保险人在投保时协商确定。

（四）**附加绝对免赔率特约条款**

绝对免赔率为 5%、10%、15%、20%，由投保人和保险人在投保时协商确定，具体以保险单载明为准。

被保险新能源汽车发生主险约定的保险事故，保险人按照主险的约定计算赔款后，扣减本特约条款约定的免赔。即

$$主险实际赔款 = 按主险约定计算的赔款 \times (1 - 绝对免赔率)$$

（五）**附加车轮单独损失险**

投保了新能源汽车损失保险的新能源汽车，可投保本附加险。

1. 保险责任

保险期间，被保险人或被保险新能源汽车驾驶人在使用被保险新能源汽车过程中，因自然灾害、意外事故，导致被保险新能源汽车未发生其他部位的损失，仅有车轮（含轮胎、轮毂、轮毂罩）单独的直接损失，且不属于免除保险人责任的范围，保险人依照本附加险合同的约定负责赔偿。

2. 责任免除

（1）车轮（含轮胎、轮毂、轮毂罩）的自然磨损、朽蚀、腐蚀、故障、本身质量缺陷。

（2）未发生全车盗抢，仅车轮单独丢失。

3. 保险金额

保险金额由投保人和保险人在投保时协商确定。

4. 赔偿处理

（1）发生保险事故后，保险人依据本附加险约定在保险责任范围内承担赔偿责任。赔偿方式由保险人与被保险人协商确定。

（2）赔款 = 实际修复费用 – 被保险人已从第三方获得的赔偿金额。

（3）在保险期间，累计赔款金额达到保险金额，本附加险保险责任终止。

（六）附加新增加设备损失险

投保了新能源汽车损失保险的新能源汽车，可投保本附加险。

1. 保险责任

保险期间，投保了本附加险的被保险新能源汽车因发生新能源汽车损失保险责任范围内的事故，造成车上新增加设备的直接损毁，保险人在保险单载明的本附加险的保险金额内，按照实际损失计算赔偿。

2. 保险金额

保险金额根据新增加设备投保时的实际价值确定。新增加设备的实际价值是指新增加设备的购置价减去折旧金额后的金额。

3. 赔偿处理

发生保险事故后，保险人依据本附加险约定在保险责任范围内承担赔偿责任。赔偿方式由保险人与被保险人协商确定。

$$赔款 = 实际修复费用 – 被保险人已从第三方获得的赔偿金额$$

（七）附加车身划痕损失险

投保了新能源汽车损失保险的新能源汽车，可投保本附加险。

1. 保险责任

保险期间，被保险新能源汽车在被保险人或被保险新能源汽车驾驶人使用过程中，发生无明显碰撞痕迹的车身划痕损失，保险人按照保险合同约定负责赔偿。

2. 责任免除

（1）被保险人及其家庭成员、驾驶人及其家庭成员的故意行为造成的损失。

（2）因投保人、被保险人与他人的民事、经济纠纷导致的任何损失。

（3）车身表面自然老化、损坏，腐蚀造成的任何损失。

3. 保险金额

保险金额为 2 000 元、5 000 元、10 000 元或 20 000 元，由投保人和保险人在投保时协商确定。

4. 赔偿处理

（1）发生保险事故后，保险人依据本附加险条款约定在保险责任范围内承担赔偿责任，赔偿方式由保险人与被保险人协商确定。

$$赔款 = 实际修复费用 – 被保险人已从第三方获得的赔偿金额$$

（2）在保险期间，累计赔款金额达到保险金额，本附加险保险责任终止。

（八）附加修理期间费用补偿险

投保了新能源汽车损失保险的新能源汽车，可投保本附加险。

1. 保险责任

保险期间，投保了本附加险的新能源汽车在使用过程中，发生新能源汽车损失保险责任范围内的事故，造成车身损毁，致使被保险新能源汽车停驶，保险人按保险合同约定，在保险金额内向被保险人补偿修理期间费用，作为代步车费用或弥补停驶损失。

2. 责任免除

下列情况下，保险人不承担修理期间费用补偿。

（1）因新能源汽车损失保险责任范围以外的事故而致被保险新能源汽车的损毁或修理。

（2）非在保险人认可的修理厂修理时，因车辆修理质量不合要求造成返修。

（3）被保险人或驾驶人拖延车辆送修期间。

3. 保险金额

本附加险保险金额＝补偿天数×日补偿金额。补偿天数及日补偿金额由投保人与保险人协商确定并在保险合同中载明，保险期间约定的补偿天数最高不超过90天。

4. 赔偿处理

全车损失，按保险单载明的保险金额计算赔偿；部分损失，在保险金额内按约定的日补偿金额乘以从送修之日起至修复之日止的实际天数计算赔偿，实际天数超过双方约定修理天数的，以双方约定的修理天数为准。

保险期间内，累计赔款金额达到保险单载明的保险金额，本附加险保险责任终止。

（九）附加车上货物责任险

投保了新能源汽车第三者责任保险的营业货车，可投保本附加险。

1. 保险责任

保险期间，发生意外事故致使被保险新能源汽车所载货物遭受直接损毁，依法应由被保险人承担的损害赔偿责任，保险人负责赔偿。

2. 责任免除

（1）偷盗、哄抢、自然损耗、本身缺陷、短少、死亡、腐烂、变质、串味、生锈，动物走失、飞失，货物自身起火燃烧或爆炸造成的货物损失。

（2）违法载运造成的损失。

（3）因包装、紧固不善，装载、遮盖不当导致的任何损失。

（4）车上人员携带的私人物品的损失。

（5）保险事故导致的货物减值、运输延迟、营业损失及其他各种间接损失。

（6）法律、行政法规禁止运输的货物的损失。

3. 责任限额

责任限额由投保人和保险人在投保时协商确定。

4. 赔偿处理

（1）被保险人索赔时，应提供运单、起运地货物价格证明等相关单据。保险人在责任限额内按起运地价格计算赔偿。

（2）发生保险事故后，保险人依据本附加险约定在保险责任范围内承担赔偿责任，赔偿方式由保险人与被保险人协商确定。

（十）附加精神损害抚慰金责任险

投保了新能源汽车第三者责任保险或新能源汽车车上人员责任保险的新能源汽车，可投保本附加险。

在投保人仅投保新能源汽车第三者责任保险的基础上附加本附加险时，保险人只负责赔偿第三者的精神损害抚慰金；在投保人仅投保新能源汽车车上人员责任保险的基础上附加本附加险时，保险人只负责赔偿车上人员的精神损害抚慰金。

1. 保险责任

保险期间，被保险人或其允许的驾驶人在使用被保险新能源汽车的过程中，发生投保的主险约定的保险责任内的事故，造成第三者或车上人员的人身伤亡，受害人据此提出精神损害赔偿请求，保险人依据法院判决及保险合同约定，对应由被保险人或被保险新能源汽车驾驶人支付的精神损害抚慰金，在扣除交强险应当支付的赔款后，在本附加险赔偿限额内负责赔偿。

2. 责任免除

（1）根据被保险人与他人的合同协议，应由他人承担的精神损害抚慰金。

（2）未发生交通事故，仅因第三者或本车人员的惊恐而引起的损害。

（3）怀孕妇女的流产发生在交通事故发生之日起 30 天以外的。

3. 赔偿限额

本保险每次事故赔偿限额由保险人和投保人在投保时协商确定。

4. 赔偿处理

本附加险赔偿金额依据生效法律文书或当事人达成且经保险人认可的赔付协议，在保险单所载明的赔偿限额内计算赔偿。

（十一）附加法定节假日限额翻倍险

投保了新能源汽车第三者责任保险的家庭自用汽车，可投保本附加险。

保险期间，被保险人或其允许的驾驶人在法定节假日期间使用被保险新能源汽车发生新能源汽车第三者责任保险范围内的事故，并经公安部门或保险人查勘确认的，被保险新能源汽车第三者责任保险所适用的责任限额在保险单载明的基础上增加一倍。

（十二）附加医保外医疗费用责任险

投保了新能源汽车第三者责任保险或新能源汽车车上人员责任保险的新能源汽车，可投保本附加险。

1. 保险责任

保险期间，被保险人或其允许的驾驶人在使用被保险新能源汽车的过程中，发生主险保险事故，对于被保险人依照中华人民共和国法律（不含港、澳、台地区法律）应对第三者或车上人员承担的医疗费用，保险人对超出《道路交通事故受伤人员临床诊疗指南》和国家基本医疗保险同类医疗费用标准的部分负责赔偿。

2. 责任免除

下列损失、费用，保险人不负责赔偿。

（1）在相同保障的其他保险项下可获得赔偿的部分。

（2）所诊治伤情与主险保险事故无关联的医疗、医药费用。

（3）特需医疗类费用。

3. 赔偿限额

赔偿限额由投保人和保险人在投保时协商确定，并在保险单中载明。

4. 赔偿处理

被保险人索赔时，应提供由具备医疗机构执业许可的医院或药品经营许可的药店出具的、足以证明各项费用赔偿金额的相关单据。保险人根据被保险人实际承担的责任，在保险单载明的责任限额内计算赔偿。

（十三）附加新能源汽车增值服务特约条款

投保了新能源汽车保险后，可投保本特约条款。

本特约条款包括道路救援服务特约条款、车辆安全检测特约条款、代为驾驶服务特约条款、代为送检服务特约条款四个独立的特约条款。投保人可以选择投保全部特约条款，也可以选择投保其中部分特约条款。保险人依照保险合同的约定，按照承保特约条款分别提供增值服务。

1. 道路救援服务特约条款

（1）服务范围。

保险期间，被保险新能源汽车在使用过程中发生故障而丧失行驶能力时，保险人或其受托人根据被保险人请求，向被保险人提供如下道路救援服务。

①单程50 km以内拖车。

②送油、送水、送防冻液、搭电。

③轮胎充气、更换轮胎。

④车辆脱离困境所需的拖拽、起重机。

（2）责任免除。

①根据所在地法律法规、行政管理部门的规定，无法开展相关服务项目的情形。

②更换轮胎等服务过程中产生的油料、防冻液、配件、辅料等材料费用。

③被保险人或驾驶人的故意行为。

（3）责任限额。

保险期间，保险人提供2次免费服务，超出2次的，由投保人和保险人在签订保险合同时协商确定，分为5次、10次、15次、20次四档。

2. 车辆安全检测特约条款

（1）服务范围。保险期间内，为保障车辆安全运行，保险人或其受托人根据被保险人请求，为被保险新能源汽车提供车辆安全检测服务。

车辆安全检测项目包括：

①发动机检测（包括机油、空滤、燃油、冷却等）。

②变速器检测。

③转向系统检测（含车轮定位测试、轮胎动平衡测试）。

④底盘检测。

⑤轮胎检测。

⑥汽车玻璃检测。

⑦汽车电子系统检测、电控电器系统检测。

⑧车内环境检测。

⑨车辆综合安全检测。

（2）责任免除。

①检测中发现的问题部件的更换、维修费用。

②洗车、打蜡等常规保养费用。

③车辆运输费用。

（3）责任限额。

保险期间内，本特约条款的检测项目及服务次数上限由投保人和保险人在签订保险合同时协商确定。

3. 代为驾驶服务特约条款

（1）服务范围。

保险期间内，保险人或其受托人根据被保险人请求，在被保险人或其允许的驾驶人因饮酒、服用药物等原因无法驾驶或存在重大安全驾驶隐患时提供单程 30 千米以内的短途代驾服务。

（2）责任免除。

根据所在地法律法规、行政管理部门的要求，无法开展相关服务项目的情形。

（3）责任限额。

保险期间内，本特约条款的服务次数上限由投保人和保险人在签订保险合同时协商确定。

4. 代为送检服务特约条款

（1）服务范围。

保险期间内，按照《中华人民共和国道路交通安全法实施条例》，被保险新能源汽车需由机动车安全技术检验机构实施安全技术检验时，根据被保险人请求，由保险人或其受托人代替车辆所有人进行车辆送检。

（2）责任免除。

①根据所在地法律法规、行政管理部门的要求，无法开展相关服务项目的情形。

②车辆检验费用及罚款。

③维修费用。

六、新能源汽车保险的相关术语解释

（1）新能源汽车：指采用新型动力系统，完全或者主要依靠新型能源驱动的汽车，包括插电式混合动力（含增程式）汽车、纯电动汽车和燃料电池汽车等。

（2）使用被保险新能源汽车过程：指被保险新能源汽车作为一种工具被使用的整个过程，包括行驶、停放、充电及作业，但不包括在营业场所被维修养护期间、被营业单位拖带或被吊装等施救期间。

（3）自然灾害：指对人类及人类赖以生存的环境造成破坏性影响的自然现象，包括雷击、暴风、暴雨、洪水、龙卷风、冰雹、台风、热带风暴、地陷、崖崩、滑坡、泥石流、雪崩、冰陷、暴雪、冰凌、沙尘暴、地震及其次生灾害等。

（4）意外事故：指被保险人不可预料、无法控制的突发性事件，但不包括战争、军事冲突、恐怖活动、暴乱、污染（含放射性污染）、核反应、核辐射等。

（5）交通肇事逃逸：指发生道路交通事故后，当事人为逃避法律责任，驾驶或遗弃车辆逃离道路交通事故现场及潜逃藏匿的行为。

（6）车轮单独损失：指未发生被保险新能源汽车其他部位的损失，因自然灾害、意外事故，仅发生轮胎、轮毂、轮毂罩的分别单独损失，或上述三者之中任意两者的共同损失，或三者的共同损失。

（7）车身划痕：仅发生被保险新能源汽车车身表面油漆的损坏，且无明显碰撞痕迹。

（8）新增加设备：指被保险新能源汽车出厂时原有设备以外的，另外加装的设备和设施。

（9）新车购置价：指保险合同签订地购置与被保险新能源汽车同类型新车的价格，无同类型新车市场销售价格的，由投保人与保险人协商确定。

（10）全部损失：指被保险新能源汽车发生事故后灭失，或者受到严重损坏完全失去原有形体、效用，或者不能再归被保险人所拥有的，为实际全损；或被保险新能源汽车发生事故后，认为实际全损已经不可避免，或者为避免发生实际全损所需支付的费用超过实际价值的，为推定全损。

（11）家庭成员：指配偶、父母、子女和其他共同生活的近亲属。

（12）市场公允价值：指熟悉市场情况的买卖双方在公平交易的条件下和自愿的情况下所确定的价格，或无关联的双方在公平交易的条件下一项资产可以被买卖或者一项负债可以被清偿的成交价格。

（13）相关折旧系数表（表6-2）。

表6-2　折旧系数表   %

车辆种类	月折旧系数			
	家庭自用	非营业	营业	
			出租	其他
9座以下客车	见表6-3、表6-4	见表6-3、表6-4	1.10	0.09
10座以上客车	0.09	0.09	1.10	0.09
微型载货汽车	—	0.09	1.10	1.10
带拖挂的载货汽车	—	0.09	1.10	1.10
低速货车和三轮汽车	—	1.10	1.40	1.40
其他车辆	—	0.09	1.10	0.09

表6-3　9座以下家庭自用和非营业纯电动新能源汽车折旧系数表

新车购置价格区间/万元	纯电动汽车折旧系数（每月）/%
0～10	0.82
10～20	0.77
20～30	0.72
30以上	0.68

表6-4　9座以下家庭自用和非营业插电式混合动力与燃料电池汽车折旧系数表   %

新车购置价格区间	插电式混合动力与燃料电池汽车折旧系数（每月）
所有价格区间	0.63

折旧按月计算，不足一个月的部分，不计折旧。最高折旧金额不超过投保时被保险新能源汽车新车购置价的80%。

折旧金额＝新车购置价×被保险新能源汽车已使用月数×月折旧系数

凡涉及新车购置价区间分段的陈述都按照"含起点不含终点"的原则来解释。

（14）饮酒：指驾驶人饮用含有酒精的饮料，驾驶新能源汽车时血液中的酒精含量≥20 mg/（100 mL）的。

（15）法定节假日：法定节假日包括中华人民共和国国务院规定的元旦、春节、清明节、劳动节、端午节、中秋节和国庆节放假调休日期，以及星期六、星期日，具体以国务院公布的文件为准。

法定节假日不包括因国务院安排调休形成的工作日，国务院规定的一次性全国假日，地方性假日。

（16）污染（含放射性污染）：指被保险新能源汽车正常使用过程中或发生事故时，由于油料、尾气、货物或其他污染物的泄漏、飞溅、排放、散落等造成的被保险新能源汽车和第三方财产的污损、状况恶化或人身伤亡。

（17）特需医疗类费用：指医院的特需医疗部门/中心/病房，包括但不限于特需医疗部、外宾医疗部、VIP 部、国际医疗中心、联合医院、联合病房、干部病房、A 级病房、家庭病房、套房等不属于社会基本医疗保险范畴的高等级病房产生的费用，以及名医门诊、指定专家团队门诊、特需门诊、国际门诊等产生的费用。

（18）外部电网故障：外部电网无法提供正常服务或降低服务质量的状态。

（19）电池衰减：动力电池不能满足特定的容量、能量或功率性能标准。

本章复习思考题

1. 简述汽车损失保险的保险责任。
2. 简述汽车第三者责任保险的保险责任。
3. 简述汽车车上人员保险的保险责任。
4. 简述汽车商业保险附加险。
5. 简述新能源汽车商业保险。

7

第七章

汽车投保

第一节　汽车投保的基本原理

一、汽车投保的含义

汽车投保是指投保人向保险人表达缔结保险合同的意愿的过程。

汽车保险合同采取要约与承诺的方式订立，即订立汽车保险合同应包括投保和承保过程。

要约又称为"定约提议"，是一方当事人向另一方当事人提出订立合同建议的法律行为，也是签订保险合同的一个重要程序；承诺又称为"接受订约提议"，是承诺人向要约人表示同意与其缔结合同的意思表示。

在汽车保险实务中，保险人为了开展保险业务印制汽车投保单，投保人认可投保单上的保险条款所包括的内容，将填写好的投保单交给保险人，这是汽车投保人向保险人提出的要约，所以，在初次订立汽车保险合同的过程中，要约通常都是由投保人以投保单的书面形式提出，保险人接到投保单后逐项审核，认为符合投保条件而接受了要约，同意承保，在投保单上签章后并发出保险单及其他的保险单证，就构成了承诺，同时，也标志着汽车保险合同的成立。汽车保险的保险期限通常为一年，在保险期满续保时，保险人发出续保通知书，此时即为保险人向被保险人发出要约，如果被保险人愿意继续在同一保险人处投保并同意缴纳保险费，就意味着被保险人接受承诺，新的保险合同成立。

在我国，所有上道路行驶的机动车的所有人或管理人必须依法投保交强险，具有经营交强险资格的保险公司不能拒绝承保和随意解除合同。

二、汽车投保的方式

目前，在我国汽车投保方式主要有以下几种。

1. 业务员上门服务

投保人与所选择的保险公司联系，由保险公司派业务员前往上门服务。由业务员对保险条款进行解释和提供咨询服务，帮助投保人进行险种的设计，指导投保人填写投保单并且可以提供代送保险单、发票等其他服务。

2. 到保险公司投保

投保人亲自到所选择的保险公司办公地点，进行投保处理等一系列手续。许多车主选择这种投保方式，不但能更全面地了解所选择的保险公司及投保险种，也免除了一些传统型车主对业务员及保险公司的不信任感。

3. 电话投保

现我国各大保险公司已开通了电话投保业务，如人保财险 95518、太平洋财险 95500、平安财险 95511、中国人寿财险 95519、太平财险 95589、中华联合财险 95585、天安财险 95505、大地财险 95590 等。

4. 网站投保

登录各大保险公司的官方网站，即可进行投保，如人民保险 https://e. picc. com、平安车险 https://www. 4008000000. com、中国人寿财险 http://www. chinalife – p. com. cn 等。

5. 通过保险中介机构投保

保险代理公司可代理各大保险公司的产品。

6. 手机 App 投保

除各家保险公司专门的手机 App 外，微信、支付宝也可以进行投保，既方便了投保的程序，也节约了投保人的时间。

三、汽车投保的步骤

（1）选择保险公司。先了解现在经营机动车辆保险业务的各家保险公司的服务情况，确定一家信得过而对投保人来说又方便的保险公司。

（2）仔细阅读机动车辆保险条款，尤其对于条款中的责任免除条款和义务条款要认真研究，同时对于条款中不理解的条文要记录下来，以便投保时向保险业务人员咨询。

（3）选择投保险种。根据对条款的初步了解和自身的情况，选择适合自己的投保险种；对于私家车而言，一般投保机动车车辆损失险、第三者责任险及车上人员责任险等几个险种较为合适，这样可以得到较为全面的保险保障。

（4）填制保险单。准备行车执照、购车发票、车主身份证等相关证件；在保险公司业务人员详细介绍了机动车辆保险条款和建议投保的险种后，如果对条款中还有不理解的地方，投保人可以向保险公司业务人员仔细咨询；已经完全清楚后，认真填写《机动车辆保险投保单》，将有关情况向保险公司如实告知。

（5）交付保险费。保险公司业务人员对投保单及投保车辆核对无误并出具保单正本后，首先要核对一下保险单正本上的内容是否准确；其次检查保险证是否填写齐全，理赔报案电话、地址是否清晰、明确；最后要履行一项重要的义务就是缴纳保险费。

（6）领取保险单证。投保人（被保险人）拿到保险单证后（纸质版本或电子版本），应审核保险单证是否有误。保险单证与行车执照要随身携带，以备随时使用，同时将保险单正本妥善保管。

第二节　汽车投保险种分析

投保人在投保时，除要通过正规的途径购买保险外，在购买保险的过程中，选择购买的保险的种类和数量也是非常关键的，所以，投保人在投保时应详细分析汽车保险的险种，以便选择最适合自己的险种。

一、交强险

《机动车交通事故责任强制保险条例》从 2006 年 7 月 1 日起施行，机动车所有人、管理者必须投保强制保险。交强险实施后，从节约的角度考虑，车主买保险可以"强""商"结合，即在购买必需的交强险后，适当补充商业第三者责任保险。

2020 年 9 月 19 日起，交强险的责任限额为 20 万元。交强险处于赔付最前沿，发生交通事故，只要造成人身伤亡、财产损失，即使投保人无责，保险公司也要先行赔付，超过限额部分，由道路交通事故社会救助基金先行垫付受害人的丧葬费用、部分或全部抢救费用，救助基金管理机构有权向事故责任人追偿。商业第三者责任险则是"有责赔付"，只在投保人有责任时才赔付，商业第三者责任险可以为交强险提供补充赔偿。

二、保险公司的商业汽车保险

交强险以外的保险公司的其他车险俗称商业汽车保险，可分为主险和附加险，主险包括机动车损失保险、机动车第三者责任保险、机动车车上人员责任保险共三个独立的险种，投保人可以选择投保全部险种，也可以选择投保其中部分险种。保险人依照保险合同的约定，按照承保险种分别承担保险责任。附加险不能独立投保。

目前我国实行的商业险条款为《中国保险行业协会机动车商业保险示范条款（2020 年版）》。

（一）机动车损失保险

汽车损失保险简称车损险，是指保险车辆遭受保险责任范围内的自然灾害或意外事故，造成保险车辆本身损失，保险人依照保险合同的规定给予赔偿。车损险为不定值保险，在汽车损失险保险合同中不确定保险标的的保险价值，只列明保险金额，将保险金额作为最高的限额。保险金额按投保时被保险机动车的实际价值确定。

（二）机动车第三者责任保险

汽车第三者责任保险的保险标的是指因被保险车辆发生意外事故遭受人身伤亡或者财产损失的人，但不包括被保险机动车本车车上人员、被保险人。

随着社会的发展，交强险的责任限额不足以保障事故的有效赔偿，车主在投保法定交强险之外，应适当补充投保商业车险。若不幸遇到两车相撞等较为严重的交通事故，交强险中的医疗费用、财产损失补偿，不足以抵偿事故损失。因此，车主在投保交强险的同时，再投保一定额度的商业第三者责任险，才能充分保障自己的利益。

结合经济社会发展水平，2020 年，我国示范产品商业"三责险"责任限额从 5 万 ~ 500 万元档次提升到 10 万 ~ 1 000 万元档次，更加有利于满足消费者风险保障需求，更好发挥经济补偿和化解矛盾纠纷的功能作用。

（三）机动车车上人员责任保险

除了第三者责任险，应当注意交强险并不包括车上人员的保障，要对车上人员的安全予以保障，还需要投保车上人员责任险。

保险期间内，被保险人或其允许的驾驶人在使用被保险机动车过程中发生意外事故，致使车上人员遭受人身伤亡，且不属于免除保险人责任的范围，依法应当对车上人员承担损害赔偿责任，保险人依照保险合同的约定负责赔偿。

如果投保人车上一般乘坐的都是家人，比较固定，并且家人都已经投保过人寿保险中的意外伤害保险和意外医疗保险，作为私人轿车，就没有必要投保车上责任保险了。因为意外伤害保险和意外医疗保险所提供的保障范围基本涵盖了车上人员责任保险在这种情况下所能提供的保障。但是，如果车上人员经常变化，还是应投保车上人员责任保险，用以满足意外交通事故发生时的医疗费用。

（四）商业汽车保险附加险

附加险包括附加车轮单独损失险、附加新增加设备损失险、附加车身划痕损失险、附加修理期间费用补偿险、附加发动机进水损坏除外特约条款、附加车上货物责任险、附加精神损害抚慰金责任险、附加法定节假日限额翻倍险、附加医保外医疗费用责任险等。

附加险条款的法律效力优于主险条款。附加险条款未尽事宜，以主险条款为准。除附加险条款另有约定外，主险中的责任免除、双方义务同样适用附加险。主险保险责任终止的，其相应的附加险保险责任同时终止。

商业汽车保险附加险是对主险的补充和延伸，商业汽车保险的核心还是主险，附加险能够使保障范围更广、更全面。附加险的选择应结合投保人自身因素分析进行选择，对于保费预算较为充足的投保人来说，车险附加险买得越多，保障也就越全面，而对于保费预算不足或一般的投保人来说，选择适合自己的附加险投保也是有必要的。

第三节　汽车投保注意事项

一、家庭自用汽车的投保

1. 险种选择

对于家庭自用的新车来说，新车新手上路出现率相对较高，容易剐蹭，且新车丢失的概率大，因此，在投保交强险的基础上，最好首选投保车辆损失险、第三者责任险。如果车上人员经常变化，还是应投保车上人员责任保险，用以满足意外交通事故发生时的医疗费用。

2. 责任限额选择

如果用车频率较高、开车速度快、经常开夜车，建议购买 100 万元的商业第三者责任险，作为交强险的补充。

3. 保险公司选择

如果经常跑长途，或经常到所在地以外的地区，建议选择服务周到、信誉良好、营业网点较多的保险公司进行投保。这种保险公司在全国范围内推行"异地出险、就地理赔"的服务网络，对客户来说，投保、理赔都很方便。

二、非营业用汽车的投保

1. 险种选择

作为党政机关或企事业单位，在投保交强险之后首选的险种是车损险、商业第三者责任险和车上人员责任险，以保证基本风险的转嫁。

2. 责任限额选择

作为单位用车，用车频率较高，建议商业第三者责任险的责任限额最好选择 100 万元或 200 万元，以获得更多的保障。

3. 保险公司选择

大的保险公司信誉好，理赔的标准比较高，如国内的三大保险公司（中保、平安保险和太平洋保险）。但是大的保险公司保险费相对高一些，因此，新车、中高档车或对于维修质量有比较高的要求的车辆，建议选择大的保险公司。

三、营业用汽车的投保

1. 险种选择

作为营业用车，使用频率较高，且会经常跑长途，出险率比家庭自用车要高得多，因此，在投保交强险的基础上，建议首选险种为车损险、商业第三者责任险、车上人员责任险及附加险车上货物责任险和附加修理期间费用补偿险，这样，如果车辆发生保险事故，就可转嫁由此导致的风险。

2. 责任限额的选择

一般情况下，36 座以下的客车或 10 t 以下的货车，其商业第三者责任险的责任限额最好选择 100 万元；而 36 座以上的客车或 10 t 以上的货车，其商业第三者责任险的责任限额最好选择 100 万元或 200 万元。

3. 保险公司选择

建议选择服务网点较多的公司投保，这样就能满足跑长途的客车或货车的特殊要求。

四、特种车辆的投保

特种车辆的保险条款为《中国保险行业协会特种车商业保险示范条款（2020 年版）》。特种车是指在中华人民共和国境内（不含港、澳、台地区）行驶，用于清障、清扫、起重、装卸、升降、搅拌、挖掘、推土、压路等的各种轮式或履带式专用机动车，或车内装有固定专用仪器设备，从事专业工作的监测、消防、清洁、医疗、电视转播、雷达、X 光检查等机动车，或油罐车、汽罐车、液罐车、冷藏车、集装箱拖头及约定的其他机动车。

主险包括特种车损失保险、特种车第三者责任保险、特种车车上人员责任保险、特种车全车盗抢险四个独立的险种。投保人可以选择投保全部险种，也可以选择投保其中部分险种。保险人依照保险合同的约定，按照承保险种分别承担保险责任。

附加险条款的法律效力优于主险条款。附加险条款未尽事宜，以主险条款为准。除附加险条款另有约定外，主险中的责任免除、双方义务同样适用附加险。主险保险责任终止的，其相应的附加险保险责任同时终止。附加险包含附加绝对免赔率特约条款，附加车轮单独损失险，附加新增加设备损失险，附加修理期间费用补偿险，附加车上货物责任险，附加精神损害抚慰金责任险，附加医保外医疗费用责任险，附加起重、装卸、挖掘车辆损失扩展条款，附加特种车辆固定设备、仪器损坏扩展条款。

附加险不能独立投保。附加险条款与主险条款相抵触的，以附加险条款为准，附加险条款未尽之处，以主险条款为准。

1. 险种选择

对于特种车辆来说，行驶区域较为固定，且一般用于工程施工，这类车的出险率相对较低，单出险后造成的损失较大，因此，对于这类车辆建议投保特种车损险、特种车第三者责任保险，特种车全车盗抢险，附加起重、装卸、挖掘车辆损失扩展条款。

特种车辆使用频率不是太高，但车内很多装有特殊仪器或装置，且价格都较高，一旦发生事故，损失巨大。因此，建议投保特种车损失保险、特种车第三者责任保险、特种车全车盗抢险、附加起重、装卸、挖掘车辆损失扩展条款。

2. 责任限额选择

特种车辆的出险率较低，但不出险则以，一出险便会损失非常大，因此，特种车商业第三者责任险最好选择 100 万元或 100 万元以上的责任限额。

3. 保险公司的选择

对于特种车辆来说，最大的风险就是在操作过程中造成的损失和车内仪器设备的损失，要选择信誉良好、服务周到的保险公司，更好地防范风险。

五、新车的投保

新车最好投保车辆损失险和第三者责任险这两个险种。

我国施行的《中国保险行业协会机动车商业保险示范条款（2020 年版）》在基本不增加消费者保险费支出的原则下，拓展了商业汽车保险保障责任范围。车辆损失保险在原有保险责任基础上，增加机动车全车盗抢、玻璃单独破碎、自燃、发动机涉水、不计免赔率、无法找到第三方特约等保险责任，为投保人提供更加全面完善的汽车保险保障服务。新车需要一段时间进行适应与磨合，事故率较高，新的车辆损失保险条款更加全面，建议新车要购买车损险。

第三者责任保险的责任限额为 10 万元至 1 000 万元不等，投保人可结合自身情况进行投保，建议购买责任限额 50 万元或以上，以防止意外事故。

六、旧车的保险

如果车龄较长，建议主险选择第三者责任险。如果选择主险的车辆损失险，主要是为了保障自燃风险的发生。车龄长的旧车辆，由于车辆的使用年限比较长，故障率较高，要谨防车辆自燃而引发的意外，投保车辆损失险是很有必要的。

七、二手车的保险

二手车要办理车辆保险的过户。保险过户一般有两种方式：第一种主要是进行保单要素的一些批改，关键是批改被保险人与车主，需要保单和车辆过户证明等相关材料，由原来的车主到原来买保险的保险公司营销网点去办理即可。第二种方式就是申请退保，即将原来那份汽车保险退掉，终止以前的保险合同。这时只需要缴纳从投保开始到退保期间的保险费，其他的保险费保险公司会相应退还（可能要扣除一定退保手续费）。新车主就可以到任何一家保险公司去重新办理一份车辆保险。

如果车是在旧车交易市场上购买的，此车上一年已购买了汽车保险，且保险随车转让给新车主，卖车一方应将保险单正本、保险证转交（电子版的保险单证，新车主也需要在获得后妥善保存），同时，要求卖车一方联系保险公司变更被保险人（简称过户）或过户后退保，但是一般情况下，过户对新车主更实惠些。因为过户后新车主可以接着享有此车的保险保障，直到保险期满。而且在下一年度投保时，如果符合续保保险公司的优惠条件，还可以节省一部分保险费。

八、良好记录很重要

2020年9月11日，根据《机动车交通事故责任强制保险条例》的有关规定，在广泛征求意见的基础上，银保监会会同公安部、卫生健康委、农业农村部确定了交强险责任限额的调整方案，会同公安部确定了交强险费率浮动系数的调整方案。结合各地区交强险综合赔付率水平，在道路交通事故费率调整系数中引入区域浮动因子，浮动比率中的上限保持30%不变，下浮由原来最低的−30%扩大到−50%，提高对未发生赔付消费者的费率优惠幅度。

保险公司的费率虽然固定，但一般都对"优质客户"给予优惠政策，如对一年不出险的车辆在第二年续保时可以获得保险公司一定费率的下调。

因此，保持良好的行车记录，投保的上一年有无违法与理赔对保费多少起很重要的作用。如果说在上一年有较多的违法行为或理赔，那么，第二年车险保险费会上浮；反之，如果在同一家公司连续投保并无理赔，那么次年所交保险费会优待。因此，假设在本年中车辆有一些小毛病，像刮伤、划痕等，费用不多，不妨自己修理，不向保险公司索赔。

九、保险合同变更的情况

在保险合同有效期内，保险车辆合法转卖、转让他人，被保险人应凭工商部门认可的发票或在交通管理部门办理变动手续后，向保险公司申请办理批改被保险人称谓，使之具有可保利益。

当车辆改变使用性质或改装变形，被保险人应事先通知保险公司，并申请批改车辆使用性质或车型。如增加危险程度，除书面通知保险公司外，按规定应补交保险费。

保单丢失的情况下，可由投保人携带有关证明向签发保单的原保险公司申请补发。

十、谨防车险投保陷阱

车险市场存在投保陷阱，所以，投保人购买保险时一定要谨慎选择正规渠道，以免给自己带来不必要的损失。

1. 辨别投保单的真伪
交强险保单引入防伪设计。

机动车辆商业保险单是由银保监会统一监制的。其辨别要点如下：

（1）左上角印有"中国银行保险监督管理委员会监制"字样，右上角印有"限在××省（市、自治区）销售"字样，上述字样均使用红色荧光油墨印制，在紫外线灯光下呈现光亮的橘红色。

（2）单证名称下还加印有一条由微缩的英文简称"CIRC"组成的黑色细线。

（3）保险单采用 280 mm×210 mm 竖式幅面的无碳复写纸，一式四联，其中，第三联、第四联合为正本；批单、提车暂保单及摩托车/拖拉机定额保险单均为一式三联，其中第三联为正本，采用 65 g 白色无碳复写纸印制并加印浅褐色防伪底纹。

2. 低价车险背后的不足额投保

一些车险"串串"（"串串"是指没有保险代理资格证但有客源的代理人，并非通过保险公司拿到代理权的代理人，即个人代理，成都俗称"串串"）为了满足一些消费者求便宜的需要，进行不足额投保。例如，减少第三者的赔付金额，按最低 10 万元的赔付金额投保等，虽然保险费降低了，但一旦出险，得到的赔付必然会因此减少。因此，车主购买保险，不仅要看保险险种，还要看保险的赔付金额等。

3. 他人利用在修车辆骗保

例如，一位车主 2020 年 11 月到成都某维修站进行擦剐事故理赔维修，但是当维修人员查询车主保险理赔记录时，发现该车在 2020 年 8 月月初曾有 3 次理赔案件，总金额达 8 000 余元。但他只是在 8 月份有一次理赔案件，当时是在一家小维修厂进行过一次后保险杠补漆处理，维修费用不足 700 元。

后来经过调查发现，该小维修厂在车辆维修过程中，私自将该车辆开出制造多次险情，并向保险公司提供虚假事故案例并骗取高额保费。

现在有的修理厂会很"热心"地帮助一些出险车主进行保险理赔，并且承诺少收或不收修理费，然后人为地为这些事故车制造更大的损失或者换件伪装更严重的损失状况，向保险公司骗取更多的保险赔偿金。对于车主来讲，可能自己因为他们的"帮助"少给了维修费，但是保险公司的信誉度受到损害。

4. 保险中介人迟交保费导致理赔无法按时支付

一位宝马 7 系车主到某维修站修理其事故车，当该维修站完成车辆修复，代其向保险公司理赔时发现，该车主的保费根本没有交到保险公司，因此，无法顺利得到保险公司赔付。宝马车主称，他是由一个熟人购买的保险，当时缴纳了 2 万多元的保险费，而且这位保险代理人还向他出具了正规的保单，经验证该保单确实是正规保单，但是保险代理人收了保险费后并没有及时交回保险公司，导致该车主无法按时理赔。结果该车主几经辗转，耗时很久才领到保险赔付，所以，车主一定要验证保险代理机构或个人的资质，然后投保。

十一、切忌重复投保

车险与寿险不同，重复投保不会得到赔偿。如果已在一家保险公司足额投保，即使在另一家保险公司投保，也不可能拿到双份的赔款。

在投保机动车辆保险过程中必须注意以下几个方面的问题：

（1）莫重复投保。投保人自以为多投几份保险，就可以使被保车辆多几份赔款，如某人为自己的车辆先后在两个保险公司投了保，幻想到时能得到保险公司双份赔偿。岂不知按照《保险法》第五十六条规定："重复保险的各保险人的赔偿保险金的总和不得超过保险价值。"因此，即使投保人重复投保，也不会得到超价值赔款。

（2）部分险种不保全。其实各险种都有各自的保险责任，假如真的车辆出事，保险公司只能根据所投险种，对当初订立的保险合同承担保险责任给予赔付，而车主的其他与保险合同无关的损失则得不到补偿。

（3）注意及时续保。有些车主在保险合同到期后未及时续保，总认为拖两天没关系。这些司机朋友不知想过没有，如真遇上事故，岂不是后悔已晚。如某市一个体司机保险到期后，没能及时续保，偏偏这时候出了车祸，造成一死二伤的惨剧，直接经济损失达10万余元。保险公司也爱莫能助，该司机后悔不已。

（4）认真审阅保险单证。全国统一使用中国银保监会统一监制的保险单证。接到保险单证时，一定要认真核对，看看单证第三联是否采用了白色无碳复写纸印制并加印浅褐色防伪底纹，其左上角是否印有"中国银行保险监督管理委员会监制"字样，右上角是否印有"限在××省（市、自治区）销售"字样，如果没有，可拒绝签单。

（5）注意审核代理人真伪。当投保时要选择国家批准的保险公司所属机构投保或渠道，而不能只图省事随便找一家保险代理机构投保，更不能被所谓的"高返还"所引诱，只求小利而上"假代理人"的当。

（6）注意不要产生"骗赔"心理。有极少数人，总想将保险当成发财的捷径，如有的先出险后投保，有的人为制造出险事故，有的伪造、涂改，添加修车、医疗等发票和证明，这些都属于骗赔的范围，是触犯法律的行为。

第四节　汽车的投保方案选择

汽车保险的投保金额和投保险种的构成，即构成保险合同的承保范围和保险责任，直接影响事故发生后保险赔付的金额。所以，保单的设计显得尤为重要。车主可根据自己用车的需要，选择相应的汽车保险的险种及额度。

一、针对险种设计保险方案

根据目前我国的车辆保险条款及费率规章，在汽车保险的诸多险种中，按规定交强险任何车辆都必须投保，其他的险种则在很大程度上依赖于车主的经济情况，车主可根据自己的经济实力与实际需求有选择地进行投保。以下是特别推荐的几个机动车辆保险方案。

1. 最低保障方案

（1）险种组合：交强险。

（2）保障范围：只对第三者的损失负赔偿责任，责任限额低。

（3）适用对象：那些怀有侥幸心理，认为上保险没用的人或急于拿保险单上上牌照或验车的人。

（4）优点：可以用来应付上牌照或验车。

（5）缺点：一旦发生意外事故，对方的损失能得到保险公司的一些赔偿，但是自己车辆的损失只有自己负担。

2. 基本保障方案

（1）险种组合：交强险＋车辆损失险＋第三者责任险。

（2）保障范围：只投保基本险，不含任何附加险。

（3）适用对象：适用部分认为事故后修车费用很高的车主，他们认为意外事故发生率比较高，为自己的车和第三者的人身伤亡和财产损毁寻求保障，此组合为很多车主青睐。

（4）优点：必要性最高。

（5）缺点：基本上可以保障大部分意外事故发生后的赔付，但是车上人员损失未涵盖在内。

3. 最佳保险方案

（1）险种组合：交强险＋车辆损失险＋第三者责任险＋车上人员责任险。

（2）适用对象：个人精打细算的最佳选择。

（3）优点：投保最有价值的险种，保险性价比最高；汽车损失大风险都有保障，保险费不高但包含了比较实用的保险。当然，这仍不是最完善的保险方案。

4. 完全保障方案

（1）险种组合：交强险＋车辆损失险＋第三者责任险＋车上人员责任险＋附加险。

（2）适用对象：机关、事业单位、大公司。

（3）优点：与汽车有关的全部事故损失绝大多数得到赔偿，投保的人员不必为少保某个险种而得不到赔偿，承担投保决策失误的损失。

（4）缺点：保费较高，某些险种出险的概率非常小。

二、各大保险公司的特色车险

除《中国保险行业协会机动车商业保险示范条款（2020 年版）》内的主险和附加险外，各大保险公司还分别推出不同的特色车险相关保险，车主可以根据自己的实际需求进行选择投保。

1. 人保财险驾乘综合意外险

作为驾乘意外风险全面解决方案，包含驾乘期间的意外伤害、意外医疗费用和救护车费用保障。法定节假日驾驶和乘坐私家车与非营业用客车期间意外事故、残疾保额最高可达 80 万元。

（1）适用人群：经常开车或乘坐私家车出行的人士。

（2）适用年龄：18 ~ 60 周岁。

（3）保障期限：1 年。

具体保险内容如表 7 - 1 所示。

表 7 - 1　人保财险驾乘综合意外险保险内容　　　　　　　　　　万元

说明	经济型	舒适性	豪华型
驾驶或乘坐私家车及非营业用客车期间意外身故、残疾	15	20	40

续表

说明	经济型	舒适性	豪华型
驾驶或乘坐私家车及非营业用客车期间意外医疗	—	0.2	0.3
驾驶或乘坐私家车及非营业用客车期间意外救护车费用	—	—	0.1

2. e行大地人在旅途系列自驾游意外险

驾乘非营业客运车意外伤害保险责任承担被保险人在以下情形下发生的保险事故：

（1）驾驶或乘坐私家车遭受意外伤害。

（2）驾驶或乘坐向具有合法资格的专业租车公司租赁的5座及以下轿车，且以自用为目的时遭受意外伤害。

①适用人群：投保年龄为18~70周岁，身体健康能正常工作、生活的自然人。仅限在中国大陆地区有固定居所的人士投保。

②保障期限：1年。

具体保险内容如表7-2所示。

表7-2　e行大地人在旅途系列自驾游意外险保险内容　　　　万元

保险责任	说明	基本型
驾驶或乘坐私家车	驾驶或乘坐私家车期间遭受意外而身故、伤残的，按照条款约定给付保险金	20
驾驶或乘坐租赁车	驾驶或乘坐租赁车（仅限5座及以下非营运轿车）期间遭受意外而身故、伤残的，按照条款约定给付保险金	20

3. 中国人寿财险驾乘无忧险

驾乘无忧险可投保3~8座（含）家庭自用车、非营业企业客车、非营业党政机关及事业团体客车、非营业个人客车（不包含摩托车、非机动车、客货两用车、货车、全挂、半挂汽车、专项作业车、三轮汽车、拖拉机、电瓶车）。

（1）投资对象：投保以车辆为单位。

（2）投保人数：核定人数在3~8人。

（3）说明：对于被保险人不满10周岁的，死亡给付金额以人民币20万元为限。

具体保险内容如表7-3所示。

表7-3　中国人寿财险驾乘无忧险保险内容　　　　万元

保险项目	基础版	进阶版	尊享版
意外伤害	10	20	50
意外医疗	1	2	3
意外伤害节假日限额翻倍（可选）	10	20	50

第五节　填具汽车投保单

投保单又称"投保书""要保书"，投保人向保险人申请订立保险合同的书面要约。投保书是由保险人事先准备、具有统一格式的书据。投保人必须依其所列项目一一如实填写，以供保险人决定是否承保或以何种条件、何种费率承保。

投保单本身并非正式合同的文本，但一经保险人接受后，即成为保险合同的一部分。在保险实务中，投保人提出保险要约时，均需填具投保单。如投保单填写的内容不实或故意隐瞒、欺诈，都将影响保险合同的效力。

一、填写投保单的注意事项

投保单应当认真填写，因为投保单是投保人向保险公司申请投保的申请书，是保险公司核保的依据。而且在正式保险单上，不再需要投保人的签字，也不再需要投保人将详细情况复述一遍。所以，填写投保单时一定要注意下列事项：

（1）用钢笔或签字笔填写。

（2）由客户亲自填写，且由投保人及被保险人亲笔签字认可。

（3）应如实填写各项内容，如有不实填写，而被保险公司承保，保险公司也可依不实告知解除保险合同。

（4）应详细填写各项内容，不准空项，包括通信地址、邮编及各种通信方式，以便保险公司随时与客户联系。

二、投保单样式

下面以表7-4车辆险投保单为例，说明汽车投保单式样。

表7-4　机动车辆保险投保单

投保人	投保人名称/姓名				投保车辆数	辆
	联系人姓名		固定电话		移动电话	
	投保人住所				邮政编码	
被保险人	自然人姓名		身份证号			
	法人或其他组织名称		组织机构代码			
	被保险人单位性质	党政机关、团体　事业单位　军队（武警）　使（领）馆　个体、私营企业　其他企业　其他				
	联系人姓名		固定电话		移动电话	
	被保险人住所			邮政编码		

续表

	被保险人与车辆的关系	所有　使用　管理		车主		
投保车辆情况	号牌号码		号牌底色	蓝　黑　黄　白　白蓝　其他颜色		
	厂牌型号		发动机号			
	VIN 码		车架号			
	核定载客	人	核定载质量	kg	排量/功率	L/kW
	初次登记日期	年　月	已使用年限	年	年平均行驶里程	km
	车身颜色	黑色　白色　红色　灰色　蓝色　黄色　绿色　紫色　粉色　棕色　其他颜色				
	机动车种类	客车　货车　客货两用车　挂车　摩托车（不含侧三轮）侧三轮　农用拖拉机　运输拖拉机　低速载货汽车　特种车（请填用途）_____				
	机动车使用性质	家庭自用　非营业用（不含家庭自用）出租/租赁　城市公交　公路客用　旅游客用　营业性货用				
	上年是否在本公司投保商业机动车保险		是		否	
	行驶区域	省内和邻省　市内　省内和邻省固定路线　市内固定路线　具体路线：_____				
	是否为未还清贷款的车辆		是　否	车损险与车身划痕险选择汽车专修厂	是　否	
	上次赔偿次数	交强险赔款次数_____次　商业机动车保险赔款次数_____次				
	上一年度交通违法行为	有　无				

投保主险条款名称		

指定驾驶人	姓名	驾驶证号码	初次领证日期
驾驶人 1			____年____月____日
驾驶人 2			____年____月____日

保险期间	___年___月___日零时起至___年___月___日24时止

投保险种	保险金额/责任限额/元	保险费/元	备注
机动车交通事故责任强制保险	死残，医疗费，财产损失		
机动车损失险：　新车购置价____元			
商业第三者责任险			

续表

车上人员责任险	投保人数____人	／人		
	投保人数____人	／人		
附加车上货物责任险				
附加盗抢险				
附加玻璃单独破碎险	国产玻璃			
	进口玻璃			
附加停驶损失险： 日赔偿金额____元__×____天				
附加自燃损失险				
附加火灾、爆炸、自燃损失险				
附加不计免赔率特约	机动车损失险			
	第三者责任险			
附加车身划痕损失险		5 000 元		
附加新增加设备损失险				
附加可选免赔额特约		免赔金额：		

保险费合计（人民币大写）：	（￥：　　　元）

特别 约定	

保险合同争议解决方式选择	诉讼　提交_____仲裁委员会仲裁	

本保险合同有保险条款、投保单、保险单、批单和特别约定组成。

投保人声明：保险人已将投保险种对应的保险条款（包括责任免除部分）向本人做了明确说明，本人已充分理解；上述所填写的内容均属实，同意以此投保单作为订立保险合同的依据。

投保人签名/签章：
____年____月____日

验车验证 情况	已验车　已验证　查验员签名：　____年____月____日____时____分

初审 情况	业务来源：　直接业务　个人代理　专业代理　兼业代理 经纪人　网上/电话业务　代理（经纪）人名称： 上年度是否在本公司承保：　是　否 业务员签字：年　月　日	复核 意见	复核人签字：____ ____年____月____日

注：阴影部分内容由保险公司业务人员填写

三、投保单的项目

（1）被保险人信息项：在该信息项中，被保险人的信息包括"姓名""单位性质""地址""邮政编码"等。这些信息可以用于核保及理赔时核对各类信息与联系被保险人。

（2）投保车辆信息项：在该信息项中，"被保险人与车辆的关系"主要用于了解与审核被保险人对该投保车辆是否具有保险利益，体现了保险合同订立"保险利益原则"的要求。"车牌号码"是车辆在交通部门的合法识别标识，也是车辆出现什么情况时交警部门的查询方式，更是在投保与核保时确定是否具有投保资格、理赔时确定是否是投保车辆的依据之一。"厂家型号"也是理赔时鉴定该车辆是否是投保车辆的依据之一。每辆机动车辆的厂家型号是唯一的。"初次登记日期"是确定保费缴纳日期与保险有效期的重要依据。"核定载客""车辆种类""使用性质"是确定保险费与若该投保车辆发生事故时保险公司是否承担赔偿责任的有效依据。

（3）保险期间项：是确定车辆续保日期与保险期限是否有效的依据。

（4）交强险项：交强险是强制保险，是机动车上路前必须投保的保险，所以保险公司设置该项在投保单中。责任限额，是为了确定投保车辆在发生保险责任范围内的事故时，保险人给付给被保险人金额的最高限额。保费浮动比率是保险公司对被投保车辆进行风险控制的有效手段，该项的明确规定有利于保险公司对被保险人进行心理风险与道德风险的有效控制，也明确了若被保险车辆违反交通法与交通事故发生次数多的话，保险公司有权向被保险人收取的保险费金额。保险费合计是保险公司向投保人（保险人）收取保额大小的根据。

（5）机动车商业保险项：该项包含的内容较多，有各类保险险种（如车辆损失险、商业第三者责任险、车上人员责任险等）、保险费、保险金额等内容，这些项目明确了投保人与保险公司的保险内容，即是保险人承保被保险人的风险种类，同时也确定了被保险人向保险人缴纳保险费的金额。

（6）特别约定项：该项翔实记录保险公司与被保险人的协商保险项，该项也对保险合同争议解决方式做出了规定。

（7）投保人声明项：是投保人对他所投保的保险险种及责任免除等已了解清楚的一项说明，也是被保险人对他所填写的本人信息和所投保车辆信息的真实性做出的保证。该条款在发生保险核保与理赔纠纷中可发挥重要作用。如果保险人日后发现被保险车辆信息不真实，即被保险人对保险标的未做出真实说明且足以影响保险人是否承保的决定，保险人可以依此解除保险合同。该项也规定了被保险人缴纳保费、何时缴纳、缴纳金额的义务。投保人签名、日期是该投保单生效的必要条件。联系电话是保险人联系、回访被保险人的重要方式。

（8）验车验证情况项：是保险公司审核该投保车辆是否具有投保资格的必要项，查验人员签名、查验日期是明确查验责任的一种方式。

（9）初审情况项：该项有利于保险公司明确保险销售渠道、明确保单签发责任和支付酬金。

（10）复核意见项：是该投保单有效的关键项，明确投保复核责任。

本章复习思考题

1. 什么是投保？汽车投保有哪些具体要求？

2. 简述汽车投保的步骤，汽车投保注意事项。

3. 分别指出最低保障保险方案，基本保障保险方案，最佳保障保险方案，完全保障保险方案的险种组合、适用对象、优缺点。

4. 什么是投保单？填写投保单有哪些注意事项？通常需要填写哪些内容？

第八章

汽车保险承保

第一节　承保工作的内容及流程

　　汽车保险是通过业务承保，收取保险费，建立保险基金进行的。保险公司雄厚的保险基金的建立，给付能力的加强，有赖于高质量的业务承保。因此，业务承保是汽车保险经营中的首要问题。这里所说的业务承保其实是一个广义的概念，它包括业务争取——营销，业务选择——核保，做出承保决策及缮制保单、收取保险费的全过程。

　　汽车承保是指投保人提出投保请求，保险人经审核认为符合承保条件，即同意接受投保人申请，承担保险合同规定的保险责任的行为。承保实质上是保险双方订立合同的过程，即指保险人在投保人提出投保请求时，经审核其投保内容后，同意接受其投保申请，并负责按照有关保险条款承担保险责任的过程。

一、汽车保险承保的基本要求

　　1. 业务争取

　　争取汽车保险业务，不断扩大承保面，是每一个汽车商业保险人经营的客观要求，也是发挥保险企业的作用，为社会提供安全保障的必要条件。根据大数法则要求，承保面越大危险就越分散，经济也就越趋于稳定，因此，汽车保险人要重视业务的争取。

　　业务争取是实现经营目标，确保企业持续健康发展的重要手段。在市场经济条件下，企业发展的重要条件是对市场进行分析，并在此基础上确定企业的经营方针和策略，也包括对企业市场定位和选择特定的业务和客户群。

　　2. 业务选择（业务核保）

　　汽车保险业务是汽车保险业务核保过程。汽车保险人通过各种努力，在不断提高业务"量"的同时，也要重视业务"质"的选择。提高承保质量、保持经营稳定、追求经济效益是商业保险公司经营的要则。只承保那些"只收取保险费，不必履行给付义务"的保险是不现实的想法，也不是保险公司经营的宗旨。保险业务的选择对保险业务进行核保的目的是使保险人在承担危险责任的时候主动、有利。所以，核保对汽车保险业务来说是至关重要的环节。

　　承保工作中最主要的环节为核保，核保的目的是避免危险的逆选择，实现企业有效益地发展，核保活动包括选择被保险人、对危险活动进行分类、决定适当的承保范围、确定适当的费率或价格、为展业人员和客户提供服务等几个方面。它是保险经营的重要环节，是保险人对被保险人的选择，即保险人决定接受或拒绝投保人投保的行为。承保的基本目标是为保险公司安排一个安全和盈利的业务分布与组合。

3. 做出承保决策

保险承保人员对通过一定途径收集的核保信息资料加以整理，并对这些信息经过承保选择和承保控制之后，做出以下承保决策。

（1）正常承保。对于属于标准风险类别的保险标的，保险公司按标准费率予以承保。

（2）优惠承保。对于属于优质风险类别的保险标的，保险公司按低于标准费率的优惠费率予以承保。

（3）有条件承保。对于低于正常承保标准但又不构成拒保条件的保险标的，保险公司通过增加限制性条件或加收附加保费的方式予以承保。

（4）拒保。如果投保人投保条件明显低于保险人的承保标准，保险人就会拒绝承保。对于拒绝承保的保险标的，要及时向投保人发出拒保通知。

4. 收取保险费

交付保险费是投保人的基本义务，保险人向投保人及时足额收取保险费是保险承保中的一个重要环节。为了防止保险事故发生后的纠纷，在签订保险合同中要对保险费缴纳的相关事宜予以明确，包括保险费缴纳的金额及时间与未按时缴费的责任。

保险合同成立后，投保人按照约定交付保险费，保险人按照约定的时间开始承担保险责任。

保险费即收原则是指在保险关系建立的同时，投保人必须向保险人缴纳全部或第一期保险费的一项原则。保险企业经营各种风险的偶发性和不平衡性，是以收取保险费的原则为存在前提。该原则体现了保险人与被保险人的权利和义务的对等关系。一方面，保险人只有在收到保险费的条件下才能承担保险合同规定的相应的赔偿责任；另一方面，被保险人只有在支付保险费的条件下才能享受相应的保险保障权利。

5. 出具保单

承保人做出承保决策后，对于同意承保的投保申请，由签单人员缮制保险单或保险凭证，并及时送达投保人手中。

二、汽车承保工作流程

（1）保险人向投保人介绍条款、履行明确说明义务。

（2）依据保险标的的性质，协助投保人计算保险费、制订保险方案。

（3）提醒投保人履行如实告知义务。

（4）保险人提供投保单，投保人填写投保单。

（5）业务人员检验保险标的，业务人员验车、验证，确保保险标的的真实性。

（6）将投保信息录入业务系统（系统产生投保单号），复核后利用网络提交核保人员核保。

（7）核保人员根据公司核保规定，并通过网络将核保意见反馈给承保公司，核保通过时，业务人员收取保险费、出具保险单，需要送单的由送单人员递送保险单及相关单证。

（8）承保完成后，进行数据处理和客服人员进行客户回访。

承保整个流程如图 8-1 所示。

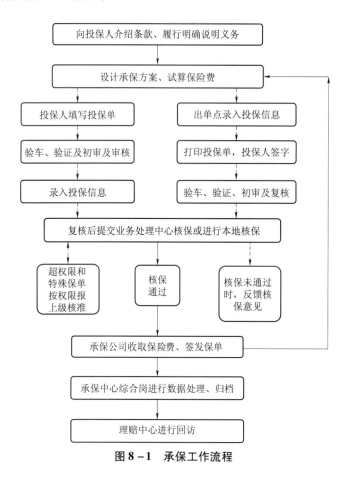

图 8-1   承保工作流程

承保相对投保人而言，主要包括选择好保险公司后，按保险公司的要求提供有关证件、仔细阅读保险条款、选择保险险种、制订保险方案、认真填写投保单等过程。

第二节   汽车保险核保要求

一、核保的含义

在承保过程中，保险人对投保人的投保申请进行审核，就保险标的的各种风险情况进行审核和评估，以确定是否接受投保人的投保申请，与之签订保险合同的过程，即核保。核保是保险公司进行有效的客户筛选，使保险公司的经营达到最大安全、最低成本和最佳服务的过程。因此，要求核保工作要从保险公司的经营原则出发，对欲加入保险的个体进行分类、筛选，并各自赋予其适当的条件，使危险达到均一（同质化），以维护保险的公平性。

在承保工作中最主要的环节为核保。核保的目的是避免危险的逆选择。所谓逆选择，就是指有较大风险的投保人试图以平均的保险费费率购买保险。或者说，最容易遭受损失的风险就是最可能投保的风险，从保险人的角度来看这就是逆选择。核保活动包括选择被保险人、对危险活动进行分类、决定适当的承保范围、确定适当的费率或价格、为展业人员和客户提供服务等几个方面。

对可保风险进行可行性核保和评估。核保是承保的首要环节，要建立严密的核保制度，对可保风险进行严格的识别、衡量和控制，并提高对标的风险的评估能力以确定承保范围和保险责任大小，从而提高承保质量。具体来讲，展业人员应对标的风险状况有客观的认识和了解，并向被保险人或投保人说明其应负的如实告知义务，对有明显欺诈倾向的投保人予以警惕和拒保；同时，围绕标的价值和风险状况展开评估调查工作，以确定是否承保和可保的费率条件；严格执行条款，不得任意放宽承保条件、扩大保额、降低费率；为了防止道德风险，对高风险标的和高额投保的标的尤其要严格核保和评估，必要时加费承保或拒保，尽量减少发生欺诈风险的可能性。

建立科学、完善的核保体系来控制风险。核保贯穿从受理投保到保单终止的车险业务流程的始终，是业务流程的核心，也是保险公司经营管理的重点。

二、核保的基本要求

（一）加强核保和业务选择

如前所述，核保是指保险人对将要承保的新业务加以全面评价、估计和选择，以决定是否承保的过程。核保的必要性在于：核保有利于合理分散风险；核保是达成公正费率的有效手段；核保有利于促进被保险人防灾防损，减少实质性损失。

核保的主要内容包括投保人资格，即审核投保人是否具有保险利益，保险标的，保险金额，适用费率是否正确、合理，被保险人的信誉等。

核保人员主要包括保险公司核保人、代理人及其他与核保有关的服务机构。

（二）注意承保控制，避免道德风险

承保控制就是适当控制保险责任，以避免心理风险和道德风险。承保控制的措施通常包括：适当控制保险金额；规定一定的免赔额；规定被保险人自己承担一部分损失；限定责任范围，控制承保风险；实行无赔款优待，多赔款加费政策等。

（三）严格制单手续，保证承保质量

制单质量的好坏，事关保险合同能否顺利履行。要加强制单管理，以保证承保质量。制单工作的具体要求如下。

（1）单证齐全。

（2）保险合同三要素明确。保险合同三要素是指保险合同的主体、客体和保险合同的内容。

（3）数字要准确。在保险制单过程中，每一个数字都代表着保险人和被保险人的利益。数字准确主要包括三个方面的内容：一是确定的保险金额准确；二是适用费率准确；三是保证数字计算准确。

（4）字迹清楚、签单齐全。保险人签发的保险单是保险合同权利义务关系宣告成立的依据，其他各单证也是保险合同的重要组成部分。在制单过程中，一定要书写工整、字迹清楚，不涂改，清楚、真实地反映当事人双方的意向。

第三节　汽车保险核保的运作

核保工作原则上采取两级核保体制。先由展业人员、保险代理人进行初步核保，然后由保险公司专业核保人员复核决定是否承保、承保条件及保险费费率的适用等。汽车保险核保的程序一般要包括审核投保单、查验车辆、核定保险费费率、计算保险费、核保等步骤，如图8-2所示。

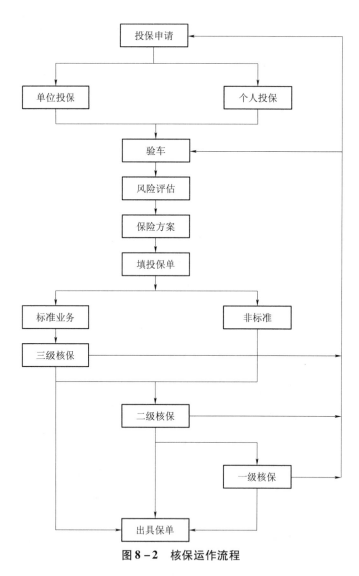

图8-2　核保运作流程

一、审核投保单，查验车辆

（一）审核投保单

业务人员在收到投保单以后，首先根据保险公司内部制定的承保办法决定是否接受此业务。如果不属于拒保业务，应立即加盖公章，载明收件日期。首先审查投保单所填写的各项内容是否完整、清楚、准确。核保所要审查投保单的项目如下。

1. 投保人资格

对于投保人资格进行审核的核心是认定投保人对保险标的拥有保险利益，在汽车保险业务中主要是通过核对行驶证来完成的。

2. 投保人或被保险人的基本情况

投保人或被保险人的基本情况主要是针对车队业务的。通过了解企业的性质、是否设有安保部门、经营方式、运行主要线路等，分析投保人或被保险人对车辆管理的技术管理状况，保险公司及时发现其可能存在的经营风险，采取必要的措施降低和控制风险。

3. 投保人或被保险人的信誉

投保人与被保险人的信誉是核保工作的重点之一。对于投保人和被保险人的信誉调查与评估逐步成为汽车核保工作的重要内容。评估投保人与被保险人信誉的一个重要手段是对其以往损失和赔付情况进行了解，那些没有合理原因，却经常"跳槽"的被保险人往往存在道德风险。对保险车辆应尽可能采用"验车承保"的方式，即对车辆进行实际的检验，包括了解车辆的使用和管理情况，复印行驶证、购置车辆的完税费凭证，拓印发动机与车架号码，对于一些高档车辆还应当建立车辆档案。

4. 保险金额

保险金额的确定涉及保险公司及被保险人的利益，往往是双方争议的焦点，因此，保险金额的确定是汽车保险核保中的一个重要内容。在具体的核保工作中应当根据公司制定的汽车市场指导价格确定保险金额。对投保人要求按照低于这一价格投保的，应将理赔时可能出现的问题进行说明和解释。对于投保人坚持己见的，应当向投保人说明后果并要求其对于自己的要求进行确认，同时，在保险单的批注栏上明确。

5. 保险费

核保人员对于保险费的审核主要可分为费率适用的审核和计算的审核。

6. 附加条款

主险和标准条款提供的是适应汽车风险共性的保障，但是作为风险的个体是有其特性的。一个完善的保险方案不仅解决共性的问题，更重要的是解决个性问题，附加条款适用风险的个性问题。特殊性往往意味着高风险，所以，在对附加条款的适用问题上更应当注意对风险的特别评估和分析，谨慎接受和制定条件。

（二）查验车辆

根据投保人提供的有关证件，如车辆行驶证、介绍信等，进行详细审核。首先，确定投保人称谓与其签章是否一致，如果投保人称谓与投保车辆的行驶证不符合，则要求投保人提供其对投保车辆拥有可保利益的书面证明；其次，检验投保车辆的行驶证与保险车辆是否吻合，投保车辆是否年检合格。核实投保车辆的合法性，确定其使用性质。检验车辆的牌照号码、发动机号码是否与行驶证一致等。

查验车辆是根据投保单、投保单附表和车辆行驶证，对投保车辆进行实际的查验。查验的具体内容如下：

（1）确定车辆是否存在和有无受损，是否有消防和防盗设备等。

（2）车辆本身的实际牌照号码、车型及发动机号、车身颜色等是否与行驶证一致。

（3）检查发动机、车身、底盘、电气等部分的技术情况。

（4）根据检验结果，确定整车的新旧成数。对于私有车辆一般要填具验车单，附于保险单副本上。

二、核定保险费费率

应根据投保单上所列的车辆情况和保险公司的机动车辆保险费费率规章，确定投保车辆应适用的保险费费率。

（一）确定车辆使用性质

目前，各保险公司一般把车辆分为家庭自用车辆、非营业车辆、营业车辆三类。

（1）家庭自用车辆指用作个人家庭代步的车辆。

（2）非营业车辆指各级党政机关、社会团体、企事业单位自用的车辆或仅用于个人及家庭生活的车辆。

（3）营业车辆指从事社会运输并收取运费的车辆。

对于兼有不同类使用性质的车辆，按高档费率计费。

（二）分清车辆种类

1. 国产与进口车辆

从境外直接进口的或经我国香港、澳门、台湾地区转口的整车以及全部由进口零配件组装的车辆，按进口车辆计费；其余车辆按国产车辆计费。由于目前各保险公司已经停止以2000年条款为核心的传统汽车保险业务，转而经营新条款及费率的综合保险业务，对承保主险时，国产车辆与进口车辆的划分已经失去实际意义。

2. 客车

客车的座位（包括驾驶员座位）以交通管理部门核发的行驶证载明的座位为准，不足标准座位的客车按同型号客车的标准座位计算。车种中"以下"两字，是指不含其本身的意思。例如，6座"以下"客车是指不含6座的客车。

3. 货车

所有通用载货车辆、厢式货车、集装箱牵引车、电瓶运输车、简易农用车、装有起重机械但以载重为主的起重运输车等，均按其载质量分档计费。客货两用车按客车或货车中相应的高档费率计费。

4. 挂车

没有机动性能，需用机动车拖带的载重车、平板车、专用机械设备车、超长悬挂车等按此档计费。

5. 油罐车、气罐车、液罐车、冷藏车

各类装载油料、气体、液体等的专用罐车，装有冷冻或加温设备的厢式车辆及普通载重货车加装罐体部按罐车档计费。

6. 起重车、装卸车、工程车、监测车、邮电车、消防车、清洁车、医疗车、救护车等各种有起重、装卸、升降、搅拌等工程设备或功能的专用车辆，车内固定装有专用仪器设备，从事专业工作的监测、消防、清洁、医疗、救护、电视转播、雷达、X 光检查等车辆、邮电车辆都按专用车辆档计费。

（三）其他说明

短期收费是指基本险和附加险的保险期限不足一年的按短期费率表计算。不足一个月的按一个月计算。

对其他特种型车辆，根据费率表选择相应档次计费，如啤酒罐车按罐车档计费，大于 0.5 t 的载货三轮车按"2 t 以下货车"档计费。

机动车辆提车暂保单承保的机动车辆，购置价在 10 万元以内的，固定保险费为 300 元；购置价在 10 万元以上，30 万元以内的，固定保险费为 400 元；购置价在 30 万元以上的，固定保险费为 500 元。

（四）保险费计算公式

（1）车辆损失险保险费，按照投保人类别、车辆用途、座位数/吨位数、车辆使用年限、新车购置价所属档次查找基础保险费和费率。

保险费 = 基础保险费 + 保险金额 × 费率

（2）第三者责任险保险费计算按照投保人类别、车辆用途、座位数/吨位数、车辆使用年限、责任限额直接查找保险费。

如果责任限额为 100 万元以上，则保险费 $= A + A \times N \times (0.034 - 0.001\,3 \times N)$，式中，$A$ 指同档次限额为 100 万元的第三者责任保险费；$N =$（限额 − 100 万）/50 万元，限额必须是 50 万元的倍数，且不得超过 1 000 万元。

（3）车上人员责任险按照投保人类别、车辆用途、座位数、投保方式查找费率。某保险公司家庭自用车车上人员责任保险费费率如表 8 – 1 所示。

驾驶人保险费 = 每次事故责任限额 × 费率

乘客保险费 = 每次事故每人责任限额 × 费率 × 投保乘客座位数

表 8 – 1　某保险公司家庭自用车车上人员责任险保险费费率表

车辆类别	座位数	核定座位投保费费率/%
家庭自用车	6 座以下	0.284
注：选择座位投保费率在核定座位投保费费率的基础上上浮 80%。		

（4）车上货物责任险按照责任限额，分营业用、非营业用查找费率。车上货物责任险的最低责任限额为人民币 20 000 元。

保险费 = 基础保险费 +（责任限额 − 20 000）× 费率

三、核保

计算保险费费率后，应进行核保工作。核保工作的主要依据是核保手册，因为核保手册已经将在进行汽车保险业务过程中可能涉及的所有文件、条款、费率、规定、程序、权限等全部包含其中，可能遇到的各种问题及其处理方法已用书面文件的形式予以明确。三级核保人员主要负责常规业务的核保，即按照核保手册的有关规定对保险单的各个要素进行形式上的审核。但是，在核保过程中还可能遇到一些核保手册没有明确规定的问题，例如，高价值车辆的核保、特殊车型业务的核保、车队业务的核保、投保人特别要求的业务的核保，以及下级核保人员无法核保的业务。在这些情况下，应由二级核保人员和一级核保人员来核保。二级核保人员和一级核保人员应运用保险的基本原理、相关的法律法规和自己的经验，通过研究分析来解决这些特殊的问题，必要时应请示上级核保部门。

（一）保险公司的两级核保

1. 公司二级核保

（1）审核保险单是否按照规定内容与要求填写，有无疏漏；审核保险价值与保险金额是否合理。对不符合要求的，退给业务人员指导投保人重新填写，进行相应的更正。

（2）审核业务人员或代理人是否在三级核保时验证和查验了车辆，是否按照要求向投保人履行了告知义务，对特别约定的事项是否在特约栏内注明。

（3）审核适用的费率标准和计收保险费是否正确。

（4）对于高保额和投保盗抢险的车辆，审核有关证件及实际情况是否与投保单填写一致，是否按照规定拓印牌照存档。

（5）对高发事故和风险集中的投保单位，提出公司的限制性承保条件。

（6）对费率表中没有列明的车辆，包括高档车辆和其他专用车辆，可视风险情况提出厘定费率的意见。

（7）审核其他相关情况。

审核完毕后，核保人应在投保单上签署意见。对超出本级核保权限的，应上报上级公司核保。

2. 上级核保（一级核保）

上级公司接到请示公司的核保申请以后，应有重点地开展核保工作。

（1）根据掌握的情况，考虑是否接受投保人的投保。

（2）接受投保的险种、保险金额、赔偿限额是否需要限制和调整。

（3）是否需要增加特别的约定。

（4）协议投保的内容是否准确、完善，是否符合保险监管部门的有关规定。

上级公司核保完毕后，应签署明确的意见并立即返回请示公司。

核保工作结束后，核保人将投保单、投保意见一并转给业务内勤部门，公司的内勤缮制保险单证。

（二）核保业务的分类

核保的具体方式应当根据公司的组织结构和经营情况进行选择和确定，通常可将核保的方式分为标准业务核保和非标准业务核保、计算机智能核保和人工核保、集中核保和远程核保、事先核保和事后核保等。

1. 标准业务核保和非标准业务核保

标准业务是指常规风险的汽车保险业务，这类风险的特点是其基本符合汽车保险险种设计设定的风险情况，按照核保手册能够对其进行核保。而非标准业务是保险金额巨大等需有效控制的业务，核保手册没有明确的规定。

标准业务可以依据核保手册的规定进行核保，通常是由三级核保人完成标准业务的核保工作，而非标准业务是无法完全依据核保手册进行核保，应由二级或一级核保人进行核保，必要时核保人应当向上级核保部门进行请示。

汽车保险非标准业务如下。

（1）保险价值浮动超过核保手册规定的范围。

（2）特殊车型业务。

（3）军牌和外地牌业务。

（4）高档车辆的盗抢业务。

（5）统保协议。

（6）代理协议。

2. 计算机智能核保和人工核保

计算机技术的飞速发展和广泛应用将给核保工作带来革命性的变化。从目前计算机发展的水平看，尤其是智能化计算机的发展和应用，计算机已经完全可以胜任对标准业务的核保工作。在核保过程中应用计算机技术可以大大缓解人工核保的工作压力，提高核保业务的效率和准确性，减少在核保过程中可能出现的人的负面因素。但是，在现在科技水平条件下计算机不可能解决所有的核保问题，至少在现阶段还需要人工核保的模式与之共存，解决计算机所无法解决的核保方面的问题。

3. 集中核保和远程核保

从核保制度发展的过程分析，集中核保的模式代表了核保技术发展的趋势。集中核保可以有效地解决统一标准和规范业务的问题，实现技术和经验最大限度地利用。但是，以往集中核保在实际工作遇到的困难是经营网点的分散，缺乏便捷和高效的沟通渠道。

计算机技术的出现和广泛的应用，尤其是互联网技术的出现带动了核保领域的革命性进步，远程核保的模式应运而生。远程核保就是建立区域性的核保中心，利用互联网等现代通信技术，对辖区内的所有业务进行集中核保。这种核保的方式较以往任何一种核保模式均具有不可比拟的优势，它不仅可以利用核保中心的人员技术的优势，还可以利用中心庞大的数据库，实现资源的共享。同时，远程核保的模式还有利于对经营过程中的管理疏忽，甚至道德风险实行有效的防范。

4. 事先核保和事后核保

事先核保是指投保人提出申请后，核保人员在接受承保之前对标的风险进行评估和分析，决定是否接受承保。在决定接受承保的基础上，根据投保人的具体要求确定保险方案，包括确定适用的条款、附加条款、费率、保险金额、免赔额等承保条件。事先核保是在核保工作中广泛应用的模式。

事后核保主要是针对标的金额较小、风险较低、承保业务技术比较简单的业务。这些业务往往是由一些偏远的经营机构或代理机构承办的。保险公司从人力和经济的角度难以做到事先核保的，可以采用事后核保的方式。所以，事后核保是对于事先核保的一种补救措施。

四、缮制与签发保险单证

（一）缮制单证

缮制单证就是在接受业务后，填制保险单或发放保险凭证及办理批单手续。保险单或保险凭证是载明保险合同关系双方当事人的权利与义务的书面凭证，是被保险人向保险人索赔和保险人处理赔款事项的主要依据。因此，缮制单证是承保工作的重要环节，其质量的好坏直接关系到保险合同当事人双方的义务和权利能否正常履行与实现。业务内勤接到投保单及其附表以后，根据核保人员签署的意见，即可开展缮制保险单工作。

保险单原则上应由计算机出具，暂无计算机设备而只能由手工出具的营业单位，必须得到上级公司的书面同意。

计算机制单的保险单，将投保有关内容输入保险单对应栏目，在保险单"被保险人"和"厂牌型号"栏内登录统一规定的代码。录入完毕，并检查无误后，打印出保险单。

手工填写的保险单，必须是银保监会统一监制的保险单，保险单上的印制流水号码即保险单号码。将投保单的有关内容填写在保险单的对应栏内，要求字迹清晰、单面整洁。如有涂改，涂改处必须有制单人签章，但涂改不能超过三处。缮制保险单完毕后，制单人应在"制单"处签章。

缮制保险单证时应注意的事项如下。

（1）双方协商并在投保单上填写的特别约定内容，应完整地载明到保险单对应栏目，如果核保有新的意见，应该根据核保意见修改或增加。

（2）无论是主车和挂车一起进行投保，还是挂车单独投保，挂车都必须同时出具具有独立保险单号码的保险单。在填制挂车的保险单时，"发动机号码"栏统一填写"无"。当主车和挂车一起投保时，可以按照多车承保方式处理给予一个合同号，以方便调阅。

（3）特约条款和附加条款应印在或贴在保险单里正本背面，贴的条款应加盖骑缝章。应注意的是，责任免除、被保险人义务和免赔等规定的印刷字体，应该与其他内容的字体不同，以提醒被保险人注意阅读。

缮制保险单完毕后，制单人应将保险单、投保单及其附表一起送复核人员复核。

（二）复核签单

单证复核是业务承保工作的一道重要程序，也是确保承保质量的关键环节，因此，必须配备具有较高政治和业务素质的人员担此重任。复核时应注意审查投保单、验险报告、保险单、批单、明细表及其他各种单证是否齐全，内容是否完整符合要求，字迹是否清楚，计算是否正确，并与原始凭证相对照，力求无差错。一切复核无误后，要加盖公章及负责人、复核员签名，然后对外发送。

（三）清分发送业务

内勤将保单、批单正本、明细表、机动车辆和船舶保险证，以及保险费收据、填写发送单证和收付款项流转签收簿交外勤人员签收送交保户，并收取保险费。

（四）归档、装订、保管

各种保险单证和附属材料，均是重要的档案，必须按规定编号、登记、装订牢固，实行专柜专人管理，并符合防火、防盗、防潮和防蛀的要求。

（五）复核保险单

复核人员接到保险单、投保单及其附表后应认真对照复核。复核无误后，复核人员在保险单"复核"处签章。

（六）收取保险费

收费员经复核保险单无误以后向投保人核收保险费，并在保险单"会计"处和保险费收据的"收款人"处签章，在保险费收据上加盖财务专用章。只有被保险人按照约定缴纳了保险费，该保险单才能产生效力。

（七）签发保险单证

汽车保险合同实行一车一单（保险单）和一车一证（保险证）制度。投保人缴纳保险费后，业务人员必须在保险单上注明公司名称、详细地址、邮政编码及联系电话，加盖保险公司业务专用章。根据保险单填写"汽车保险证"并加盖业务专用章，所填内容应与保险单有关内容一致。险种一栏填写总险种代码，电话应填写公司报案电话，所填内容不得涂改。

签发单证时，交由被保险人收执保存的单证有保险单证正本、保险费收据（保户留存联）、汽车保险证。

对已经同时投保车辆损失险、第三者责任险、车上人员责任险、不计免赔特约险的投保人，还应签发事故伤员抢救费用担保卡，并做好登记。

（八）保险单证的补录

手工出具的汽车保险单、提车暂保单和其他定额保单，必须按照所填内容录入保险公司的计算机车险业务数据库，补录内容必须完整准确。补录时间不能超过出单后的第 10 个工作日。单证补录必须由专人完成，并由专人审核，业务内勤和经办人不能自行补录。

（九）保险单证的清分与归档

对投保单及其附表、保险单及其附表、保险费收据、保险证，应由业务人员清理归类。投保单的附表要贴在投保单的背面，保险单及其附表需要加盖骑缝章。清分时，应按照以下送达的部门清分。

（1）财务部门留有的单证：保险费收据（会计留存联）、保险单副本。

（2）业务部门留存的单证：保险单副本、投保单及其附表、保险费收据（业务留存联）。

留存业务部门的单证应由专人保管并及时整理、装订、归档。每套承保单包含保险费收据、保险单副本、投保单及其附表，其他表单的整理，按照保险单（包括作废的保险单）流水号码顺序装订成册，并在规定时间内移交档案部门归档。

第四节　保险单证的管理

汽车保险业务的特点之一是保险合同的数量较大，且应用的单证种类较多，所以，单证的管理工作显得十分重要。在以往的经营过程中曾经出现了一些单证方面的问题，包括出现过假冒的保险单证，给我国保险业的健康发展带来了负面和消极的影响。为此，应当重视和加强对保险单证的管理。1999 年，中国保险监督管理委员会根据保险市场的情况对全国的机动车辆保险单实行统一监制的模式，这种模式对于规范市场、防止违规和不法经营起到积极的作用，为保险公司强化对保险单证的管理提供了有利的条件。

一、汽车保险单证的类型

汽车保险单证可分为两大类：一类是正式的单证，包括投保单、保险单和批单；另一类是相关的单证，包括保险证和急救担保卡及其他保险抢救卡。在汽车保险中主要有以下几种单证。

（1）投保单又称"投保书""要保书"，是投保人向保险人申请订立保险合同的书面要约。

投保单是由保险人事先准备、具有统一格式的书据。投保人必须依其所列项目一一如实填写，以供保险人决定是否承保或以何种条件、何种费率承保。投保单本身并非正式合同的文本，但一经保险人接受后，即成为保险合同的一部分。投保人提出保险要约时，均需要填具投保单。如投保单填写的内容不实或故意隐瞒、欺诈，都将影响保险合同的效力。

（2）保险单是由保险人签发的证明投保人已参加保险的书面凭证。保险单是保险合同组成中最重要的文件，它详细列明了各方的权利和义务。保险单的形式可以是一页纸，也可能是一个本册，如果采取本册的形式，又称保险证。

（3）保险卡由保险公司签发给保户的、记载保险单正本中的主要内容、供保户随身携带的卡片式的简单凭证。

（4）批单也称"批改单"或"背书"，是指为变更保险合同的内容，保险人所出立的补充书面证明。保险单出立后，在合同有效期内，保险人和被保险人均有权通过协议更改保险合同的内容。

（5）保险费发票是保险费付讫的凭证，为税务局监制的正式发票。

目前，保险单是由中国保监会统一监制的，投保单、保险证和急救担保卡仍由各家保险公司自行印制。

二、保险单证的管理

保险单证的管理贯穿印制、领用和销毁三个环节。在管理的过程中，应注意各个环节的相互衔接，强化有关人员的责任，切实加强对保险单证的管理工作。

1. 单证的印制

单证的印制是单证管理的初始和基础，应当注意加强对单证印制的管理。目前，保险单是采用中国保监会统一监制的模式，所以，各家保险公司没有保险单的印制问题。对于其他单证的印制管理，首先，应选择一个具有一定的技术和管理水平的印刷厂，要求印刷厂应按照有价单证印刷的管理方式对于承印的保险单证印刷管理，防止单证从印刷厂流失。其次，对于付印的清样应认真核对，防止出现错误。同时，应对单证进行统一的编号，以便对单证进行集中管理。最后，在印制之后应进行严格的验收和交接，已经验收合格的单证，应立即移交单证仓库。

2. 单证的领用

应建立保险单证的领用制度，单证的领用制度包括领用单证的审批、领用单证的登记、单证的核销和单证的回收。领用单证的审批制度是经营单位在需要领用单证时，应按照一定的程序申请和审批，单证仓库的管理人员按照审批发放单证。领用单证的登记制度是单证仓库应建立严格的进出仓制度，建立登记簿以便对单证的发放进行管理，使用登记簿对每一次领用的单证的名称、数量、号码、经办人进行记录。

单证的核销制度是将验收进入仓库单证的编号进行统一的管理，对领用的单证进行核销，跟踪相应编号的保单的去向，并配合业务管理部门对于单证的使用进行管理。

单证的回收制度是指对作废的单证必须进行回收，单证作废的情况有两种：一种是在使用过程中，由于在单证的缮制中出现错误，造成单证作废；另一种是由于单证的改版，造成单证的作废。

3. 单证的销毁

应加强对回收的作废单证的管理，防止这些空白的单证流入非法的渠道，对作废的单证进行集中销毁，并对销毁的单证进行登记和记录。

第五节　保险费的管理

保险费的管理是保险经营管理中的一个重要环节。缴纳保险费是投保人在合同项目下的主要义务，而保险人只有收取保险费，才能建立保险赔偿基金，实际承担赔偿责任。

在我国的汽车保险业务的发展过程中，一些保险公司曾经在不同程度出现过保险费管理失控的现象。出现这些现象的原因：一是片面强调规模，盲目追求业务发展目标，忽视或放松了对于保险费的管理；二是有的经营管理人员缺乏对于保险费管理的基本认知和知识，在保险费的管理上出现了严重的漏洞，给内外部的一些不法之徒以可乘之机。对此，有关人员，尤其是管理人员应当予以足够的重视，因为，保险费管理的问题常常是导致保险公司发生经营危机的主要原因之一。保险公司只有建立一套完整的管理制度体系，才能够确保对保险费实行严格和有效的管理。

保险费管理的方式可分为对合同的管理和对财务的管理。

一、保险费的类型

在保险的经营过程中通常可将保险费分为以下三类。

（1）签单保险费：是指根据保险经营过程中的权责发生制的原则，经保险公司签发了正式保险单的保险费。签单保险费为实收保险费与应收保险费之和。

（2）实收保险费：是指保险公司根据已经签发的保险单实际收取的保险费。

（3）应收保险费：是指保险公司根据已经签发的保险单应当收取但尚未收取的保险费。

二、保险费管理的基本原则

1. 严格签单保险费的管理

对于签单保险费的管理是保险费管理的根源和基础。对签单保险费管理的关键是建立严格的管理制度，将公司所有的业务，包括代理人业务均纳入管理的范畴。严禁以任何借口和任何形式出现的"体外循环"现象，通过加强对于单证的管理，防止出现"埋单"的现象。应当充分认识到加强和严格对签单保险费管理的重要意义，如果这个环节管不住，那么，后面环节的管理均是一句空话。

2. 强化应收保险费的管理和催收

由于汽车保险具有出险概率高、保险期限相对较短的特点，为此，必须强化对应收保险费的管理和催收工作。在管理的方面，应将应收保险费分为正常应收保险费和不正常应收保险费。正常应收保险费是指根据保险合同的规定，采用分期付款方式产生的应收保险费；不正常应收保险费是指非正常原因出现的应收保险费，包括采用分期付款的保险费中到期应收未收的保险费。管理的重点是后者，在管理的过程中可以采用催收责任人制，即指定有关人员负责对不正常的应收保险费的催收工作，通过动态的监督检查强化催收人员的责任意识。对于催收困难的，应立即终止保险合同，同时，可以通过法律途径寻求解决的办法。

三、保险费的合同管理

在保险合同纠纷的类型中，因保险费管理产生纠纷案件很多。较为突出的是在保险合同管理中没有对保险费的缴纳时间及未按时缴纳的责任进行明确，所以，在发生保险事故时，一旦发现保险费尚未缴纳的情况，很容易就合同是否有效产生争议。

保险费的合同管理就是要通过加强对保险合同相关措辞的管理，解决可能因此产生的争议和纠纷。具体是指在签订保险合同的过程中，如何通过严谨的保险单措辞对于保险费缴纳的相关事宜进行明确，包括保险费缴纳的金额及时间、未按时缴纳的责任等，以防止因保险合同措辞不清产生争议。

对于有些大型营运车队的保险费数额较大，需要分期支付的，可以采用两种方法：一种是由于目前我国采用的"一车一单"制，可以根据分期支付的安排，采用不同的保险单，不同的保险费支付日期的方法；另一种是在全部保险单的保险费支付栏均采用"按约定"的措辞，同时，签订一个专门的关于保险费分期支付的协议。

通过对保险费的合同管理，应当实现对保险费的切实和有效管理，防止因规定不明确而产生争议。更重要的是防止有些人利用这种漏洞，故意拖延缴纳保险费，即没有发生保险事故就不缴纳保险费，只有在发生保险事故时，才补缴保险费。

保险费的合同管理不仅要从正面在合同中对于保险费的缴纳进行明确的规定，同时，还要建立保险单注销制度，即对于不按期缴纳保险费的，应当通过合法的方式对已签发的保单进行注销。

四、保险费的财务管理

保险费财务管理的核心是对应收保险费，或是在途保险费的管理。从原理上讲，保险公司签发了一份保险单，就形成了一笔应该收取的保险费，这笔保险费应当及时、如数地收回。但是，在保险公司的经营管理中往往出现大量的应收保险费，或者说有大量的保险费在途的现象。这种现象严重影响了保险公司的正常经营，应通过加强对保险费的财务管理有效地解决出现大量应收保险费的问题。

保险费的财务管理的关键是建立应收保险费的管理制度，通过这一制度明确在经营过程中产生应收保险费的条件、管理的职责和管理的程序等。在保险经营的过程中产生一定的应收保险费是正常的；但是，对应收保险费失去应有的管理，使其成为外边不法人员有机可乘的空子是危险的。所以，应当加强对应收保险费的管理，通过对应收保险费的人和程序的管理，有效杜绝管理中的漏洞。对应收保险费管理的有效手段是加强对保险费收据的管理，通常情况下应在保险费到账之后，才能出具保险费收据。但是，有的被保险人单位的财务部门要求凭保险费收据支付保险费，在这种情况下，可以采用向被保险人出具"保险费通知书"的方式，要求被保险人照通知书缴付保险费；有的被保险人单位的财务人员坚持要求凭保险费收据支付，则可以采用经办人员"借领"保险费收据的方式，即经办人员为了收取保险费可以将保险费收据借出。但是，其必须负责在一定的期限内将保险费收回，或者退还保险费收据。否则，就应当承担相应的责任。

保险费管理中的一个重要环节是对保险代理人保险费的管理。目前，保险代理人有意滞留保险费的现象相当严重，更为严重的是有的保险代理人利用保险公司对应收保险费管理的漏洞，大肆挪用保险费，严重危害了被保险人和保险人的利益。为此，保险公司在加强对应收保险费的管理时，尤其应加强对代理业务的保险费管理。

第六节　汽车保险的续保、批改与退保业务

一、续保

续保是一个保险合同即将期满时，投保人向保险人提出申请，要求延长该保险合同的期限，保险人根据投保人当时的实际情况，对原合同条件稍加修改而继续对投保人签约承保的行为。

汽车保险的期限一般为一年，保险期满后，投保人在同一保险人处重新办理汽车保险的事宜称为汽车保险的续保。

在汽车续保实务中，续保业务一般在原保险到期前的一个月开始办理。为防止续保以后至原保险单到期这段时间发生保险责任事故，在续保通知书内应注明："出单前，如有保险责任事故发生，应重新计算保险费；全年无保险责任事故发生，可享受无赔款优待"等字样。

在办理续保时，保户应提供下列单据。

（1）提供上一年度的机动车辆保险单。

（2）保险车辆经交通管理部门核发并检验合格的行驶证和车牌号。

（3）所需的保险费。保险金额和保险费须重新确定。

保户办理续保业务应到上一年度机动车辆保险单的出单地点——保险公司分公司或支公司办理，代办点不能出单，另外，如果投保车辆在上一年保险期限内无赔款，续保时可享受减收保险费优待，通常情况下，优待金额为本年度续保险种应缴纳保险费的10%。

被保险人投保车辆不止一辆的，无赔款优待分别按车辆计算。上一年度投保的车辆损失险、第三者责任险、附加险中任何一项发生赔款，续保时均不能享受无赔款优待。不续保者不享受无赔款优待。

上一年度无赔款的机动车辆，如果续保的险种与上一年度不完全相同，无赔款优待则以险种相同的部分为计算基础；如果续保的险种与上一年度相同，但投保金额不同，无赔款优待则以本年度保险金额对应的应缴纳保险费为计算基础。在2003年以前，全国实行统一的保险费费率，无论机动车辆连续几年无事故，无赔款优待一律为应缴纳保险费的10%，2003年开始，各公司都有自己的无赔款优待的优惠利率。

二、批改

批改是指在保险单签发以后，保险合同有效期限内，如保险事项发生变更，经保险双方当事人同意办理变更合同内容的手续。

保险合同签订之后，保险合同的双方当事人都应严格遵守并应履行合同所规定的内容，任何一方都无权擅自变更合同，但是在保险有效期限内，由于实际情况的变化，对合同内容所规定的有关事项会产生变更的要求，如被保险人名称、保险财产占用性质、保险财产所在地址、保险财产危险程度等事项的变更和投保科目（或投保项目）、保险金额的增减、单位撤并、中途加保附加险等，若不及时办理变更的批改手续，在保险财产遭受保险责任范围内的灾害事故损失时，因与合同规定不符，会影响保险的赔偿处理。因此，在保险合同有效期内，被保险人名称、保险财产占用性质、保险财产所在地址、保险财产增加危险程度等事项如有变更，被保险人应当及时向保险人申请办理批改手续。保险合同内容变更的批改手续，一般由被保险人提出申请，填写定式的批改申请书，经保险人同意后凭此出立批单（也称"背书"）。批单是保险单（合同）的组成部分，具有同等的法律效力。

根据机动车保险条款，在保险合同有效期内、保险车辆转变、转让、赠送他人、变更用途或增加危险程度，被保险人应当事先书面通知保险人并申请办理批改。

1. 保险车辆转卖、转让、赠送他人

在保险合同有效期内，保险车辆合法转卖、转让、赠送他人，被保险人应当事先通知保险人。

保险车辆转卖、转让、赠送他人可分不同情况办理。转卖的保险车辆经车辆交易市场合法交易后，应凭工商部门认可的发票，向保险人申请办理批改被保险人称谓；保险车辆转让和赠送他人，在向交通部门办理异动手续后，应向保险人申请办理批改被保险人称谓。

2. 变更用途

在保险合同有效期内，保险车辆改变使用性质或改装变形，被保险人应事先通知保险人，并申请批改车辆使用性质或车型。

3. 增加危险程度

增加危险程度是指订立合同未曾预料和未预估计的危险程度可能性的增加，直接影响保险人在承保当时是否增收保险费或接受承保。在保险合同有效期内，保险车辆增加危险程度，被保险人应事先书面通知保险人，并申请办理批改，按规定补缴保险费。

三、退保

投保人于保险合同成立后，可以书面通知要求解除保险合同。保险公司在接到解除合同申请书之日起，接受退保申请，保险责任终止。

汽车保险退保一般出于以下几种原因。

（1）汽车按规定报废。

（2）汽车转卖他人。

（3）重复保险，为同一辆汽车投保了两份相同的保险。

（4）对保险公司不满，想换保险公司。

办理退保的车辆必须符合下述条件。

（1）车辆的保险单必须在有效期内。

（2）在保险单有效期内，该车辆没有向保险公司报案或索赔过可退保，从保险公司得到过赔偿的车辆不能退保；仅向保险公司报案而未得到赔偿的车辆也不能退保。

退保时要向保险公司递交退保申请书，说明退保的原因和从什么时间开始退保，签字或盖章后，把它交给保险公司的业务管理部门。保险公司业务管理部门对退保申请进行审核后，出具退保批单，批单上注明退保时间及应退保费金额，同时收回汽车保险单。退保人持退保批单和身份证，到保险公司的财务部门领取应退的保险费。

用投保时实缴的保险费金额减去保险已生效的时间内保险公司应收取的保费，剩下的余额就是应退的保险费。

$$应退保险费 = 实缴保险费 - 应收取保险费$$

退保的关键在于应收取保险费的计算。一般按月计算，保险每生效一个月，收取 10% 的保险费，不足一个月的按一个月计算。

退保时被保险人需要提供以下证件。

（1）退保申请书：写明退保原因和时间，车主是单位的须盖章，车主是个人的需签字。

（2）保险单原件（正本）：若保险单丢失，则需事先补办。

（3）保险费发票：一般需要原件，有时复印件也可以。

（4）被保险人的身份证明：车主是单位的需要单位的营业执照；车主是个人的需要身份证。

本章复习思考题

1. 什么是核保？核保工作具体要求有哪些？

2. 核保的程序有哪些？

3. 试述中国保险行业学会新车险的特色。

4. 汽车保险单证有哪些类型？保险单证应该怎样进行管理？

5. 什么是续保？如何办理续保手续？

6. 什么是批改？批改的内容有哪些？

7. 汽车保险退保的原因有哪些？

9 第九章

汽车理赔实务

第一节　汽车理赔概述

一、保险理赔的概念、意义及原则

（一）保险理赔的概念

保险理赔，是指在保险标的发生保险事故而使被保险人财产受到损失或人身生命受到损害时，或保单约定的其他保险事故出险而需要给付保险金时，保险公司根据合同规定，履行赔偿或给付责任的行为，是直接体现保险职能和履行保险责任的工作。保险理赔的程序一般是依据保单条款来解释的，由于保单条款一般不列明细节，因而还要按照政府有关法规的规定、法院的判决、有关行业权威部门出具的鉴定或按照过去的惯例等事实酌情处理。

（二）保险理赔的意义

保险理赔是保险经营的重要环节。其意义在于：通过理赔，被保险人所享受的保险利益得到实现；保险人为客户提供服务，为社会再生产过程提供保障；保险承保的质量得到检验；增强人们的法律意识；保险经济效益得到充分体现。

（三）保险理赔的原则

理赔工作必须遵循的原则：重合同、守信用的原则；实事求是的原则；"主动、迅速、准确、合理"的原则。

二、汽车理赔的含义与特点

（一）汽车理赔的含义

汽车理赔是指保险车辆在发生保险责任范围内的损失后，保险人依据汽车保险合同的约定解决赔偿问题的过程。

（二）汽车理赔的特点

汽车保险与其他保险不同，其理赔工作具有显著的特点。理赔工作人员必须对这些特点有一个清醒和系统的认识，了解和掌握这些特点是做好汽车理赔工作的前提和关键。

1. 被保险人的公众性

我国汽车保险的被保险人曾经是以单位、企业为主，但是，随着个人拥有车辆数量的增加，被保险人中单一车主的比例逐步增加。大多数被保险人购买保险具有较大的被动色彩，他们对保险、交通事故处理、车辆修理等了解甚少。另外，由于利益的驱动，检验和理算人员在理赔过程中与其在交流过程存在较大的障碍。

2. 损失率高且损失幅度较小

汽车保险的另一个特征是保险事故虽然损失金额一般不大，但是，事故发生的频率高。一方面，保险公司在经营过程中需要投入的精力和费用较大，有的事故金额不大，但是，仍然涉及对被保险人的服务质量问题，保险公司同样应予以足够的重视。另一方面，从个案的角度看赔偿的金额不大，但是，积少成多也将对保险公司的经营产生重要的影响。

3. 标的流动性大

由于汽车的功能特点，决定了其具有相当大的流动性。车辆发生事故的地点和时间不确定，要求保险公司必须拥有一个运作良好的服务体系来支持理赔服务，主体是一个全天候的报案受理机制和庞大而高效的检验网络。

4. 受制于修理厂的程度较大

在汽车保险的理赔中扮演重要角色的是修理厂，修理厂的修理价格、工期和质量均直接影响汽车保险的服务。因为大多数被保险人在发生事故之后，均认为由于有了保险，所以在车辆交给修理厂之后就很少过问，一旦因车辆修理质量或工期，甚至价格等出现问题，保险公司和修理厂将一并被指责。而事实上，保险公司在保险合同项下承担的仅是经济补偿义务，对于事故车辆的修理及相关的事宜并没有负责义务。

5. 道德风险普遍

在财产保险业务中，汽车保险是道德风险的"重灾区"。汽车保险具有标的流动性强，户籍管理中存在缺陷，保险信息不对称等特点。汽车保险条款不完善，相关的法律环境不健全及汽车保险在经营过程中的特点和管理过程中存在的一些问题与漏洞，给了不法之徒可乘之机，汽车保险欺诈案件时有发生。

三、汽车理赔工作应遵循的基本原则

汽车理赔工作涉及面广，情况比较复杂。在赔偿处理过程中，特别是在对汽车事故进行调查的过程中，公司必须对将车辆修复与勘查工作提出应有的要求和坚持一定的原则。

（一）树立为保户服务的指导思想，坚持实事求是的原则

整个理赔工作过程体现了保险的经济补偿职能作用。当发生汽车保险事故后，保险人要急被保险人所急，千方百计避免扩大损失，尽量减轻因灾害事故造成的影响，及时安排事故车辆修复，并保证基本恢复车辆的原有技术性能，使其尽快投入生产运营。及时处理赔案，支付赔款，以保证运输生产单位（含个体运输户）生产、经营的持续进行和人民生活的安定。

在现场查勘、事故车辆修复定损及赔案处理方面，要坚持实事求是的原则，在尊重客观事实的基础上，具体问题具体分析，既严格按条款办事，又结合实际情况进行适当灵活处理，使各方都满意。

（二）重合同，守信用，依法办事

保险人是否履行合同，就看其是否严格履行经济补偿义务。因此，保险方在处理赔案时，必须加强法制观念，严格按条款办事，该赔偿的一定要赔偿，而且要按照赔偿标准及规

定赔足；不属于保险责任范围的损失，不滥赔，同时还要向被保险人讲明道理，拒赔部分要讲事实、重证据。要依法办事，坚持重合同，诚实信用，只有这样才能树立保险的信誉，扩大保险的积极影响。

（三）坚决贯彻"八字"理赔原则

"主动、迅速、准确、合理"是保险理赔人员在长期的工作实践中总结出的经验，是保险理赔工作优质服务的最基本要求。

1. 主动

要求保险理赔人员对出险的案件，积极、主动地进行调查、了解和勘查现场，掌握出险情况，进行事故分析确定保险责任。

2. 迅速

要求保险理赔人员查勘、定损处理迅速、不拖沓，抓紧赔案处理，对赔案要核得准，款额计算、案卷缮制快，复核、审批快，使被保险人及时得到赔款。

3. 准确

要求从查勘、定损以至赔款计算，都做到准确无误，不错赔、不滥赔、不惜赔。

4. 合理

在理赔工作过程中，要本着实事求是的精神，坚持按条款办事。在许多情况下，要结合具体案情准确定性，尤其是在对事故车辆进行定损过程中，要合理确定事故车辆维修方案。

理赔工作的"八字"原则是辩证的统一体，不可偏废。如果片面追求速度，不深入调查了解，不对具体情况做具体分析，盲目结论，或者计算不准确，草率处理，则可能会发生错案，甚至引起法律诉讼纠纷。当然，如果只追求准确、合理，忽视速度，不讲工作效率，赔案久拖不决，则可造成极坏的社会影响，损害保险公司的形象。总的要求是从实际出发，为保户着想，既要讲速度，又要讲质量。

四、《机动车辆保险理赔管理指引》

为规范车险理赔管理，保护消费者权益，中国保险监督管理委员会（以下简称保监会）于 2012 年 2 月 21 日发布了《机动车辆保险理赔管理指引》（保监发〔2012〕15 号）。

保监会发布《关于印发〈机动车辆保险理赔管理指引〉的通知》（以下简称《通知》），旨在规范车险理赔服务和流程，提高理赔服务质量，切实保护消费者合法权益。

《通知》指出，各财产保险公司应高度重视车险理赔管理工作，强化基础管理，提升理赔服务能力。要加强车险理赔管理制度建设，加大理赔资源配置力度，夯实理赔服务基础；要加强信息化建设，充分运用信息化手段实现车险理赔集中统一管理；要建立科学合理的理赔考核监督机制，加强对理赔服务质量考核；要提高服务质量和水平，强化服务创新意识，提升社会满意度；保险行业协会要统筹协调，提升行业理赔服务水平。

《通知》强调，保监会将进一步完善车险理赔服务质量评价体系，统一评价指标，规范评价口径和标准，探索建立理赔服务质量评价和信息披露的长效机制。对财产保险公司内部管理薄弱、理赔管理粗放、严重侵犯消费者权益的，将在依法从重处罚违法违规行为的基础上，进一步采取对总公司下发监管函、将总公司列为重点监管公司、限制批设分支机构等措施。

《机动车辆保险理赔管理指引》全面梳理车险理赔管理流程，从制度建设、组织架构、控制机制、资源配置、人员培训、数据真实性等方面明确了保险公司在车险理赔管理中应达到的基本管理要求，统一了行业车险理赔中基础环节流程，规范了理赔服务和管理的标准，强化了总公司的管控责任，引导推动行业夯实理赔服务基础。

《通知》要求，各财产保险公司严格按照《机动车辆保险理赔管理指引》要求进行自查、完善制度，并向社会公开承诺理赔时效、理赔服务质量和标准，公布投诉电话及争议调处机制。

第二节　汽车理赔的工作模式

一、国际成熟保险市场汽车保险理赔服务的模式及特点

国外专业从事汽车保险理赔服务的机构数量较多，而且分工很细。保险公司与外部机构基于各自的利益，为达到使客户满意这一共同目的，特别重视相互之间的合作。它们既各司其职，又特别注重信息、资源的共享，主要体现在以下几个方面。

1. 查勘、定损环节方面的合作

查勘、定损工作作为理赔服务的第一环，实际上也是保险公司对案件是否赔偿、赔偿多少的第一关，它直接关系到保险公司理赔案件的数量、结案的速度、社会影响、品牌效应等诸多方面，所以，保险公司都非常重视这一环节。为了应付大量烦琐的查勘、定损工作，发达国家和地区的保险公司普遍采用与外部专业机构合作的模式。

2. 信息技术开发环节的合作

（1）提高查勘调度的合理性和时效性。美国第四大车险经营公司 Progressive 公司，采用 GPS 定位技术确定查勘人员位置，通过智能排班系统，查勘人员在很短时间内被派到出险现场，另外，通过计算机网络，查询修理厂的排班情况，及时为客户提供送修服务。

（2）提高查勘定损的准确性。德国安联集团一直使用 Audatex 系统（现属于美国 ADP 公司），还使用 Glassmatix 估损系统，保证了车险理赔的规范、透明。

（3）提高接报案的及时性和方便性。日本安田火灾海上保险公司在汽车保险理赔中使用 24 小时工作的事故受理报告系统，该系统与全日本各地的 14 个理赔中心及全日本 252 个理赔终端的远程计算机系统对应，客户从任何理赔终端部能得到保险公司的处理结果，并在 7 日内得到赔款。

（4）提高查勘定损效率。汽车保险理赔已经开始启用远程定损系统，通过网络传送，实现保险公司定损员既可以当场定损，又可以进行网上远程定损，客户和修理厂还可以上网查询定损结果与配件价格，甚至购买配件等功能。

3. 提供多样化服务环节方面的合作

为客户提供全方位、多层次的服务是现代车险理赔的一大特点，其中，衍生服务已成为竞争的主要手段。在这方面做得最好的当属美国。作为全球最大的保险市场，美国保险公司与银行、电信、医院、警察局、维修厂、玻璃店、救援公司、急救中心等外部机构的合作非常普遍。20 世纪 90 年代初，美国就出现了一种专门为汽车保险公司做损余处理的公司。大

量专业机构的出现不仅提高了保险业的总体水平，而且促进了保险保障质量的提高和保险服务成本的降低。

二、当前我国保险市场汽车理赔服务的模式及其利弊分析

汽车保险是我国国内保险市场上规模最大的险种业务，是我国财产保险业务的骨干险种，其业务量占财产保险的一半以上。2021年财产保险业务累计实现保费收入1.17万亿元，有0.78万亿元来自汽车保险业务保险费。仅2021年，平安产险理赔总额1 165亿元，理赔案件数突破2 756万件，数据显示，按汽车保险理赔金额来看，万元以下的理赔案件占比超过85%，汽车保险查勘、理算工程量大、成本高。受汽车保险综改影响，行业汽车保险一直处于负增长状态下，车险业务在2021年的经营中已出现了全行业亏损的严峻局面。有效地改变目前我国的汽车保险理赔服务模式，挤压理赔水分，降低理赔服务成本，已成为改变目前我国汽车保险经营亏损局面的重大课题之一。

1. 我国的理赔服务模式

由于机动车辆具有流动性的特点，要求保险公司在经营，特别是在提供服务方面要建立和完善与机动车辆特点相适应的服务体系或服务机制，做好机动车辆出险后的处理工作。这种服务体系或机制主要是围绕在保险车辆出险后及时的援救、查勘、定损和修复方面，同时，还包括处理涉及第三者责任的案件。目前，我国较为成熟和流行的模式是以保险公司自主理赔为主导的理赔服务模式。其特点如下。

（1）各自建立自己的服务热线，对被保险人实行全天候、全方位的服务，通过热线接受报案。

（2）各自建立自己的查勘队伍，自身配备齐全的查勘车辆和相应设备，接受自身客户服务中心的调度和现场查勘定损。

（3）各自建立自己的车辆零配件报价中心，针对车险赔付项目所占比重高，对汽车保险赔付率和经营利润影响大，同时，又是最容易产生暴利的零配件赔款，各家保险公司都非常重视，组织专人从事汽车配件价格的收集、报价和核价工作。

（4）查勘定损的某个环节或服务辐射不到的某个领域才交由公估公司、价格认定（认证）中心、修理厂、调查公司等外部机构去完成。

2. 目前我国汽车保险理赔服务模式的利弊分析

（1）自主理赔，即由保险公司的理赔部门负责事故的检验和损失理算。这种方式在我国保险业发展初期曾发挥了积极作用，同时，也明显带有一系列特定历史时期的烙印。随着中国社会的改革开放和市场的发展变化，特别是加入WTO以后，全球经济一体化对我国产生了巨大影响，国际上先进的理赔估损方法和理念不断传入国内，被保险人的保险消费意识也不断提高，这种模式的弊端便日益凸现出来，主要表现如下。

①资金投入大、工作效率低、经济效益差。对于保险公司自身来说，从展业到承保，从定损到核赔，每个环节都抓在手里，大而全的模式造成效率低下。庞大的理赔队伍，加上查勘车辆、设备的相应配置，大量的人力、物力处理烦琐的估损理赔事务，导致其内部管理和经营核算的经济效益差，还常常出现业务人员查勘看不过来、估损定不过来、材料交不过来的不正常现象。这种资源配置的不合理性与我国保险公司要做大做强、参与国际竞争，培养核心竞争力、走专业化经营道路的要求相比，是不相适应的。

②理赔业务透明度差，有失公正。汽车保险的定损理赔不同于其他社会生产项目，其涉及的利益面广、专业性强、理算类别多，这就要求理赔业务公开、透明。保险公司自己定损，就好比保险公司既做"运动员"，又当"裁判员"，这对于被保险人来说，意味着定损结果违背了公正的基本原则和要求。对于这种矛盾，即使保险公司的定损结论是合理的，也往往难以令被保险人信服，致使理赔工作中易产生纠纷。尤其是在信息不对称的市场中，这种弊端就更加突出。

（2）价格认定（认证）中心，现在有很多的保险事故，特别是涉及第三方物损时，在公安交通管理部门委托价格认定（认证）中心定损后，被保险人就将资料交到保险公司，保险公司按照相片再定损，这种方式会影响客户利益和保险公司的经营效益。同时，因为价格认定（认证）中心收取的定损费用完全由车主承担，加重了车主的负担，因此车主也很不愿意，更重要的是这种强制性行为，违背了市场经济的基本规则，必然被市场的发展淘汰。

（3）保险公估，即由专业的保险公估公司接受保险当事人的委托，负责汽车的损失检验和理算工作，这是国际上通行的做法。这种做法的好处如下。

①可以减少理赔纠纷。由没有利益关系的公估人负责查勘、定损工作，能够更好地体现保险公司合同公平的原则，使理赔过程公开、透明，避免可能出现的争议和纠纷，防止以权谋私。

②完善了保险市场结构。由专业公司负责查勘、定损工作，能够更好地体现社会分工的专业化，同时，可以促进保险公估业的发展，进一步完善保险市场结构。

③可以促进保险公司优化内部结构，节省大量的人力、物力、财力。由于保险公司是按实际发生的检验工作量向公估公司支付检验费用的，因此更能如实反映经营的真实情况，避免保险公司配备固定的检验人员和相关设备可能产生的不必要的费用开支与增加的固定经营成本。

三、对理赔工作人员的特殊要求

汽车保险业务经营的好坏，不仅事关保险公司自身的经济效益和发展，也影响保险职能作用的发挥及社会效益的实现，对保障社会稳定和人民的安居乐业发挥着积极的作用。如何借鉴国际上成熟保险市场汽车保险理赔服务的先进经验来改进我国传统的汽车保险理赔服务模式，提高工作效率，降低服务成本，已成为摆在我国汽车保险从业人员面前亟待解决的问题。

从事车险理赔的工作人员，必须具备较高的政策水平和较丰富的业务知识，具体要求如下。

（1）熟悉保险条款和有关业务规定。

（2）懂得有关专业知识。从事理赔的工作人员，除要具备保险方面的专业知识外，还必须懂得有关法律和法规方面的知识，财务会计知识和标的估算方面的知识，建筑、设备、商品等方面的知识。

（3）有深入实际、联系群众和实事求是的工作态度。

（4）树立廉洁奉公、以身作则的工作作风。

第三节　汽车理赔业务流程

理赔工作的基本流程包括报案—查勘定损—签收审核索赔单证—理算复核—赔付结案等步骤。汽车保险一般理赔案业务流程如图9-1所示。

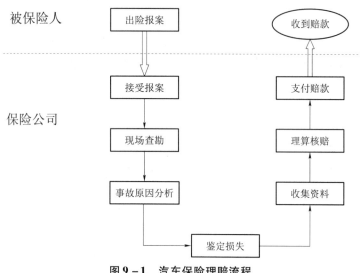

图9-1　汽车保险理赔流程

一、受理案件

受理案件这一环节包括两个方面内容，即被保险人报案和保险人接受报案。在车辆发生事故后，被保险人应及时地向保险公司报案进行索赔。保险人接到被保险人的报案时，要认真受理索赔申请。

二、现场查勘

现场查勘是了解出险情况、掌握第一手材料和处理赔案的重要依据。现场查勘的主要内容包括查明出险地点、出险时间、出险原因与经过。现场查勘的其他任务：施救整理受损失的财产、妥善处理损余物资、索取出险证明、核实损失数额。现场查勘总的要求：要准备充分，及时深入事故现场，按照保险合同规定和尊重事实的原则，依靠地方政府和企业主管部门及广大人民群众的支持和协助，认真调查分析，做到"现场情况明、原因清、责任准、损失实"。

三、责任审核（事故原因分析）

保险理赔人员根据现场查勘报告和有关证明材料，分析保险事故发生的原因，确立事故是否属于保险责任范围，对保险责任进行审核。

责任审核的内容如下。

（1）审定保险责任。

（2）明确赔偿范围。

（3）核定施救整理费用。划清已发生和未发生的灾害事故界限；分清必要与不必要的抢救费用；分清直接与非直接用于保险财产的费用；分清正常支付与额外支付的费用；分清费用支出是否取得实效。

（4）妥善处理疑难案件。

（5）第三者责任追偿处理。

（6）拒赔处理。

四、鉴定损失（定损核损）

保险理赔人员确定保险责任后，对于属于保险赔偿范围内的损失进行核定。

1. 车辆损失的核定

车辆损失的核定包括车辆的直接损失和车辆的施救费用。保险事故造成保险车辆的其他间接损失不在保险赔偿范围之内。

（1）车辆修理费的核定。车辆修理费由配件费、维修工时费、管理费组成。损失确认时应在明确当次事故损失部位或范围的基础上贯彻"以修复为主"的原则，确定车辆的修复价格。第三者车辆的修理费以保险车辆的第三者责任限额为限。

（2）车辆施救费用的核定。车辆施救费用是指保险事故发生后，被保险人为了避免或减少损失程度的扩大，采取保护措施而支出的合理费用。在对施救费用进行核定时，要遵循"必要、合理、限额"的原则。在施救次数的认定上，一般以事故发生时的实际施救认定；特殊原因需移送至外地或其他地方的，费用在征得保险公司同意并在定损单上注明送修地点和金额。但护送车辆人员的工资和差旅费，不予负责，在施救费用认定的赔偿金额上，保险车辆的施救费以车辆的保险金额为限；第三者车辆的施救费用和第三者其他损失的总和以保险车辆的第三者限额为限。

2. 财产损失的核定

第三者责任险的财产和附加车上货物责任险承运货物的损失，应会同被保险人和有关人员逐项清理，确定损失数量、损失程度和损失金额。同时，要求被保险人提供有关货物、财产的原始发票。定损人员审核后，制作《机动车辆保险财产损失确认书》，由被保险人签字认可。

（1）货物损失的核定。货物损失包括本车货物或第三者车货物。在对货物损失进行核定时，要逐项清理，确定损失数量、损失程度、损失金额。损失金额的确定应以货物的实际成本价核定。保险车辆的车上货物赔偿限额以保险金额为限；第三者货物损失和第三者其他损失的总和以保险车辆的第三者限额为限。

（2）其他财产的核定。其他财产包括第三者随身的衣物及携带和使用的有现金价值的其他物品。核定时，可以根据实际，通过协商，采取修复、更换、现金赔偿的方式处理，但必须征得保险公司的同意。

3. 人员伤亡损失的核定

人员伤亡费用包括保险车辆和第三者的人员伤亡费用，两者都按照《中华人民共和国道路交通安全法实施条例》的有关规定确认，包括医疗费及其相关费、残疾补助费、死亡补偿费、抚养费和其他有关的费用。医疗费用的认定按照治疗期间发生的实际医疗费（《道路交通事故受伤人员临床诊疗指南》和国家基本医疗保险的同类医疗费用标准）为准；被保险人应该承担的其他人员伤亡赔偿费用按照国家和事故发生地有关标准与规定核定。

4. 损余物资的处理

损余物资即残值。被保险机动车遭受损失后的残余部分由保险人、被保险人协商处理。如折归被保险人的，由双方协商确定其价值并在赔款中扣除。

五、保险赔款的计算

以我国财产保险的赔款为例，其计算方式主要有以下三种。

（1）第一损失赔偿方式。该赔偿方式可将保险财产的价值分为两部分：其中一部分为保额，也就是保险人应该负责的第一部分损失；而超过保额的另一部分，则为第二损失部分，它与保险赔偿责任无关。

（2）比例赔偿方式。在该方式下，当发生保险事故造成损失后，按照保险金额与出险时保险财产的实际价值（或重置价值）的比例来计算赔款。

（3）限额赔偿方式。限额赔偿方式通常可分为两种：一是超过一定限额赔偿；二是不足限额赔偿。

六、核赔

经过赔款理算之后，转入下一个理赔环节，即核赔。核赔人员接到案件后，主要对案卷的文件进行形式审核、实质审核和赔款计算的审核，确认赔款金额。另外，作为核赔人还应对赔案进行分析，为以后承保工作提供方向和依据。

七、支付赔款

在完成赔款理算和核赔工作之后，就进入向被保险人支付赔款的程序，保险人及时把赔偿金支付给被保险人，如涉及权益转让问题则要求被保险人将其在保险事故中拥有的权益转让给保险公司。

第四节　车险理赔事故现场查勘

现场查勘工作的目的是查明事故的真实原因、认定责任、给保险理赔提供事实依据，并为日后可能引发的相关诉讼案件提供有效证据。

要使保险理赔工作做得周全而顺利，被保险人及时获得应有的经济补偿，同时又能维护保险人的利益，做到公平合理，就应对事故现场进行认真的勘查和复勘，以取得有效的证据，保证保险人和被保险人的利益公平。有效的证据必须能够体现事故的真实性、客观性和合法性，为此，现场查勘工作的性质就是调查取证，对保险事故进行定性、定责、定损。

一、现场查勘的工作程序

现场查勘的工作程序包括接报案、查看保单信息和历史出险记录、填写相关信息、检查证件及相关证明、照片拍摄、主车查勘、三者车的查勘。

（一）报案

出险报案是被保险人必须履行的义务。报案也可以由被保险人的代理人或经纪人实施。报案时间是有严格限制的。保险合同规定，被保险人遇到保险责任事故后，必须在规定的时间内通知保险人。

在车辆发生事故后，被保险人向保险公司索赔，必须按一定程序并向保险公司提供规定的凭据。索赔必须清楚保险索赔的条件。

（1）属于投保车辆的损失。

（2）属于保险责任范围内的损失。

（3）不属于除外责任。

（4）属于必要的合理费用。

在满足保险理赔条件的前提下，对于汽车保险的被保险人来说，出现交通事故后首先要做的是及时报案。出了交通事故除向交通管理部门报案外，还要及时向保险公司报案。一方面让保险公司知道投保人出了交通事故；另一方面也可以向保险公司咨询如何处理、保护现场。保险公司会教被保险人如何向对方索要事故证明等。车主在理赔时的基本流程：出示保险单证；出示行驶证；出示驾驶证；出示被保险人身份证；出示保险单；填写出险报案表；详细填写出险经过；详细填写报案人、驾驶员和联系电话；协助理赔员对事故车辆外观检查；审查保险公司定损单，若无异议签字认可；拿走车辆上贵重物品；确认维修站时间；车主将车辆交于维修站维修。整个流程如图9－2所示。

1服务预约→2出示行驶证→3出示驾驶证→4出示被保险人身份证→5出示保险单→6填写出险报案表→7详细填写出险经过→8详细填写报案人驾驶员和联系电话→9检查车辆外观，拍照定损→10理赔员带领车主进行车辆外观检查→11根据车主填写的报案内容拍照核损→12理赔员提醒车主车辆上有无贵重物品→13车主将车辆交于维修站检修→14车主签字认可→15理赔员开具任务委托单确定维修项目及维修时间→16交付维修站处理

图9－2　车主理赔的流程

1. 出险报案

（1）上门报案，由申请人直接到保险公司报案。

（2）电话（传真）报案，客户因故无法上门报案的，也可以通过电话、传真等现代通信工具向公司报案并索取报案号。

（3）业务员转达报案：随着业务员服务理念的不断提升，在客户发生保险事故后，业务员可以在慰问客户时了解客户出险情况，在得到客户认可后向公司转达报案。

报案时须填写出险通知书（抄单），出险通知书的内容一般包括被保险人的姓名、地址，保险单号码，出险的时间、地点、原因，受损人身的部位及联系地址和联系方式等。

2. 报案时限

保险事故发生后，应在24小时之内通知派出所或交警队，在48小时内通知保险

公司。

车辆发生撞墙、台阶、水泥柱及树等不涉及向他人赔偿的事故时，可以不向交警等部门报案，及时直接向保险公司报案就可以。在事故现场附近等候保险公司来人查勘，或将车开到保险公司报案、验车。

3. 理赔周期

被保险人自保险车辆修复或事故处理结案之日起，3个月内不向保险公司提出理赔申请，或自保险公司通知被保险人领取保险赔款之日起1年内不领取应得的赔款，即视为自动放弃权益。

（二）查抄底单

根据被保险人的口头或书面出险通知，理赔内勤应及时从计算机存档中打印保险单副本，由业务内勤抄录或复印保险单副本和批单一份，并在所抄单底上注明抄单日期，加盖私章或签名，经复核人员复核盖章。查勘人员收到抄录的或复印的保险单底后，要与报案记录内容详细核对。

查抄底单的要点是查看保单信息和历史出险记录，如图9-3所示。

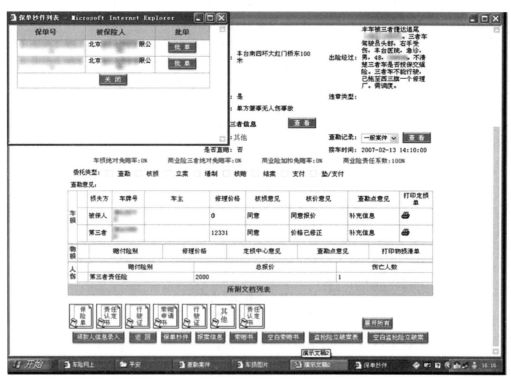

图9-3 查抄底单

在确认保险车辆的基本信息后，要认真查看保单及相关批单。例如，所保车辆与出险车辆是否一致，当事驾驶员与保单指定驾驶员是否一致，所保车辆的责任免赔系数等相关信息。

历史出险记录是保险车辆过去出险情况的记录，有完整的定损清单与损失照片。为了防止道德风险的存在，更好地为优质保户服务，应认真查看出险记录。将以前事故的损失部位、损失金额等信息与当前事故进行对比，核查是否有可疑之处，为案件进入下一环节做好前期工作。

在查抄底单并向部门负责人报告案情后，凡属可以受理的案件，理赔人员均应及时在出险立案登记簿上编号立案。编号立案后，应建立未决赔案档案，并将定损单、查勘报告等资料一同交给理算人员。承保车辆异地出险的，要向代勘公司及时了解车辆及其他损失的查勘定损情况，并做好代勘案件的立案登记管理。代理外地的案件，要将查勘情况及时反馈给承保机构，并做好反馈记录，便于承保公司及时立案。

（三）填写相关信息

理赔人员应根据报案通知和保险底单内容，及时向部门负责人报告，经负责人审视案情后，安排外勤查勘人员进行现场查勘，或委托代理查勘。

查勘员是车损案件第一接触人，直接掌握案件第一手资料，需要对案件的相关信息进行确认。查勘员对于事故类型、是否指定驾驶员、驾驶证号码、车辆型号、车架号（VIN码）、发动机号等都要逐一核对，认真填写，如图9－4所示。

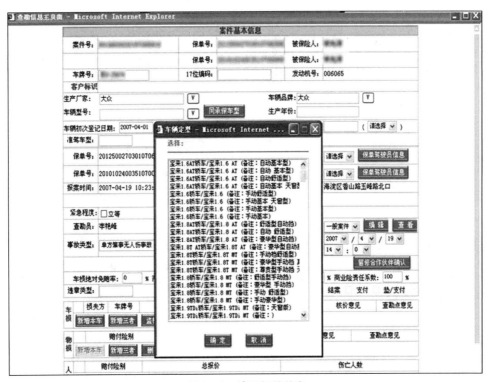

图9－4　填写相关信息

（四）检查证件及相关证明

查勘员首先应对事故车辆的行驶本、驾驶员的驾驶证进行认真检查，查看是否年审，是否有体检证明。认真查看交通事故认定书，查看交通事故认定书的真伪性，查看事故车辆与所保车辆是否相符。查看当事驾驶员与保单载明指定驾驶员是否相符，交警所注明的事故状况与报案信息是否相符，交警所判定的责任是如何划分的等。相关证件及证明材料如图9－5所示。

图9-5 检查证件及相关证明

（五）照片拍摄

按照拍摄要求，依次为左前、右前、左后、右后拍事故现场及事故车外貌，尽量反映出损失部位。

拍摄细目照片，可将车辆分为外观、底盘、内部、内饰，或者分为车头、车尾、车左侧、车右侧、车底等几个部分分别拍摄，如图9-6所示。

图9-6 事故车照片拍摄

原则是这些照片能够清晰、明确地将事故情况反映给后台，让审核人员通过照片就能够弄清楚事故状况和车辆的损伤情况。

（六）主车查勘

对于在保险公司投保的车辆，一般在行业上称为"主车"。对主车查勘的要点包括核对保单，了解该车所上的险种和保险范围；对受损车辆与保单进行核对，看是否属于所保车辆，包括核对车型、车牌号、车架号（VIN 码）、发动机号等；查看受损部位；查看撞击位置，分析撞击力度及车辆损失情况并记录。

（七）三者车的查勘

与主车发生交通碰撞事故的在其他保险公司投保的车辆称为"三者车"。与主车查勘一样，应仔细查看证件，与受损车辆进行比对，查看痕迹是否相符，查看其保单，例如，是哪家保险公司承保的，所保险种是什么等，将查勘信息录入案件资料。

二、现场查勘的工作内容

（一）查明真实的出险时间和地点

需要特别注意的是：对于出险时间在保险单有效期开始后一周的案件，需要特别核实真实的出险时间。对于保险单快到期的事故也要认真核查。

核查真实的出险时间的目的是防止投保前已发生的车损事故被纳入保险责任范围，致使保险人的利益受到损害。

核查真实的出事地点是依法按保险合同条款进行保险理赔工作的需要。

（二）查明真实的出险原因和经过

真实的出险原因为准确判定事故是否属于保险公司的赔偿范围提供可靠的材料。在机动车保险合同中，保险责任条款和责任免除条款对出险原因都做了明确规定。

（三）查明被保险的机动车辆在事故中的责任

保险合同条款中规定了"按责任赔偿"，因此需要查明被保险机动车在交通事故中是否负有责任及在交通事故中所负责任的比例，若无责任，则保险公司不负责赔偿。可以根据公安机关交通管理部门的裁决确定被保险机动车是否负有责任和事故责任的比例。例如，2020年版机动车车上人员责任保险中做出的规定：保险车辆发生道路交通事故，保险人依据被保险机动车一方在事故中所负的事故责任比例，承担相应的赔偿责任。公安机关交通管理部门处理事故未确定事故责任比例的，按照下列规定确定事故责任比例：被保险机动车一方负全部事故责任的，事故责任比例 100%；被保险机动车一方负主要事故责任的，事故责任比例为 70%；被保险机动车一方负同等事故责任的，事故责任比例为 50%；被保险机动车一方负次要事故责任的，事故责任比例为 30%；保险车辆方无事故责任的，不承担赔偿责任。保险人依据被保险机动车一方在事故中所负的事故责任比例，承担相应的赔偿责任，涉及司法或仲裁程序的，以法院或仲裁机构最终生效的法律文书为准。

（四）查明被保险车辆的使用性质

此项工作是为了防止在保险理赔中出现有违保险合同规定和有违相关法律规定的现象：一是营运车辆按非营运车投保；二是非营运车辆非法营运（载客或载货）。这是因为营运车辆与非营运车辆保险费费率不同。

合同中规定的费率计算方法是不同的，按可保风险的内容不同，两者之间的费率差值很大。

因此，在查勘工作中应核查车辆使用性质，若发现营运车按非营运车投保，可以确认为不存在保险利益，违背了最大诚信原则，也不存在理赔，所签订的保险合同同时作废。

营运车和非营运车的使用性质在道路交通安全法规中已做出严格的界定，各保险公司依据这个界定，在机动车保险合同中已明确了不同的承保对象。所以，在核查使用性质时，若发现是非营运车非法营运而引发的事故，由公安交通管理机关处理，保险公司可不承担任何赔偿责任。

（五）查明被保险人对保险车辆有无保险利益

在保险合同中对有无保险利益做出的规定：如被保险的车辆转卖、转让、赠送他人后改变了车辆的使用性质或增加了车辆的危险程度，改装或加装设备，被保险人应当事先书面通知保险人，并办理申请批改手续，未办理批单的，保险人不承担赔偿责任。

（六）查勘出险司机（当事人）与被保险人的关系

例如，在2020年款保险条款的机动车第三者责任保险的"保险责任"条款中规定：保险期间，被保险人或其允许的合法驾驶人在使用被保险机动车过程中发生意外事故，致使第三者遭受人身伤亡或财产直接损毁，依法应当由被保险人承担的损害赔偿责任，保险人依照保险合同的约定，对于超过机动车交通事故责任强制保险各分项赔偿限额以上的部分负责赔偿。

（七）查明出险车辆的现场情况及受损部位

无论是单方事故还是双方事故，都要确定现场是否被移动，并记录移动后的地点，以便需要时进行回勘。确定车辆的受损部位，核对碰撞痕迹，以防止出现假现场、假案件。在查勘理赔时，还须特别注意违约的事故现场。一般常见的违约现场有如下类型。

（1）驾驶人饮酒、吸食或注射毒品、服用国家管制的精神药品或麻醉药品。

（2）驾驶人无驾驶证，驾驶证被依法扣留、暂扣、吊销、注销期间。

（3）驾驶与驾驶证载明的准驾车型不相符合的机动车。

（4）被保险人或驾驶人故意或重大过失，导致被保险机动车被利用从事犯罪行为。

（5）驾驶人交通肇事逃逸。

（6）投保人、被保险人或驾驶人故意制造保险事故。

（7）发生保险事故时被保险机动车行驶证、号牌被注销。

（8）被保险机动车被扣留、收缴、没收期间。

（9）被保险机动车违反安全装载规定。

（10）被保险机动车在竞赛、测试期间，在营业性场所维修、保养、改装期间。

在查勘现场时，还需警惕欺诈现场，常见的欺诈现场如下：

（1）事故发生后，被保险人或驾驶人故意破坏、伪造现场，毁灭证据。

（2）顶替肇事司机承担责任的现场。

（3）套牌车辆发生事故后出险的现场。

查勘理赔时，须查明第三者财产损失情况：仔细清点现场的第三者财物损失，确定受损财产的数量、面积、规格型号、品种，并列出清单，要求事故当事人（双方）签名确认。

有路产损失的，需要有当地路政部门出具的核损报价表，并报警处理。注意：只要涉及第三者赔付的，必须有交警的事故调解书（这样也便于核赔人进行核赔）。

（八）特殊事故现场查勘

对于水灾事故、火灾事故，其查勘与双方事故的查勘有不同的侧重。

1. 水灾事故

车辆涉水行驶或水淹后，由于处理或操作不当，极易造成发动机内部损坏。而且车辆被水浸泡后，其电子元器件极易遭到腐蚀、氧化，导致损失扩大。所以，水灾致损车辆的查勘速度一定要快，而且要尽快提出施救方案，督促被保险人积极施救，车辆到修理厂后，及时拆检定损，避免损失扩大。水灾现场的查勘，除按现场查勘的基本流程操作外，还要特别注意以下要求。

（1）接到报案后，联系客户时注意询问客户的车被水浸泡了多长时间，水位有多高，是否重新启动。如客户未重新启动，则应告知"请您千万不要打火启动车辆，避免扩大损失"。

（2）到达现场后，快速进行处理，拍摄现场相片，必须要拍摄出水淹的水线位置，确定车辆被浸泡的高度，了解受损的大概情况。

（3）拍摄完现场照片后，应协助客户积极联系施救厂，并协助客户将水淹车辆推（拖）出水淹现场。

（4）查勘水灾事故现场时，估损人员必须制作现场询问记录，就车辆水淹后如何熄火、熄火后有没有再次点火、点火多少次等问题，要求事故车辆驾驶员做出明确答复并做记录。

（5）查勘水灾事故现场时，估损人员必须现场检查发动机进气口是否进水，空气滤清器滤芯是否被水浸湿，并拍照存档。如果空气滤清器滤芯没有浸湿，则可以排除发动机内部进水的可能性。

2. 火灾事故

火灾事故的发生原因复杂多样，造成的损失一般也比较大，起火原因主要有碰撞起火、自燃起火、人为失火三种类型。不同的起火原因属于不同的理赔责任范围，现场查勘时要多观察、多了解、多询问。

（1）到达现场后，注意查勘现场环境，是在繁忙道路上还是在住宅小区，记录当时的天气状况，查勘事故现场周围有无异常物。

（2）向驾驶员了解保险车辆着火的详细经过，注意观察驾驶员的言行举止；了解车辆碰撞或翻车的具体情节，车辆起火和燃烧的具体情节，发现着火时驾驶员采取了哪些抢救的措施；了解车辆着火时的具体情况，核对当事人的叙述与已知的事实是否相符。

（3）查勘车辆着火现场路面上的各种痕迹，观察制动拖印、拓划印痕的形态，测量起始点至停车位置制动拖印的距离；查勘着火车辆在路面上散落的各种物品及因碰撞抛撒的车体部件、车上物品位置，推算着火车辆行驶速度。

（4）查勘车体燃烧痕迹重点查看车辆的电器、油路及电路情况，查勘发动机舱和车内仪表台的受损情况；初步判断燃烧起火点及火源，分析是碰撞事故引起燃烧，还是车辆自燃引起燃烧。

（5）了解当事司机与被保险人关系，车辆为何由当事司机使用；了解近来该车技术状况和使用情况如何，是否进行过修理，最近一次在哪家修理厂维修的。

（6）调查取证，走访现场其他有关人员，就其当时看到的情况做好询问记录，并对记录签名，留下联系电话。

（7）发现案件中存在某些疑点、牵涉故意行为或人为失火情况，应做进一步调查，如多个起火点、车上配件被移下、当事人行为反常、证词相互矛盾等，必要时通过公安消防部门进一步了解案件性质、着火原因。

（8）跟踪公安消防部门认定火灾原因，与自己通过查勘、访问、观察、提取、检验、清点等方法分析得出的火灾原因进行比较，发现疑问要及时沟通，并做好记录。

三、现场查勘技能

（一）现场查勘中的痕迹物证

1. 现场查勘中的痕迹概念与分类

汽车碰撞事故中，造型客体与承受客体之间的相互作用碰撞事故发生后，两客体都会发生不同程度的变形并留下碰撞痕迹。

（1）广义痕迹。广义痕迹是遗留在事故现场的痕迹分布情况、痕迹形态，以及痕迹之间的相互关系，因此，广义痕迹涉及的范围比较大。广义痕迹形成的原因和过程足以说明事故的原因和性质。

（2）狭义痕迹。狭义痕迹是指碰撞事故中造型客体作用于承受客体，而引发两客体同时发生形态变化所留下的反映形象。

（3）车物结构形象痕迹。车物结构形象痕迹的形成是造型客体与承受客体在力的作用下发生相互接触形成的。

（4）平面痕迹。平面痕迹是造型客体与承受客体相互接触时，承受客体受造型客体的作用，使表面介质的微粒物增加、减少或色调改变，但客体自身没有发生塑性变形，只呈现出造型客体接触面的外表结构。平面痕迹只有轮廓而无深度。

（5）立体痕迹。立体痕迹是造型客体与承受客体发生碰撞事故时，造型客体施加与承受客体上碰撞力，使之形成了与造型客体接触面外部形状相对应的有凹凸变化的痕迹。它反映了造型客体接触面在三维空间的立体形象特征。

例如，雪地、松软的土路上的轮胎印痕；人和汽车相撞，人的头部在汽车的翼子板、机盖上形成的人头形状的印迹。

（6）凹陷痕迹。凹陷痕迹的认定结论应符合以下标准：造型客体的遗留部位具备形成现场痕迹的条件是痕迹与样本的形状、大小、凹凸度应吻合一致，其特征位置、形态、相互关系、方向、角度、数量等要一致。差异点应得到科学的解释。

（7）静态与动态痕迹。两者的区别在于两客体相互接触时，接触面是否发生了滑移。

①静态痕迹是指两客体发生碰撞时，由于作用力垂直或接近垂直，接触面各点处于相对静止状态，没有平面上的相对移动。例如，汽车迎面撞在树或电杆上，在汽车的保险杠或前部形成的树或电杆的痕迹。

②动态痕迹是指两客体发生接触时，由于作用力的方向呈锐角，两客体发生碰撞的同时接触面存在相对滑移形成的痕迹。例如，车辆发生同向或相向的刮擦事故及斜角碰撞事故。

2. 痕迹的分别检验法

痕迹的分别检验是对痕迹进行逐个查勘，以发现和确定各自痕迹反映出来的形态、特征和结构等。勘测的正确顺序是先痕迹后客体。

分别检验的目的：确定痕迹种类及形成过程，分析形成痕迹和客体条件及接触部位。

其方法是根据痕迹的性质和结构分析确定痕迹特征，充分利用附着物和遗留物确定造痕部位。

（1）形象痕迹对比法。对比法是根据两客体接触部位反映形象痕迹的特征，逐一进行对比鉴别，直接确定接触部位的数据。通过比较检验，分析确定勘测中发现的特征，并查找新的特征。通过对所有特征的对比，确定特征的符合和差异点，分析确定特征的可靠程度。

（2）特征对照法。利用现场周围建筑物、树木、交通设施、电杆、桥梁等痕迹特征，与车辆损伤部位的痕迹特征进行对比，确定两者特征的形态、位置、大小、方向、角度、间隔及相互关系是否一致。

（3）特征接合法。根据双方肇事车辆痕迹的形态、面积、距地面的高度，借助立体和显微镜、痕迹照片，进行对比，观察两者线条的粗细、流向、凹凸、形态、分布等特征是否一致。

（4）特征重叠法。利用现场路面或伤亡人员外衣上遗留的轮胎花纹印痕，与提取的轮胎花纹图案进行对比，确定车辆行驶路线及碾轧人体位置。本法主要用于比较完整、轮廓清晰、没有明显变形的痕迹。

进行对比检验时，应着重于两客体接触部位形象痕迹的特征状态，边棱直线、曲线、弧线的长短与角度，凹凸结构状态、缺损、卷边的大小、锐利程度，线条的宽窄、深浅，条线间隔、分布等各痕迹间的相互关系。

（二）现场查勘中的照相技术

1. 交通事故照相目的

（1）完整客观地反映事故现场环境及状况。

（2）具体表现现场形态。照片应能够把现场的道路环境、路幅宽度、交通设施状况、肇事车辆的型号、号牌、停车位置、视野视距条件、制动距离、尸体位置及相互关系反映出来。

（3）利用照相技术把事故现场路面和车辆上的痕迹物证，完好无缺地拍摄下来，供事故分析研究使用。

（4）真实记录车辆的损伤情况。

2. 照相的要求

现场照片要作为公正客观地认定事故责任的依据、车辆理赔的依据，甚至可能要作为刑事或民事诉讼的证据。

（1）现场照相的内容应当与道路交通事故现场查勘笔录和现场测绘图的有关记载相一致。

（2）现场照相不得有艺术夸张，要客观、真实、全面地反映被摄对象。

（3）拍摄时要求使用标准镜头，以增强真实感。

3. 事故现场照相的分类和方法

照相的基本顺序：首先拍摄现场的方位，其次拍摄现场概貌，然后拍摄现场的重点部位，最后拍摄现场的细微之处。

拍摄时原则：先拍摄原始状况，后拍摄变动状况；先拍摄现场路面痕迹，后拍摄车辆、物体痕迹；先拍摄易破坏、易消失的痕迹，后拍摄不易破坏和消失的痕迹。

现场方位照相：现场方位照相要求能够反映出事故现场的方位及周围环境的关系。现场方位可通过拍摄表现现场位置的物体来确认，如界碑、里程碑、百米桩、电线杆等。周围环境反映出公路类型是城市、乡村或城区公路等；现场地形反映出山区、平原、桥梁、隧道、交叉路口等；道路线形反映弯道、上坡、下坡等。

现场拍摄涉及的范围比较广，为明确显示现场的方位，应采用俯视拍摄，可以采用高架梯或借助附近楼房，以表现全场概况。夜间拍摄时可采用大型照明设备，若不具备条件，可封闭道路，等白天拍摄。

（1）现场概貌照相。现场概貌照相应能够反映出现场范围的大小，现场物体的种类和数量，道路宽度和路面性质，还能反映事故形态和事故损害的后果情况。与方位照相相比，仅限于事故现场的车和物，范围比较小。根据实际情况，现场概貌的拍摄常用以下几种方法。

①相向拍摄法：以被拍摄对象为中心，从相对的两个方向由外侧拍向现场中心，着重反映现场环境与物体痕迹的相互关系，如现场车辆、尸体与两侧路面上的各种痕迹物证。

②多向拍摄法：以被拍摄对象为中心，从多个方向向现场中心拍摄，常用于一些重大交通事故，现场痕迹物证比较分散的情况。

③侧向位拍摄法：当事故现场范围较大时，即使使用广角镜头也不能拍摄现场全貌，可远距离架设相机，采用平行回转连续照相法拍摄现场全貌。

（2）现场中心照相。现场中心照相的目的是将现场上主要物体和重点部位的特征表现出来，如肇事车辆、接触部位、制动印迹、血迹、尸体等相互关系。一般现场中心照相所反映的状态特征，随查勘的进行而深入。

（3）现场细目照相。细目照相的目的是独立反映人、车、物的痕迹，形状，大小等个体特征的物证照相。细目照相时，可以根据现场拍摄条件及要求移动被拍摄物体，以达到理想拍摄效果，使照片具有立体感、真实感和质感。拍摄时照相机光轴应与被拍摄物体垂直。

（4）痕迹勘验照相。痕迹勘验照相是用来固定、记录现场和人、车、物体上遗留下的各种痕迹，为事故处理、刑事和民事诉讼提供重要的证据。交叉运用现场中心照相和细目照相方式拍摄各种痕迹物证，拍摄时为了有效地表示痕迹的长度，应当在被拍摄物体一侧同一平面放置比例尺或卷尺。

（5）碰撞痕迹照相。客体碰撞痕迹表现为凹陷、隆起、变形、断裂、穿孔、破裂等特征，拍摄时应根据情况而定。拍摄断裂痕迹时，特别注意断口特征，以区别是撞击断裂还是疲劳断裂。拍摄破碎痕迹时，应注意拍摄原碎片在现场上的原始状态，以帮助分析确认碰撞接触点。拍摄凹陷、隆起痕迹时，照片应能够清楚地表现痕迹的形状、大小、深浅、受力方向、颜色、质感、位置等特征。所以要注意光强度及拍摄角度的使用，以利用阴影显示痕迹的特征。一般凹陷越深，入射光线角度越大；凹陷越浅，入射光线角度越小。

（6）剐擦痕迹的拍照。剐擦痕迹是平面痕迹，没有明显的客体变形。拍摄时光照应均匀，对反差微弱的痕迹，应用微光或反射光拍摄。可以采用滤色镜突出物体色调，加强照片的反差。

路面痕迹是证明车辆、人员在事故中的运动轨迹和状态的可靠依据。拍摄路面痕迹时，要注意拍摄痕迹在路面上的特定位置和起止点到路边的距离，拍摄痕迹的形态、深浅、受力方向及其与造型客体痕迹的相互位置。拍摄路面痕迹时，运用现场中心照相方式，选择合适的拍摄位置，合理构图，清楚表达两客体的相互位置关系。拍摄痕迹物证到路边的距离时，照相机主光轴要垂直于被摄距离，这样才能正确反映被拍摄距离，应运用细目照相方式，选择合适角度拍摄。

（7）车辆检验照相。车辆检验照相的目的是根据道路交通事故鉴定及车辆保险理赔的需要，运用中心照相和细目照相方式，拍摄车辆的号牌、车型及车辆碰撞、剐擦损伤的外貌、总成及零部件的损伤情况等。车辆检验照相内容包括拍摄车辆号牌和车型、车辆外部损伤照相、车辆解剖照相、零件损伤情况拍照。

①拍摄车辆号牌和车型。目的是对事故车辆身份进行确定。不能正面拍摄，应选择合适的角度，一般照射角度与车辆中轴线成30°～45°。如果车辆前保险杠或号牌损坏，可以先拍摄车辆后部，然后将后面号牌拆下，与前号牌一起放在车前部合适位置拍照。

②车辆外部损伤照相。车辆发生碰撞、剐擦事故后，需要对事故车辆的损伤情况进行拍照记录，为交通事故赔偿及保险理赔程序提供依据。拍照损伤时，应注意拍照的角度及用光，应能正确地反映损伤部位、损伤的程度、损伤涉及的零部件种类和名称。若一个角度不能全面反映出零件的损伤情况，可以选择不同的角度拍摄。

③车辆解剖照相。在车辆估损的过程中，如果仅凭车辆外部损伤照相不能如实反映其损伤程度，就需要对事故车辆进行解剖，以查明车辆内部的损伤情况，确定损失价值，通过内部损伤的形成原因分析，确认导致事故的原因。拍照时，应根据事故车辆的损伤情况和解剖进度确定拍照的位置和数量，以保证客观、完整地反映事故车辆的损伤情况、种类和名称。若一个角度不能全面反映出零件的损伤情况，可以选择不同的角度拍摄。

④零件损伤情况拍照。在进行车辆的解体检验过程中，应对零件损伤断面进行检验拍照，目的是确定零件的损坏原因，以确认是否属于保险赔付范围。事故车零件的损坏有以下两种情况：一是因撞击力超过零件的强度而损坏；二是由于自然磨损或零件疲劳造成损坏。第一种属于理赔范围，第二种不在理赔范围内。因此要认真区分这两种情况。

四、现场查勘流程和查勘报告写作要求

（一）现场查勘流程

现场查勘的控制目标：快速查勘、准确掌握事故起因；列明损失项目、估损金额。在这个流程中，有以下几个关键的控制点。

（1）组织现场施救：协助组织施救，减少保险财产损失。

（2）拍摄现场照片：不仅拍摄事故现场全景，而且还应有保险标的受损和反映局部损失的照片，如财产的标的、类型、受损程度，尽可能反映出灾害源（如起火点）。对于车辆的损坏项目要逐一拍照，散落的零件要放在车头一起拍照。

（3）初定事故责任：根据查勘情况，初定是否属保险责任。

（4）初定损失项目及损失金额：对受损程度及类型分别清点，估计受损物件数量及残值，要求被保险人提供《财产损失清单》并要求被保险人签章。

（5）绘制现场草图与询问笔录：重大赔案要绘制现场平面图，并走访相关人员，做询问笔录。询问笔录一定要被询问人签字或盖章。

（6）查勘记录：报告内容要全面准确，书写符合要求。

（7）发放索赔须知和索赔单证：明确告知被保险人索赔应提供的单证，如事故证明、事故报告等。

（8）指导填写单证：要求详细、准确填写并要求签字或盖章。

（9）审核损失清单：对被保险人提供的《财产损失清单》逐项核对。

（10）交内勤归档：整理查勘收集到的证据、查勘笔录，一并交给内勤人员归档。

（二）查勘报告写作要求

1. 查勘报告的基本要求

查勘报告的基本要求是真实性、专业性和规范性。

2. 查勘报告的基本内容

查勘报告的基本内容是保险的基本情况、事故发生和处理的经过、损失情况、修理方案及修复情况、保险责任的认定、有关追偿问题。

3. 现场查勘报告的填写范例

现场查勘报告的文字样本如下。

（1）事故经过：××××年××月××日××时××分，驾驶员××驾驶标的车在××路由××往××行驶至××路段时，因××与××三者车发生碰撞，有/无交警处理。

（2）现场情况：

①现场未/已变动，车辆的相对位置。

②现场地面无散落物（散落有××等物，经拼凑还原比对，与××车缺损处吻合，见照片）。

③现场地面留有由××车造成的××形状（如弧形、3形、直线形等）的刹车拖痕，长约××m。

④现场地面是否湿滑等。

（3）碰撞部位及痕迹：

①标的车的××、××部位与三者车（或××物体）的××、××部位碰撞，对痕迹的走向、新旧、表征和高度等进行描述。

②其中××车××部位附着××颜色的油漆，与××车身（或××物体）油漆/不吻合，三者车的碰撞部位为××、××，××部位有撞击印（擦灰印等），××部位受损。

③本事故有/未造成物损，有/无人员伤亡。

④经查，标的车主的行驶证与驾驶证未过期，与三者车非同一被保险人，车驾号无误。

（4）相关事项：因标的无责或现场未划分责任，告知到厂后通知定损，已发放索赔资料/光盘一套，案件编号为×××等事项。

（5）事故结论：经查，本事故痕迹吻合，真实。××车全责，被保险人有/无违约情形，或标的车司机有××违约行为，详见查勘询问记录，建议不予受理或转调查。

第五节　机动车定损

一、定损的基本概念

事故车定损与估价是一项技术性很强的工作，要求估损人员掌握必要的物价管理知识、汽车结构和性能方面的专业知识与修理方面的专业知识，并且要具有丰富的实际操作经验，能准确认定车辆、总成和零件的损伤程度，适当掌握"修理和更换"的界限。估损人员应根据事故车辆的损伤情况，准确认定保险赔付范围及赔付方式。对于车辆外覆盖件来说，应以损伤程度和损伤面积为依据，确定修复方法；对于功能件来说，判断零件的更换或修理存在一定的难度，估损人员必须能够灵活应用汽车结构和性能方面的专业知识，准确判定事故与损伤的因果关系。汽车功能零部件性能的下降或受损可能有两个方面原因：一是因汽车行驶里程的增加或不正当保养，零部件产生磨损而性能降低；二是在道路交通事故中，由于碰撞力的作用使零部件丧失部分或全部功能。估损人员首先应正确区分：哪些是车辆本身故障所造成的损伤？哪些是车辆正常使用过程中零件自然磨损、老化造成的损伤？哪些是使用、维护不当造成的损伤？哪些是损伤后没有及时进行维护修理致使损伤扩大的？哪些是碰撞直接或间接造成的损伤？然后依照机动车辆保险条款所列明的责任范围，明确事故车辆损伤部位和赔付范围。对于保险赔付责任的范围内的损伤，估损人员应当能够按照科学的程序，借助原厂零部件和工时手册或者专业估损手册，进行精确估损。核定损失流程如图 9 - 7 所示。

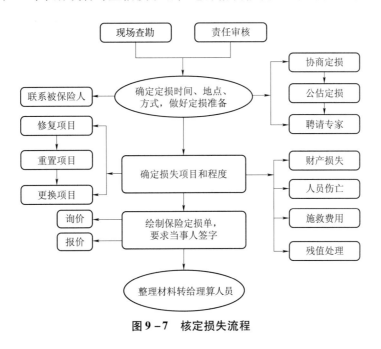

图 9 - 7　核定损失流程

二、定损的工作内容

车辆的损失是由其修复费用具体反映的。修复费用通常由修理工时费和零配件费两部分构成。工时费由修复过程中需要消耗的时间和工时定额确定，工时费还包括修理过程中的项目费用，如烤漆费用。零配件费用是指必须更换的配件的购买费用。在对车辆进行估价，特别是要更换零配件时，既要考虑保险公司的经济效益，也要考虑事故车辆修复后基本恢复原有性能。

1. 定损的基本原则

修理范围仅限于本次事故中造成的车辆损失（包括车身损失、车辆的机械损失）。能修理的零部件尽量修复，不要随意更换；能局部修复的不扩大到整体修理（如喷漆等）；能更换零部件的不更换总成。根据修复的难易程度，参照当地工时费水平，准确确定工时费用和汽车零部件价格。在核定车辆的损失之前，对于损失情况严重和复杂的，在可能的条件下应对受损车辆进行必要的解体，以保证查勘定损工作能够全面反映损失情况，减少可能存在的隐蔽性损伤部位，尽量减少二次检验定损的工作。确定车辆损失是一项技术性很强的工作，同时，又是确保修复工作能够顺利进行的基础工作。应与被保险人协商确定送修单位，并协同被保险人和修理厂，对车辆受损部位进行修复时间和所需费用的确定工作，对于涉及第三者责任的，必要时应请第三者或其保险人参与损失确定。

2. 定损方法

（1）修理范围的鉴别如下。

区分事故损失与机械损失的界线：对于车辆损失险，保险公司只承担条款载明的保险责任所导致事故损失的经济赔偿。凡因刹车失灵、机械故障、轮胎爆裂，以及零部件的锈蚀、腐朽、老化、变形、断裂等所造成的损失，不负赔偿责任。若因这些原因而造成碰撞、倾覆、爆炸等保险责任的，对当时的事故损失部分可予以负责，非事故损失部分不能负责赔偿。

（2）区分新旧碰撞损失的界线：属于本次事故碰撞部位，一般会有脱落的漆皮痕迹和新的金属刮痕；非本次事故的碰撞处往往会有油污和锈迹（个别小事故定损、估价、赔偿后，车主可能未予以修复。应避免重复估价）。

3. 确定人身伤亡费用

根据《中华人民共和国民法典》第一千一百七十九条，侵害他人造成人身损害的，应当赔偿医疗费、护理费、交通费、营养费、住院伙食补助费等为治疗和康复支出的合理费用，以及因误工减少的收入。造成残疾的，还应当赔偿辅助器具费和残疾赔偿金；造成死亡的，还应当赔偿丧葬费和死亡赔偿金。

4. 确定其他财产损失

车辆事故除导致车辆本身的损失外，还可能造成第三者的财产损失和车上承运货物的损失。这些财产损失可能构成第三者车上责任险和货物运输保险项目下的赔偿对象。

5. 确定施救费用

施救费用是在发生保险事故之后，被保险人为了减少损失而支出的额外费用，所以施救费用是一种替代费用，其目的是用一个相对较小的费用支出，减少一个更大的损失。定损人员在确定施救费用时应遵循以下原则。

（1）施救费用应是保险标的已经受到损失时，为了减少损失或者防止损失的继续扩大而产生的费用。在机动车辆保险中主要是倾覆车辆的起吊费用、抢救车上货物的费用、事故现场的看守费用、临时整理和清理费用及必要的转运费用。

（2）被保险车辆出险后，雇用起重机和其他车辆进行抢救的费用及将出险车辆拖运到修理厂的运输费用，按当地物价部门颁布的收费标准予以负责。被保险人使用他人（非专业消防单位）的消防设备，施救被保险车辆所消耗的费用及设备损失可以列为施救费用。

（3）在进行施救过程中，由于意外事故可能造成被施救对象损失的进一步扩大、造成他人财产的损失及施救车辆和设施本身的损失。如果施救工作是由被保险人自己或他人义务进行的，只要没有存在故意和重大过失，原则上保险人应予赔偿。如果施救工作是雇佣专业公司进行的，只要没有存在故意和重大过失，原则上应由专业公司自己承担。

（4）被保险车辆发生保险事故后，需要施救的受损财产可能不仅局限于保险标的，在这种情况下，施救费用应按照获救价值进行分摊。如果施救对象为受损保险车辆及其所载货物，且施救费用无法区分，则应按保险车辆与货物的痕迹价值进行比例分摊，机动车辆保险人仅负责保险车辆应分摊的部分。

（5）车辆损失险的施救费用是一个单独的保险金额，但是如果施救费用和保护费用、修理费用相加，估计已达到或超过保险车辆的实际价值时，则应作为推定全损案件处理。

6. 残值处理

残值处理是指保险公司根据保险合同进行了赔偿并取得受损标的的所有权后，对于这些受损标的的处理。

通常情况下，对于残值的处理均采用协商作价归被保险人的做法，并在保险赔款中予以扣除。

如协商不成，也可以将已经赔偿的受损物资收回。这些受损物资可以委托有关部门进行拍卖处理，处理所得款项应当冲减赔款。

一时无法处理的，则应交保险公司的损余物资管理部门收回。

7. 新能源车辆查勘与定损的注意事项

（1）新能源车出险案件，在动力电池、高压部件损失不明或动力电池漏液、起火冒烟情况下，应远离车辆等待专业救援机构救援。救援拖车需要使用平板拖车，切勿使用钳式拖车。

（2）在查勘过程中，如遇起火冒烟等特殊情况，请勿靠近，即协助拨打 119 火警电话，非动力电池包起火如进行现场施救，必须使用干粉灭火器和水基灭火器，切勿使用泡沫灭火器。

（3）新能源车出险案件现场查勘时，应注意核实车辆动力电池包是否受损、是否漏液，高压部件是否受损。对于新能源汽车水淹事故、动力电池包受损、漏液，或高压部件受损等存在漏电风险的案件，在第一现场时非必要不要直接接触车辆，待专业施救公司人员确认无漏电风险后再展开查勘工作。必要时需穿戴防护装备，使用试电笔/万用表检查车辆损坏部位附近位置裸露金属部位（如轮毂）是否带电，确保安全后进行查勘。同时，建议保险公司组建新能源车查勘专业队伍并配置必要防护装备。

（4）在查勘过程中，应提示承修单位/客户对水淹事故、涉及动力电池包损伤事故车辆，将动力电池与车身进行分离并遮蔽，单独存放于室外场地。事故车辆动力电池与其他车辆或物品应保持安全距离，并设立警示标志，避免发生意外。

（5）充电桩发生保险事故的，应注意核实充电桩的地址位置信息、型号、编码等是否与保单承保信息一致。

（6）新能源汽车火灾案件，应重点查看并拍摄充电口是否烧损。充电过程需要鉴定是车辆自身原因还是充电桩原因造成起火。

（7）涉及新能源车辆的定损，首先应判断是否漏电。其次要判断是否涉及高压部件损伤。如果车辆不涉及高压部件损失，可参照一般燃油车定损步骤操作。如果涉及高压部件损伤，则要根据新能源车辆高压部件损伤特点，结合事故形式开展工作。高压部件包括动力电池包、充电口、高压线束、高压控制部件及执行元件（电动机控制器、车载充电机、直流—直流转换器、高压分配单元/高压配电箱、驱动电动机、高压空调泵、PTC 加热器）等。针对水淹事故、涉及动力电池包损伤事故、已施救至维修厂的车辆，要在第一时间将动力电池与车身进行分离并遮蔽，单独存放于室外场地。事故车辆动力电池与其他车辆或物品应保持安全距离，并设立警示标志，避免发生意外。

（8）针对外部电网故障损失险，要准确核定电网故障损失类型，由相关部门出具相关故障成因等材料。

（9）自用电桩责任保险，发生事故后要结合承保电桩地址位置信息、型号、编码等核定承保标的。涉及火灾事故的，要提供消防部门火灾证明等，保险公司根据证明材料认定保险责任。

（10）所有新能源汽车涉及电池组定损的均需在未拆下前对电池固定螺钉、电池标签、电池编码进行拍照，同时，对电池加贴公司易碎贴标签并拍照留存。

（11）国标下电动轿车防水等级均为IP67级以上（电池有防尘功能，在水位1 m以下连续浸泡30分钟无损）。根据相关数据统计，一般新能源车水淹4～5天，电池一般无损，所有高压线束及插头均设置防水，不会因车辆涉水行驶导致进水损坏。车辆发生水淹事故后，高压部件需要检测是否漏电，所以，绝缘电阻值是判定车辆绝缘是否正常的重要指标。绝缘电阻值一般要求：直流大于100 Ω/V；交流大于500 Ω/V。

（12）新能源汽车普遍装备车载终端T－BOX诊断系统，可以不通过诊断仪读取故障码，但需要承修单位向主机厂和客户索取。

三、维修工时、零配件及其价格

（一）工时定额和费率

工时费的计算方式：

$$工时费 = 工时费率 \times 工时定额$$

工时费率一般随着地域（如经济发达的大城市和中小城市）、修理厂（如一类修理厂、二类修理厂和三类修理厂、4S店和综合型修理厂）、工种（如钣金、机修和漆工）的不同而不同。

工时定额是根据修理的项目确定的，在主机厂工时手册或专业估损手册中，通常将工时分为拆卸和更换项目工时、修理项目工时、大修工时、喷漆工时、辅助作业工时等。

对于事故车的估损和修理，工时定额和工时费率一般有以下几个来源，可供估损员参考。第一类是在事故车的车型《碰撞估损指南》或主机厂的《工时手册》和《零件手册》中查找工时定额；第二类是各保险公司或公估公司内部使用的工时费限额；第三类是使用各省市汽车维修行业协会及交通运输局和物价委员会制定的《汽车维修工时定额与收费标准》。

对于部分进口乘用车，可以查阅该车型的《碰撞估损指南》，如Mitchell公司和Motor公司编写的《碰撞估损指南》，里面不仅提供了各总成的拆装和更换工时，部分总成还提供了大修工时，并且考虑到了各部件之间的重叠工时，是比较好用的估损工具。对于国产车型和部分进口车型，可以按照《碰撞估损指南》讲述的估损办法，并结合使用各车型主机厂的《工时手册》和《零件手册》，估算修理费用。主机厂的《工时手册》和《零件手册》中一般包含有各总成和零件的更换和拆装工时。

例如，更换裙板，手册的讲述中不仅考虑到更换裙板本身的工时，如钻除焊点、拆除旧板、安装和对齐新板所需的时间，还要考虑到拆卸和安装车内地毯、隔声隔振材料和前围装饰件的工时，这些操作都是必需的，因为在前围板上焊接新板件时会产生热量，如果不拆除这些部件，可能造成损坏。

对重叠工时问题的解决，使工时费估算比较准确，能够合理地降低保险公司的理赔费用。而且每一步骤都有据可查，能有效避免车主与修理厂和保险公司或公估公司之间因价格差异较大而产生矛盾。

拆卸和更换工时包含的操作有把损坏的零件或总成从车上拆下来，拆下该零件上的螺栓安装件或卡装件，把它们转移到新件上，然后把这个新零件或总成安装到车辆上，并调整和对齐好。

有时为了修理一个受损零件，需要把一个相邻的零件拆卸下来然后再安装上去，这种工时可以称作"拆卸和安装工时"。有时主机厂《工时手册》或《专业估损手册》中也单独给出拆卸和安装工时。注意：它与上面的"拆卸和更换工时"是不同的。

"修理工时"包括的操作有分解/重新组装、检查、测量、调整、确认、诊断、故障排除（电气系统）等操作的工时。修理工时的确定比"拆卸和更换工时"要复杂得多。零件价格的不同、地域的不同、修理工艺的差异等都可能造成修理工时的不同。部分主机厂的《工时手册》和《零件手册》中提供了主要总成和零部件的修理工时。

"大修工时"包含的操作：把一个总成或分总成（如保险杠和悬架）从事故车上拆下来，将其拆解开来检查，更换掉损坏的部件，然后重新安装到车辆上，并调整对齐好。对估损人员而言，大修时间实际上是一条计算工时的捷径。例如，对于被撞坏的保险杠，很多情况下只需更换其中的部分零件而不是整个总成。此时如果没有大修工时，需要计算保险杠中各个零件的拆卸和安装工时与重叠工时，比较烦琐，如果有大修工时，则只需要查阅这个大修工时即可。

各保险公司或公估公司内部使用的工时费限额，由各公司区分不同类别车型，按照拆装、钣金、机修、电工、油漆等实际工作量，根据市场价格确定。

由于这种工时费限额只是把车型分成不同的类别，没有具体到每个车型，并且只有常用操作的工时费限额，因此数据量比较小，虽然查找使用方便、直观，但准确性和数据的覆盖范围不如前述的工时定额。这种工时费限额是目前保险公司和公估公司广泛采用的方法。

此外，很多情况下，可能找不到事故车的主机厂《工时手册》和《零件手册》，或者手册中和保险公司的内部工时定额中没有列出相应的工时，此时也可以参考各地汽车维修主管部门制定的《汽车维修工时定额与收费标准》，从中查找相应的工时数量或工时费标准。

（二）零配件及其价格

汽车零件通常有原厂件（或 OEM 件）、副厂件（或售后市场件）和拆车件（或二手件、翻新件、回收件）这几种。

（1）原厂件是指汽车主机厂向其特约维修站或 4S 店提供的配件。也可以直接从主机厂的配套件供应商处购买获取原厂件。原厂件一般质量有保证，但价格较高，而且综合型修理厂有时还难以购买到（因主机厂垄断不公开销售）。

（2）副厂件是指非主机厂或其配套件供应商提供的配件，是汽车配件的另一种重要来源。副厂件一般价格较低，但其质量问题一直受到质疑，因此，很多车主在事故车理赔中拒绝使用副厂件。但近几年来，随着副厂件厂商生产工艺的不断改进，很多副厂件的质量有了很大的提高，有些甚至能够通过非常严格的强制性安全标准测试。

（3）拆车件是指从旧车上拆下来经防腐处理、重新喷漆和翻新后的配件。拆车件一般比原厂新件和副厂件都要便宜很多。对于车身覆盖件使用合格的拆车件，也不会影响车辆的安全和美观，尤其对于老旧事故车的修理，使用拆车件显得更为经济和合理，能够大大降低保险公司的理赔费用。确定需更换的部件后，遵循"有价有市""报供结合""质量对等，价格对等"的原则，来定配件价格。一般情况下，2 年内新车按正厂价核定，2～4 年车重要部件按正厂价，其他部件可按副厂价核定。

配件价格来源：保险公司报价系统、《零件手册》与《估损手册（软件）》、经销商。

四、制作估损报告

（一）制作估损报告的准备工作

在开始罗列受损部件和所需工时之前，估损员必须收集事故车的关键信息，并且要完成几项重要的检查工作。

（1）车主的姓名、地址和电话号码。

（2）保险信息。为了准确无误而又快速地处理理赔，准确填写保险公司名称、保单号、索赔号、事故日期、免赔额等信息十分关键。

在登记完客户信息和保险信息后，就可以进入车辆检查和车辆数据记录这一步了。

（3）VIN 码。

（4）识别油漆系统和油漆代码。油漆代码的主要作用：在进行局部或面板维修时，用它来确定维修用的油漆颜色与车辆原漆颜色精确匹配。

油漆代码一般标注在车辆维修识别标签上，维修识别标签没有标准化，各个汽车厂家可能不太一样。

（5）车牌照和里程数。

（6）重要的车辆选装件。车辆的一些选装件会增加其 ACV 值，在估损报告或理赔单中应当注明这些选装件。典型的选装件有天窗、AM/FM 收音机、磁带播放器、CD 机、电动门锁、车窗和座椅、巡航控制、可调式转向盘、真皮座椅、专用轮罩、行李架和专用附件等。

（7）事故前的损坏。

首先，必须彻底检查车辆的内部和外部，看是否有与本事故无关的事前损坏，确认是事故前的损坏之后，将它们一一记录在估损报告或理赔单上。需要注意的是，一定要将这些情况告诉客户，以减少客户可能的抱怨。客户可能会抱怨：

①修理厂没有把问题完全修好。

②修理厂在维修过程中损坏了他的车辆。

保险公司的责任是为本次事故造成的损失买单，而对于非本次事故造成的损失是不赔的，所以核赔员在审核时一定要仔细地查看这些与本次理赔无关的事前损坏。

（8）贬值和增值。

对于保险公司来说，确定哪些损伤是事故前已有的，不仅是为了确认是否对其理赔，还用于计算这些损坏的零件对于车辆价值的影响。如果车身面板在事故前已经生锈、有凹坑或者有皱褶、饰条或装饰件脱落，那么在估损时就应当从更换新件的费用中减去这些损伤所需的维修费用。

（二）填写估损报告

在完成前期信息收集和勘察之后，估损员就可以在估损单中填写各个零部件和工时信息了。

1. 提前做好准备

在开始估损之前一定要将做事故勘察和估损报告需要的工具、表格、《估损指南》等都准备好，这样可以避免在估损过程中因缺少工具而不得不中途停止工作。中途停止估损容易造成混乱、漏项和重复等错误。

2. 遵循逻辑顺序

在勘察事故损伤情况和估损时一定要遵循合理的逻辑顺序，可以按照下面5个基本区域进行：

（1）直接碰撞区，主要的损坏都集中在这里。

（2）二次碰撞区，可能出现一些损伤。

（3）机械损坏，包括动力传动系统和附件。

（4）乘员舱，包括乘员舱、内饰、灯、附件、控制件和车漆等的损伤。

（5）外部件和外饰的损伤。

先从直接碰撞点开始，从外到里仔细查看，列出所有受影响的部件；然后按照碰撞力在车身上的传递路线依次查看。对于最常见的前部碰撞，一般是从车辆的前部一直查到后部。在大脑中将车辆分为几大组件，然后从外到内查看逐个组件，列出受损的零件。

为了让估损员更好地遵循从前到后、从外到内的顺序，专业估损手册也按照这个顺序罗列零件和工时。

3. 填写估损报告

估损单中的每一行应填写一个操作或工序，不要用一句笼统的话囊括多项操作，如"维修前端损坏"，也不能只列出受损的零件而不加说明。

（1）要填写操作。每行的开始都应当填写一项操作，如"维修""更换""拉直""喷漆""大修"等，这样就可以让客户、修理工、核赔员等相关人士明白需要对车辆做哪些工作。

（2）避免使用缩写词。尽量避免使用缩写词，除非在估损单上有解释。例如，"更换后保险杠"不要简化为"换后杠"，以免引起不必要的麻烦，而且写得越具体越好，还要注意写清楚"左侧"和"右侧"，如"更换右侧后侧板"。

（3）记录所有必需的数据。在每条简明的叙述之后，填上本操作中所需的所有配件价格和工时。

（4）操作和喷漆工时。精确记录每项操作所需的工时。记住：《估损手册》中所列的工时只包含特定的操作。对于那些手册中没有给出的步骤和操作，如果对事故车的维修是必需的，就应当在估损单中单独列出，如清除碎玻璃、安装焊接的铰链、前照灯调整等。每个工时所包含的具体操作内容请参照相应的专业估损手册。

如果维修工作涉及相邻的板件或相关的部件，就要考虑重叠工时。

（5）材料费用。漆料和辅料的费用要单独列出，辅料明细要填写清楚。

（6）拉伸工时。拉伸工时要按零件或问题一一填写，包括拉伸和设备安置工时。不能把所有的拉伸和设备安置工时加在一起，然后只在估损单中填写一个工时。

（7）外包操作。对于修理厂的估损人员，应当确认哪些维修操作将要外包给别人。

（8）特别提示。如果有特别提示，应当在单独的一行中清楚地写明。

4. 汇总工时和零件费用

通常，钣金、拉伸、机修和喷漆的工时费率是不同的，因此，在汇总工时费时一定要注意使用正确的费率。将所有的零件价格相加，就得出零件费用。还有就是附加费用，包括拖车费、车辆存放费、各种税费等。

5. 复核估损报告

在完成报告并汇总完数据后，要仔细检查一遍，然后与客户一起复核一遍。一份完整的定损单如图9-8所示。

永诚财产保险股份有限公司
ALLTRUST INSURANCE COMPANY OF CHINA LIMITED

机动车辆保险简易赔案审批表

赔案编号：

索赔申请	被保险人			牌照号码		使用性质	
	报案人		联系电话		驾驶员		联系电话
	出险时间	年 月 日 时	出险地点			报案时间	年 月 日 时
	出险类型	□单方 □双方 □多方 □其他					
	出险原因及经过：						
	兹声明本人所填上述资料均为真实情形，没有任何虚假和隐瞒，否则，愿放弃保险单之一切权利并承担相应的法律责任。						
	被保险人（报案人）签章：		联系电话：			年 月 日	

查勘意见	是否指定驾驶员	□是 □否	驾驶证是否有效	□是 □否	车架号码		发动机号	
	牌照号码		车辆型号		检验是否合格		□是 □否	
	出险原因	□碰撞 □倾覆 □盗抢 □火灾 □爆炸 □台风 □自燃 □暴雨 □其他						
	三者类型(A)	□机动车 □非机动车 □个人 车牌/姓名				是否投保交强险 □是 □否		
	三者是否已赔款给本车 □是 □否				赔款金额			
	查勘地点 □第一现场 □保险公司 □交警扣车场 □特约服务站 □非特约修理厂 □其他							
	查勘意见：							
	查勘员（签字）：			查勘时间： 年 月 日				

损失情况	项 目	金 额	项 目	金 额

工时费合计：　　　　　　　　　　　材料费合计：
双方同意受损车辆修理工料费合计为：人民币　仟　佰　拾　元　角　分（￥　　　　　　）
定损员（签章）：　　　　保险人（签章）：　　　　　被保险人（签章）：

审 核	赔案理算： 年 月 日	核赔人： 年 月 日

一式两份

图9-8 定损单（估损报告）

第六节　赔款理算

在进行赔款理算之前，保险公司相关工作人员要核对有关的索赔单证材料和发生事故的驾驶员的"机动车驾驶证"及保险车辆"机动车行驶证"的原件和复印件，核对无误后留存复印件。在审核索赔单证材料时，对于不符合规定的项目和金额应予以剔除；对于有关的证明和资料不完整的，应及时通知被保险人补充提供有关的证明和资料。

对被保险人提供的各种必要单证审核无误后，理赔人员根据保险条款的规定，迅速审查核定，对车辆损失险、第三者责任险、附加险、施救费用等分别计算赔款金额，并将核定计算结果及时通知被保险人。保险人应在与被保险人达成赔偿协议后 10 日内支付赔款。

一、机动车交通事故责任强制保险的赔款计算

交强险实施后，赔偿的原则是由交强险先进行赔付，不足的部分再由商业第三者责任险来补充。组合购买交强险和商业第三者责任险时，保障额度也不是两个险种额度的简单相加。

【例 9－1】 A、B 两车发生追尾事故，但未发生人员伤亡，仅发生车辆损失，A 车是肇事方负全责，B 车为被追车无责。两辆车都投保交强险，赔偿时，A 车将对 B 车进行有责赔偿，最高赔 2 000 元，不足部分由商业第三者责任险补充。B 车虽无责，但在交通事故中，两辆车互为第三方，被追车也需给 A 车赔偿，但限额最高 100 元。

如果在交通事故中，双方都有责任，也先由交强险赔偿，如果 A、B 两车相撞造成车辆损失，两车都需按责在 2 000 元限额内赔偿，如 A 车损失超过 2 000 元，超出部分需要 B 车另外支付，这就需要由商业第三者责任险来补充。

【例 9－2】 下面案例对交强险的理算规则做详细的分解计算：有甲、乙两车，甲车为载货汽车，乙车为小型载客汽车，在道路上发生交通事故，双方负事故的同等责任，致使一名骑自行车的人（丙）受伤，并造成路产管理人（丁）遭受损失。交通事故各参与方的损失分别为：甲车车辆损失 3 000 元，车上货物损失 5 000 元；乙车车辆损失 1 万元，乙车车上人员重伤一名，造成残疾，花费医药费 2 万元，残疾赔偿金 5 万元；骑自行车人（丙）经抢救无效死亡，医疗费用 3 万元，死亡赔偿金 10 万元，精神损害抚慰金 2 万元；路产损失 5 000 元。甲、乙两车均投保了交强险，财产损失、医疗费用、死亡伤残各赔偿限额分别为 2 000 元、18 000 元、18 万元；甲、乙车都投保了商业机动车保险，甲车投保险别分别为车辆损失险、第三者责任险、车上货物责任险、不计免赔险；乙车投保险别分别为车辆损失险、第三者责任险、车上人员责任险、不计免赔险。

1. 甲车

（1）财产损失赔偿金额：

受损财产核定金额 = 乙车辆损失金额 + 路产损失/2 = 10 000 + 5 000/2 = 12 500（元）>2 000 元

保险公司给甲车的财产损失赔偿金额 = 2 000（元）

乙车辆得到的赔偿 = 10 000/（10 000 + 2 500）× 2 000 = 1 600（元）

路产管理人得到的赔偿 = 2 500/（10 000 + 2 500）× 2 000 = 400（元）

说明：路产损失属于非机动车的损失，应由交通事故所有机动车参与方共同分摊，所以本案例甲车分摊到 2 500 元；计算出乙车和路产管理人分别得到的赔偿金额，便于进行后续的商业险理算（以下计算中相同之处，不再赘述）。

（2）医疗费用赔偿金额：

医疗费用核定损失金额 = 20 000 + 30 000/2 = 35 000（元）＞18 000 元

医疗费用赔偿金额 = 18 000（元）

乙车人员得到的赔偿 = 20 000/（20 000 + 15 000）× 18 000 = 10 285（元）

骑自行车人得到的赔偿 = 15 000/（20 000 + 15 000）× 18 000 = 7 714（元）

2. 乙车

（1）财产损失赔偿金额：

受损财产核定金额 = 甲车辆损失金额 + 路产损失/2 = 3 000 + 5 000/2 = 5 500（元）＞2 000 元

保险公司给甲车的财产损失赔偿金额 = 2 000（元）

其中：

甲车辆得到的赔偿 = 3 000/（3 000 + 2 500）× 2 000 = 1 091（元）

路产管理人得到的赔偿 = 2 500/（3 000 + 2 500）× 2 000 = 909（元）

（2）医疗费用赔偿金额：

医疗费用核定损失金额 = 30 000/2 = 15 000（元）＜18 000 元

医疗费用赔偿金额 = 15 000（元）

骑自行车人得到的赔偿 = 15 000 元

之后，保险公司再进行商业车险的理算。

二、车辆损失险的赔款计算

保险金额按投保时被保险机动车的实际价值确定。投保时被保险机动车的实际价值由投保人与保险人根据投保时的新车购置价减去折旧金额后的价格协商确定，或其他市场公允价值协商确定。折旧金额可根据保险合同列明的参考折旧系数表确定。

1. 全部损失

全部损失是指被保险机动车发生事故后灭失，或者受到严重损坏完全失去原有形体、效用，或者不能再归被保险人所拥有的，为实际全损；或被保险机动车发生事故后，认为实际全损已经不可避免，或者为避免发生实际全损所需支付的费用超过实际价值的，为推定全损。

赔款 = 保险金额 − 被保险人已从第三方获得的赔偿金额 − 绝对免赔额

2. 被保险机动车发生部分损失

被保险机动车发生部分损失，保险人按实际修复费用在保险金额内计算赔偿。

赔款 = 实际修复费用 − 被保险人已从第三方获得的赔偿金额 − 绝对免赔额

若赔款大于等于实际价值，则按照实际价值赔付，即赔款 = 实际价值；若赔款小于实际价值，则按照实际计算出的赔款赔付。

3. 施救费

在施救的财产中，含有保险合同之外的财产，应按保险合同中保险财产的实际价值占总施救财产的实际价值比例分摊施救费用。

$$施救费 = 实际施救费用 \times 事故责任比例 \times (保险金额／实际施救财产总价值) \times$$
$$(1 - 免赔率之和)$$

（一）保险车辆全部损失后保险合同终止的情况

（1）保险金额低于投保时保险车辆的实际价值，一次赔款金额与免赔金额之和（不含施救费）达到保险金额的。

（2）保险金额高于投保时保险车辆的实际价值，一次赔款余额与免赔金额之和（不含施救费）达到实际价值的。

（二）保险车辆部分损失后保险合同继续有效的情况

保险金额高于投保时保险车辆的实际价值，一次赔款金额与免赔金额之和（不含施救费）达到保险事故发生时保险车辆的实际价值且未达到保险金额的，在保险车辆修复并经保险人验车同意后，保险责任合同继续有效至保险合同终止日，但保险人不退还保险车辆修理期间的保险费。

三、第三者责任险的赔款计算

第三者责任险的赔偿金额，按照道路交通事故处理办法规定的赔偿范围、项目和标准，以及保险合同中的约定进行确定和计算。

（1）当（依合同约定核定的第三者损失金额 - 机动车交通事故责任强制保险的分项赔偿限额）× 事故责任比例等于或高于每次事故责任限额时：

$$赔款 = 每次事故责任限额$$

（2）当（依合同约定核定的第三者损失金额 - 机动车交通事故责任强制保险的分项赔偿限额）× 事故责任比例低于每次事故责任限额时：

$$赔款 = (依合同约定核定的第三者损失金额 - 机动车交通事故$$
$$责任强制保险的分项赔偿限额) \times 事故责任比例$$

四、车辆损失险及第三者责任险赔款计算应注意事项

赔款计算依据交通管理部门出具的《道路交通事故责任认定书》及据此做出的《道路交通事故损害赔偿调解书》。

当调解结果与责任认定书不一致时，对于调解结果中认定的超出被保险人责任范围内的金额，保险人不予赔偿；对于被保险人承担的赔偿金额低于其应按责赔偿的金额的，保险人只对被保险人实际赔偿的金额在限额内赔偿。

对于不属于保险合同中规定的赔偿项目，但被保险人已自行承诺或支付的费用，保险人不予承担。法院判决被保险人应赔偿第三者的金额，如精神损失赔偿费等，保险人不予承担。保险人对第三者责任事故赔偿后，对受害第三者的任何赔偿费用的增加不再负责。

被保险机动车遭受损失后的残余部分由保险人、被保险人协商处理。如折归被保险人的，由双方协商确定其价值并在赔款中扣除。车辆残值应以车辆损失部分的零部件残值计算。

五、车上人员责任险赔款计算

（1）对每座的受害人，当（依合同约定核定的每座车上人员人身伤亡损失金额 - 应由机动车交通事故责任强制保险赔偿的金额）×事故责任比例高于或等于每次事故每座责任限额时：

$$赔款 = 每次事故每座责任限额$$

（2）对每座的受害人，当（依合同约定核定的每座车上人员人身伤亡损失金额 - 应由机动车交通事故责任强制保险赔偿的金额）×事故责任比例低于每次事故每座责任限额时：

$$赔款 = （依合同约定核定的每座车上人员人身伤亡损失金额 - 应由机动车$$
$$交通事故责任强制保险赔偿的金额）×事故责任比例$$

六、绝对免赔率特约条款赔款计算

$$主险实际赔款 = 按主险约定计算的赔款 ×（1 - 绝对免赔率）$$

七、车轮单独损失险特约条款赔款计算

$$赔款 = 实际修复费用 - 被保险人已从第三方获得的赔偿金额$$

八、新增加设备损失险特约条款赔款计算

$$赔款 = 实际修复费用 - 被保险人已从第三方获得的赔偿金额$$

九、车身划痕损失险特约条款赔款计算

$$赔款 = 实际修复费用 - 被保险人已从第三方获得的赔偿金额$$

十、修理期间费用补偿险特约条款赔款计算

本附加险保险金额 = 补偿天数 × 日补偿金额。补偿天数及日补偿金额由投保人与保险人协商确定并在保险合同中载明，保险期间内约定的补偿天数最高不超过 90 天。

（1）全车损失，按保险单载明的保险金额计算赔偿。

（2）部分损失，在保险金额内按约定的日补偿金额乘以从送修之日起至修复之日止的实际天数计算赔偿，实际天数超过双方约定修理天数的，以双方约定的修理天数为准。

十一、车上货物责任险特约条款赔款计算

（1）被保险人索赔时，应提供运单、起运地货物价格证明等相关单据。保险人在责任限额内按起运地价格计算赔偿。

（2）发生保险事故后，保险人依据条款约定在保险责任范围内承担赔偿责任，赔偿方式由保险人与被保险人协商确定。

综合计算例：甲厂和乙厂的车在行驶中发生相撞。甲厂车辆损失 5 000 元，车上货物损失 10 000 元，乙厂车辆损失 4 000 元，车上货物损失 5 000 元。交通管理部门裁定甲厂车负主要责任，承担经济损失 70%，为 16 800 元；乙厂车负次要责任，承担经济损失 30%，为 7 200 元。

甲厂应承担经济损失=（甲厂车损 5 000 元+乙厂车损 4 000 元+甲厂车上货损 10 000 元+乙厂车上货损 5 000 元）×70%=16 800（元）

乙厂应承担经济损失=（甲厂车损 5 000 元+乙厂车损 4 000 元+甲厂车上货损 10 000 元+乙厂车上货损 5 000 元）×30%=7 200（元）

这两辆车都投保了机动车交通事故责任强制保险、车辆损失险（按新车购置价确定保险金额）和第三者责任险，由于第三者责任险不负责本车上货物的损失，所以，保险人的赔款计算与交通管理部门的赔款计算不一样。

甲厂自负车损=甲厂车损 5 000 元×70%=3 500（元）

甲厂应赔乙厂=（乙厂车损 4 000 元+乙厂车上货损 5 000 元）×70%=6 300（元）

由于事故中甲、乙厂车均有责任，且给对方造成的财产损失都超过了机动车交通事故责任强制保险的保险限额，甲、乙厂得到保险公司机动车交通事故责任强制保险的赔款均为 2 000 元。

保险人负责甲厂车损和第三者责任赔款：

[甲厂自负车损 3 500 元+（甲厂应赔乙厂 6 300 元-2 000 元）]×（1-免赔率 15%）=6 630（元）

乙厂自负车损=乙厂车损 4 000 元×30%=1 200（元）

乙厂应赔甲厂=（甲厂车损 5 000 元+甲厂车上货损 10 000 元）×30%=4 500（元）

保险人负责乙厂车损和第三者责任赔款：

[乙厂自负车损 1 200 元+（乙厂应赔甲厂 4 500 元-2 000 元）]×（1-免赔率 5%）=2 515（元）

这样，此案甲厂应承担经济损失 16 800 元，得到保险人赔款 8 630 元；乙厂应承担经济损失 7 200 元，得到保险人赔款 5 515 元。这里的差额部分即保险合同规定不赔的部分。

第七节　核　赔

一、核赔工作的流程

在赔款理算之后，要根据有关单证缮制赔款计算书。首先由相关工作人员制作《机动车辆保险赔款计算书》和《机动车辆保险结案报告书》。《机动车辆保险赔款计算书》各栏要详细录入，项目要齐全，数字要正确，损失计算要分险种、分项目计算，并列明计算公式，应注意免赔率要分险种计算。《机动车辆保险赔款计算书》一式两份，经办人员要盖章、注明缮制日期，业务负责人审核无误后，在《机动车辆保险赔款计算书》上签注意见和日期，送核赔人。

核赔是在授权范围内独立负责理赔质量的人员，按照保险条款及保险公司内部有关规章制度对赔案进行审核的工作。

核赔的主要工作内容包括审核单证、核定保险责任、审核赔款计算、核定车辆损失及赔款、核定人员伤亡及赔款、核定其他财产损失及赔款、核定施救费用等。核赔是对整个赔案处理过程进行的控制。核赔对理赔质量的控制体现：一是及时了解保险标的出险原因、损失情况，对重大案件，应参与现场查勘；二是审核、确定保险责任；三是核定损失；四是审核赔款计算。核赔操作流程如图9-9所示。

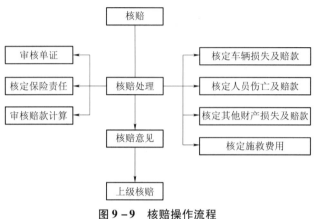

图9-9　核赔操作流程

二、核赔的主要内容

1. 审核单证

审核被保险人按规定提供的单证，经办人员填写赔案的有关单证是否齐全、准确、规范和全面。

2. 核定保险责任

核定保险责任包括：被保险人与索赔人是否相符；驾驶员是否为保险合同约定的驾驶员；出险车辆的厂牌型号、牌照号码、发动机号、车架号与保险单证是否相符；出险原因是否属保险责任；出险时间是否在保险期限内；事故责任划分是否准确合理；赔偿责任是否与承保险别相符等。

3. 核定车辆损失及赔款

核定车辆损失及赔款包括：车辆定损项目、损失程度是否准确、合理；更换零部件是否按规定进行了询报价，定损项目与报价项目是否一致；换件部分拟赔款金额是否与报价金额相符；残值确定是否合理等。

4. 核定人员伤亡及赔款

根据查勘记录、调查证明和被保险人提供的《事故责任认定书》、《事故调解书》、伤残证明，依照国家有关道路交通事故处理的法律、法规规定和其他有关规定进行审核；核定伤亡人员数、伤残程度是否与调查情况和证明相符；核定人员伤亡费用是否合理；被抚养人口、年龄是否真实，生活费计算是否合理、准确等。

5. 核定其他财产损失及赔款

（1）第三者责任险的财产损失应会同被保险人和有关人员逐项清理，确定损失数量、损失程度和损失金额，同时要求被保险人提供有关货物、财产的原始发票、运单等。定损人员审核后，制作《机动车辆保险财产损失确认书》，由被保险人签字确认。

（2）对于车上货物责任险中的货物损失，在确定损失金额，进行赔偿处理时，需要被保险人提供运单、起运地货物价格证明及第三方向被保险人索赔的函件等单证材料。

（3）对于路产损失，应根据当地交通和物价管理部门赔偿标准确定，间接损失和罚款不予负责。

6. 核定施救费用

根据案情和施救费用的有关规定，核定施救费用有效单证和金额。

7. 审核赔付计算

审核残值是否扣除、免赔率使用是否正确、赔款计算是否准确等。

如果上级公司对下一级进行核赔，应侧重审核：普通赔案的责任认定和赔款计算的准确性；有争议赔案的旁证材料是否齐全有效；诉讼赔案的证明材料是否有效；保险公司的理由是否成立、充分；拒赔案件是否有充分证据和理由等。

结案时，《机动车辆保险赔款计算书》上赔款的金额必须是最终审批金额。在完善各种核赔和审批手续后，方可签发《机动车辆保险领取赔款通知书》通知被保险人。

第八节　理赔结案

一、结案

在赔案经过分级审批通过之后，业务人员应制作《机动车辆保险领取赔款通知书》，并通知被保险人，同时通知会计部门支付赔款。保户领取赔款后，业务人员按赔案编号输录"机动车辆保险已决赔案登记簿"，同时在"机动车辆保险报案、立案登记簿"备注栏中注明赔案编号、赔案日期，作为续保时是否给付无赔款优待的依据。

未决赔案的处理办法：未决案是指截至规定的统计时间，已经完成估损、立案，但未结案的赔款案件，或被保险人尚未领取赔款的案件。处理原则：定期进行案件跟踪，对可以结案的案件，须督促被保险人尽快交齐索赔材料，赔偿结案；对尚不能结案的案件，应认真核对、调整估损金额；对超过时限，被保险人不提供手续或找不到被保险人的未决赔案，按照"注销案件"处理。

二、理赔案卷管理

理赔案卷须一案一卷整理、装订、登记、保管。赔款案卷要做到单证齐全、编排有序、目录清楚、装订整齐，照片及原始单据一律粘贴整齐并附说明。

理赔案卷按分级审批、分级留存并遵循档案管理规定进行保管的原则。

1. 车险业务档案卷内的排列顺序一般遵循的原则

承保单证应按承保工作顺序依次排列，理赔案卷应按理赔卷皮内目录内容进行排列。

2. 承保单证、赔案案卷的装订方法

（1）承保单证、赔付案件中均采用"三孔一线"的装订方法，孔间距为 6.5 cm，承保单证一律在卷上侧统一装订，赔付卷一律在卷左侧统一装订，对于承保和理赔中需要附贴的单证，如保费收据、赔案收据和各种医疗费收据、修理费发票等一律粘贴在"机动车辆保险（单证）粘贴表"上，粘贴整齐、美观、方便使用。

（2）对于承保单证一律按编号排序整齐，每50份装订为一卷，赔付卷要填写卷内目录和备考线，装订完毕后打印自然流水号，以防卷内形式不同的单证、照片等重要原始材料遗失，对于卷内不规格的形式不同的单证（如照片、锯齿发票等），除一律粘贴在统一规格的粘贴表上之外，还应加盖清晰的骑缝章，并在粘贴表的"并张单证"中注明粘贴张数。

3. 卷内承保、理赔卷的外形尺寸

卷内承保、理赔卷的外形尺寸分别以承保副本和机动车辆保险（单证）粘贴表的大小为标准，卷皮可使用统一的"车险业务档案卷皮"加封，并装盒保存（注每盒承保50份，理赔10份）。

4. 承保单证及赔付案卷卷皮上应列明内容

承保的卷皮上应列明的内容为机构名称、险种、年度、保单起止号、保管期限。赔案卷皮应注明的内容为机构名称、险种、赔案年度、赔案起止号、保管期限。

5. 档案管理要求

业务原始材料应由具体经办人提供，按顺序排列整齐，然后交档案管理人员，档案管理人员按上述要求统一建档，保管案卷人员应以保证卷内各种文件、单证的系统性、完整性和真实性为原则，当年结案的案卷归入所属业务年度，跨年度的赔案归入当年的理赔案卷。

6. 业务档案的利用工作

业务档案的利用工作既要积极主动，又必须坚持严格的查阅制度。查阅时要填具调阅登记簿，由档案管理人员亲自调档案并协助查阅人查阅。

7. 承保及理赔档案的销毁和注销

根据各个公司的规定，对于车险业务一般保管期限为3年。对于超过保存期限的，经内勤人员和外勤人员共同确定确实失去保存价值的，要填具业务档案销毁登记清单，上报部门经理方可销毁。

第九节　车险理赔特殊案件的处理

一、简易赔案

在实际工作中，很多案件案情简单，出险原因清楚，保险责任明确，事故金额低，可在现场确定损失。为简化手续，方便客户，加快理赔速度，根据实际情况可对这些案件实行简易处理，称为简易赔案。

实行简易赔案处理的理赔案件必须同时具备以下条件：

（1）车辆损失险列明：自然灾害和被保险人或允许的合格驾驶员或约定的驾驶员，单方肇事导致的车损险案件。

（2）出险原因清楚，保险责任明确，损失容易确定。

（3）车损部分损失可以一次核定，已损失容易确定。

（4）车辆部分损失可以一次核定，已损失金额在5 000元以内。

（5）受损零部件可以准确容易地确定金额。

简易赔案处理的程序：接受报案—现场查勘、施救，确定保险责任和初步损失—查勘定损人员定损—填写《简易赔案协议书》—报相关处理中心—办理赔款手续—支付赔款。

二、救助案件

救助案件是指对投保机动车辆保险附加救助特约责任范围内的出险车辆，实施救助理赔的案件。救助案件处理过程：接受报案并抄单—通知救助协作单位—救助单位实行救助并反馈，被保险人予以确认—立案—核对并缮制赔案—支付赔款—救助协作单位到财务中心支付预付款。

三、疑难案件

疑难案件可分为争议案件和疑点案件两种情况。

（1）争议案件是指保险人和被保险人对条款理解有异议或责任认定有争议的案件，在实际操作中应采用集体讨论研究、聘请专家论证和向上级公司请示等方式解决，保证案件圆满处理。

（2）疑点案件是指赔案要素不完全、定损过程中存在疑点或与客户协商不能达成一致的赔案。疑难案件调查采取的形式有：要查勘定损过程中发现的有疑点的案件由查勘定损人员进行调查；在赔案制作和审批过程中发现有疑点的案件由各保险公司的专门机构负责进行调查；骗赔、错赔案件调查由各保险公司的专门机构完成。

四、注销案件

注销案件是指保险车辆发生保险责任范围内的事故，被保险人报立案后未行使保险金请求权致使案件失效注销的案件。它可分为超出索赔时效注销和主动声明放弃索赔权利注销两种情况。

（1）对超出索赔时效注销，即自被保险人知道保险事故发生之日起两年内未提出索赔申请的案件，由业务处理中心在两年期满前10天发出《机动车辆保险结案催告、注销通知书》。被保险人仍未索赔的，案件报业务管理（科）后予以注销处理。

（2）对主动声明放弃索赔权利注销的案件，在业务处理中心发出《机动车辆保险结案催告、注销通知书》后，由被保险人在回执栏签署放弃索赔权利意见。案件报业务管理处（科）后予以注销处理。对涉及第三方损害赔偿的案件，被保险人主动声明放弃索赔权利的，要慎重处理。

五、拒赔案件

拒赔案件的拒赔原则：拒赔案件要严格按照《保险法》《机动车辆保险条款》的有关规定处理。拒赔要有确凿的证据和充分的理由，慎重决定。拒赔前应向被保险人明确说明原因，认真听取意见并向被保险人做好解释工作。

六、代位追偿案件

代位追偿案件的实施原则：代位追偿必须是发生在保险责任范围内的事故。代位追偿是

《保险法》和《机动车辆保险条款》规定的保险人的权利，根据权利义务对等的原则，代位追偿的金额应在保险金额范围内根据实际情况接受全部或部分权益转让。代位追偿工作必须注意诉讼时效。

代位追偿案件的工作程序：被保险人向第三者提出书面索赔申请—被保险人向保险人提出书面索赔申请，签署《权益转让书》—业务处理中心将赔案资料转业务管理部门—业务管理部门组织进行代位求偿—业务处理中心整理赔案，归档—财务中心登记、入账。

七、损余物资处理

损余物资处理是指对车损换件、全损残值和盗抢追回车辆等的处理。处理盗抢追回车辆的流程如图9-10所示。

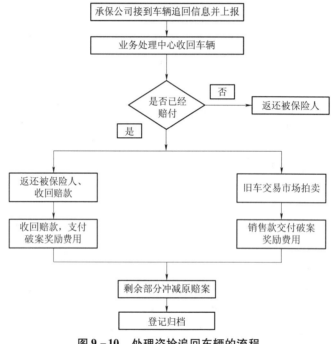

图9-10　处理盗抢追回车辆的流程

第十节　汽车理赔的注意事项

一、收费停车场中丢车、剐蹭不赔

按照保险公司的规定，凡是车辆在收费停车场或营业性修理厂中被盗，保险公司一概不负责赔偿。因为上述场所对车辆有保管的责任，在保管期间，因保管人保管不善造成车辆损毁、丢失的，保管人应承担责任。因此，无论是车丢了，还是被剐了，保险公司一概不管。正确的方式是找停车场去索赔。因此，驾驶人一定要注意每次停车时收好停车费收据。虽然很多收费停车场的相关规定中写着"丢失不管"，但根据《民法典》中关于格式合同的规定，这属于单方面推卸自己应负的责任，如无法协商解决，只好诉诸法律，目前已经有人赢得这样的官司。

二、报案不及时不赔

中国保险行业协会《机动车商业保险示范条款（2020年版）》第四章通用条款，发生保险事故时，被保险人或驾驶人应当及时采取合理的、必要的施救和保护措施，防止或减少损失，并在保险事故发生后48小时内通知保险人。被保险机动车全车被盗抢的，被保险人知道保险事故发生后，应在24小时内向出险当地公安刑侦部门报案，并通知保险人，否则有可能直接被拒赔。

三、撞人后精神损害抚慰金保险公司不赔

保险公司不是无条件地完全承担"被保险人依法应当支付的赔偿金额"，而是依照《道路交通事故处理办法》及保险合同的规定给予赔偿。保险条款明确规定了，因保险事故引起的任何有关精神损害抚慰金赔偿为责任免除。

四、车被撞了一定要先向第三方索赔同时向保险公司报案

在不幸出险后，因第三方对被保险机动车的损害而造成保险事故，被保险人向第三方索赔的，保险人应积极协助；被保险人也可以直接向保险人索赔，保险人在保险金额内先进行赔付被保险人，并在赔偿金额内代位行使被保险人对第三方请求赔偿的权利。

被保险人已经从第三方取得损害赔偿的，保险人进行赔偿时，相应扣减被保险人从第三方已取得的赔偿金额。保险人未赔偿之前，被保险人放弃对第三方请求赔偿的权利的，保险人不承担赔偿责任。被保险人故意或者因重大过失致使保险人不能行使代位请求赔偿的权利的，保险人可以扣减或者要求返还相应的赔款。保险人向被保险人先行赔付的，保险人向第三方行使代位请求赔偿的权利时，被保险人应当向保险人提供必要的文件和所知道的有关情况。

五、重复保险的投保

重复保险是指投保人对同一保险标的、同一保险利益、同一保险事故分别与两个以上保险人订立保险合同，且保险金额总和超过保险价值的保险。

重复保险的投保人应当将重复保险的有关情况通知各保险人。重复保险的各保险人赔偿保险金的总和不得超过保险价值。除合同另有约定外，各保险人按照其保险金额与保险金额总和的比例承担赔偿保险金的责任。重复保险的投保人可以就保险金额总和超过保险价值的部分，请求各保险人按比例返还保险费。

六、其他情况

1. 车撞墙了、掉沟的情况

车辆发生撞墙、水泥柱、树等不涉及向他人赔偿的事故时，直接向保险公司报案征求保险公司意见出具相关证明或在事故现场等候保险公司来人查勘。

2. 车自燃

如果车内起火了，应立即停车、灭火，向交警、消防队报警，同时通知保险公司。注意向处理事故的交警、消防部门索取责任认定书或火灾证明，便于日后理赔提供相关资料。

3. 车在外地出事

如车辆在外地出事，可以向所投保的保险公司报案，将事故发生的情况和发生的地点详细地告诉保险公司的客户服务人员，让他们给出处理意见。然后记住所咨询的客户服务人员工号，因为保险公司的客户咨询服务电话一般都有录音，这样可以有效避免保险纠纷。当地的保险公司也会派出专业人员协助处理事故、核定事故损失。

4. 车丢了怎么办

如果发现停放的车辆不见了，应立即向附近的停车场、物业管理处、交警等打听、寻找，了解是否被交通运输部门拖走、扣车。若确定车辆被盗，及时向派出所或巡警报案。车辆停放时，请停放在有人看管的停车场，并索取停车证明。若附近没有停车场时，也应尽量不要停放在偏僻、黑暗的地方。停车时，注意关好门窗、锁上防盗锁，车上不要放贵重物品，并将行驶证、附加费证随身带走。

第十一节　我国车险行业的服务规范

针对消费者反映较集中的车险、意外险、健康险等服务问题，中国保险行业协会牵头制定了《全国机动车辆保险服务承诺》和《全国个人意外伤害保险、健康保险服务承诺》，并正式向社会公布。中国人保、中国人寿、平安保险、太平洋保险等目前国内市场上经营这三类保险业务的 45 家保险公司的负责人共同签署了承诺协议。此举意味着，我国车险、意外险和健康险承保理赔服务首次有了全国统一的基本标准。这也是中国保险业第一次全行业范围内面向社会公众进行规范化的服务承诺。

中国保险行业规范保险业服务，制定行业服务标准，是维护消费者权益的重大举措。45 家公司包括国内保险市场上所有经营车险、个人意外险、健康险的保险公司总公司，以及部分经总部授权的外资保险公司分支机构共同向全社会公布上述服务承诺，让广大保险消费者清晰地了解在承保、理赔等环节，保险公司所应提供的服务内容。中国保险行业协会牵头制定的服务承诺是全行业的基础服务承诺和基本服务标准，开展汽车保险业务的保险公司必须遵守。

服务承诺对消费者关心的问题，尤其是承保和理赔的时限做出了明确的规定，强调了保险公司的告知义务，并要求各公司都要向社会公布报案、咨询电话，切实为消费者提供周到服务。

加强保险行业诚信建设、制定行业服务标准有助于解决中国保险行业"理赔难"问题。从车险一些社会普遍关注的业务领域入手，制定理赔服务标准，规范和约束保险公司的理赔程序和时限。

在《全国机动车辆保险服务承诺》中，明确了保险公司应当设立公布报案、咨询电话，实施全年无间断接受报案、咨询服务；对向客户推荐的汽车修理厂的修理质量等履行监督职责；对事故责任和保险责任明确、单证齐全、真实且不涉及人员受伤的 2 000 元以下小额赔款建立快捷的理赔服务机制；对有人员伤亡或重大财产损失的案件，如事故责任和保险责任明确，但暂不能确定赔付金额的，保险公司可根据保险人已经支付的费用先行赔付 30% ~ 50%。在《个人意外伤害保险、健康保险服务承诺》中，明确保险公司对于索赔材料齐全、属于保险责任且不需要调查的案件，在 10 个工作日内必须做出理赔决定；对 10 个工作日内不能确定结果的索赔案件，应将理赔进展通知客户。

这一服务承诺仅仅是规定了车险、健康险、意外险服务及理赔方面的基本程序和时限，应该说是一个最基本的标准。但既然是公开发布的标准，就对行业内部有执行效力，是行业的一种自律公约，对社会具有法律效力，可以成为保险投诉处理的参考依据。行业协会要对承诺执行情况定期进行监督检查，并制订相应的自律惩戒措施，可以进行通报、批评、媒体曝光、经济制裁等处罚；对违反承诺情节严重的，要报告监管部门。

《全国机动车辆保险服务承诺》的颁布，对我国汽车保险行业优质服务起到了积极的推动作用，各保险公司为投保的客户都精心准备了不同的贴心服务。

一、全国统一的服务专线电话受理报案

国内保险行业各保险公司客服电话如表 9-1 所示。

表 9-1　国内保险行业各保险公司客服专线电话表

公司名称	客服电话	咨询投诉电话
人保财险	95518	95518
太平洋财险	95500	95500
平安财险	95511	95511
中国人寿财险	95519	95519
太平财险	95589	95589
中华联合财险	95585	95585
中银保险	95566	95566
天安财险	95505	95505
阳光财险	95510	95510
华安财险	95556	95556
大地财险	95590	95590

例如，中国人保的 95518 专线获得 ISO 9001、2000 标准国际国内双认证。这也是国内首家通过该项认证标准的金融行业服务专线电话。95518 为广大客户及社会各界提供了全方位的保险服务，和中国人保"名优工程"等一系列创新服务构筑了客户服务的新平台。95518 的服务范围已遍及中国的主要城市和广大农村，取得了令人瞩目的成绩。2000 年，人保公司率先在 324 个城市开通了 365 天×24 小时的全天候 95518 专线服务电话，总计线数超过 2 000 条，服务人员达 2 911 人，服务范围覆盖了全国广大的城市、乡村地区。该专线融合了先进的呼叫中心技术和规范的国际质量管理经验，无论何时何地，只要你拨打 95518，

即可与当地人保公司的分支机构取得联系。95518 为客户提供了报案、投诉、咨询、预约投保、事故救援、保单验真、理赔查询、回访等多项服务内容。凭借 95518，人保公司的理赔速度大大加快，结案时间比以前平均缩短了 3 天，为客户节约了不少宝贵时间。

二、实施快速查勘

城市极速查勘服务项目，旨在打破传统的查勘调度体系，逐步在 334 个地市级以上城市的中心区，实现日间 90% 需要现场查勘的案件可以在 5～10 分钟开展现场查勘，帮助客户实现"零等待"。

三、实施"代查勘、代定损"制度

发挥机构网络优势，实施"代查勘、代定损"，凡是承保的机动车辆，无论在何地出险，都可拨打当地服务专线电话，出险地公司无条件接受代查勘、代定损工作，如投保车辆在外地出险，可凭保险卡直接向当地同系统的保险公司报案，由当地同系统的保险公司代为办理现场查勘、损失核定等保险索赔程序。

四、提供 7 天 24 小时保险车辆紧急救援服务

保险车辆在省内出险，可提供紧急施救、外地出险，也可通过服务专线获得救援服务。

五、提供免费的医疗咨询服务

各公司有专职的医疗专家，若被保险车辆发生保险事故涉及人身伤害，保险公司将免费提供医疗咨询，以免支付不必要的费用。

六、尊重客户对车辆维修单位的选择权

（1）不强求客户对出险车辆修理厂的选择，如有出险可选择。
（2）在当地政府指定的修理厂范围内选择。
（3）被保险人自行选择修理厂。
（4）接受被保险人委托，由保险人提供的资质较高的修理厂修理。

七、提供"理赔无忧"车险快捷服务

投保家庭自用汽车的客户，发生不涉及人伤、物损且车辆损失在 5 000 元（含）以下责任明确的单方事故时（仅限二类修理厂维修，且不涉及拆解），经客户同意，并现场提供驾驶证、行驶证、被保险人身份证原件及与被保险人名称一致的银行账户完整信息的，现场完成查勘、定损、赔款计算等工作，并通知财务部门向被保险人账户支付赔款（目前对异地出险客户及特殊车型暂缓提供此项服务）。

八、提供预付赔款

保险人自收到赔偿请求和有关证明、资料之日起 60 日内，对其赔偿数额不能确定的，应当将根据已有证明和资料可以确定的数额先予支付；保险人最终确定赔偿数额后，应当支

付相应的差额。对于损失严重、社会影响面大，经审核确定为保险责任，但赔款金额暂不能准确界定的重大案件，可在估计赔偿金额的 50% 内先进行预付。

九、提供赔案的"无绝对免赔额"服务

对于招标单位的车辆赔案，有的保险公司对每次事故不设绝对赔额，减少了投保人的损失；同时，对车上人员的理赔有的公司不设责任免赔。

十、规定时限内支付赔款

每次事故 20 万元的理赔权限使绝大多数的案件能在保险公司权限范围内得到解决，而无须经过上级公司的再次审核，使赔款能在最短时间内得以支付。保险人对索赔单证齐全、双方达成理赔一致意见的赔案，在以下规定的时限内支付赔款。

（1）损失在 5 万元以内，1 个工作日内赔付。

（2）损失在 5 万~10 万元以内，2 个工作日内赔付。

（3）损失在 10 万~20 万元以内，3 个工作日内赔付。

（4）损失在 20 万元或以上，7 个工作日内赔付。

十一、坚持上门服务

根据被保险单位的通知，及时上门宣传，上门送保单，上门协助防灾，上门送赔款。

十二、提供应急代步车服务

代步车服务是财产保险公司推出的创新服务项目。该服务本着资源与客户服务互惠互利的原则，进一步与有代理业务的汽车维修公司合作，推广财险的各项增值服务，事故发生后为符合一定条件的车险客户提供代步车服务。

十三、协助处理交通事故

保险车辆出险后，如保户有需求，可接受委托，协助处理交通事故。

十四、设立车友俱乐部，提供配套服务

建有专门的车友俱乐部，由专人为投保车辆提供专业的车辆配件配送服务，同时不定期开展各种类型的车友活动。

十五、提供方便、快捷的免费洗车服务

保险公司送的洗车券不是洗车卡，而是在微信公众号上直接获取。在进入保险公司公众号后，车主可以选择所在地区点击网点，选好洗车网点就可以预约，预约成功后就代表洗车券已领取，车主可以到网点免费洗车。不过券一定是有有效期的，有的一个月，有的三个月，所以车主在领取洗车券后注意使用时限，及时到网点洗车。

十六、实施重要客户管理办法

对重要客户在承保、理赔方面提供系列化优质服务，实行重点优先政策，建立重要客户

定期走访、征询意见制度，定期组织重要客户座谈会、团拜会等联谊活动，优先组织和安排重要客户赴外地参观、学习与交流。

十七、积极开展防灾防损活动

保险公司努力配合被保险单位举办驾驶人员安全教育和表彰活动。另外，保险公司积极参与市政府组织的防灾防损、安全生产检查活动及其他社会公益事业，并尽可能提供必要的资助。

十八、其他相关服务

客户有需求，可以提供免费新车导购、代办车牌、协助年检、代缴车船税、提供事故的法律援助等其他相关服务

十九、无赔款优待

无赔款优待是指如果保险车辆在上一年保险期间没有发生赔款，则被保险人在续保时可享受无赔款减收保险费。保险人投保车辆不止一辆，无赔款优待分别按单个车辆计算。无赔款优待是保险公司为鼓励被保险人及其驾驶员严格遵守交通规则、安全行车而实行的一种办法。如果被保险人车辆的保险期限满一年，保险期间内无赔款且车辆的所有权未发生转移，则被保险人在续保时可享受无赔款优待。在计算无赔款优待时，如果续保的险种与上年度不完全相同，无赔款优待则以险种相同的部分为计算基础；如果续保的险种与上年度相同，但保险金额不同，无赔款优待则以本年度保险金额对应的应交保险费为计算基础。无论机动车辆连续几年无事故，无赔款优待一律为应交保险费的10%。

第十二节　汽车理赔的典型案例

一、擅自放弃追偿权不能获得赔偿案例分析

[案情]

某年7月，武汉市王某购买了一辆"捷达"轿车，同时投保了机动车辆保险。同年10月16日，王某在驾车途中不慎与迎面开来的一辆货车相撞。"捷达"轿车与货车各有损失（王某损失约8 000元）。经交通管理部门裁定，货车车主对此次事故负有主要责任。而王某因考虑到自己的车投了保险，于是便与货主约定双方责任自负。随后，王某即向保险公司提出索赔。保险公司了解实情后，以"王某未经保险人同意，擅自放弃向第三者的追偿权"为由，拒绝赔偿。王某对此感到不能理解，遂引起争议。

[分析]

《保险法》第六十一条规定："保险事故发生后，保险人未赔偿保险金之前，被保险人放弃对第三者请求赔偿的权利的，保险人不承担赔偿保险金的责任。保险人向被保险人赔偿保险金后，被保险人未经保险人同意放弃对第三者请求赔偿的权利的，该行为无效。"依此

来看，保险人在赔偿被保险人损失后，以被保险人名义向造成损害的第三者要求赔偿是保险合同赋予保险人的一项法定权利。故此，放弃向第三者的追偿权应由保险人来决定，被保险人是无权决定的。

[结论]

在财产保险中，保险财产由他人致损后，被保险人不能擅自放弃对第三者的追偿权，而应协助保险人行使代位求偿权，否则保险人有权拒绝赔偿。另外，要提醒被保险人的是，保险合同订立后，遇到问题须与保险人协商决定，不可擅作主张，以免到时投了保却不能获得保障。

二、窃贼无照驾车出险保险公司有无赔偿责任

[案情]

刘某购得一辆"奔驰"轿车自用，并向市保险公司投保了车辆损失险和第三者责任险。投保后一个月，刘某的车被盗走。不久，市交通运输部门通知刘某：他的车被盗后在某县与他人轿车相撞，刘某的车翻下山崖，全部报废（窃车贼跳车逃跑）；他人轿车被撞坏，司机受伤。这起交通事故是窃贼驾驶技术不良所致，窃贼应负全部责任。但是窃贼逃跑后一直没有下落。事故发生后，受伤司机要求刘某赔偿经济损失×万元；刘某同时也向保险公司要求赔付轿车全损及第三者损失。保险公司同意对刘某的轿车全损进行赔偿。同时认定：窃贼盗车后，在外地肇事撞坏他人轿车，并致司机受伤，这不属于中国保险行业协会《机动车商业保险示范条款（2020年版）》中规定的第三者责任险，保险公司对此不负赔偿责任。

[分析]

中国保险行业协会《机动车商业保险示范条款(2020年版)》第一章机动车损失保险保险责任条款第七条："保险期间，被保险机动车被盗窃、抢劫、抢夺，经出险地县级以上公安刑侦部门立案证明，满60天未查明下落的全车损失，以及因被盗窃、抢劫、抢夺受到损坏造成的直接损失，且不属于免除保险人责任的范围，保险人依照保险合同的约定负责赔偿。"本案中，刘某轿车被盗并由窃贼驾驶该车肇事，致使该轿车翻下山崖并造成全损，符合该条规定的"因被盗窃、抢劫、抢夺受到损坏造成的直接损失"责任，故保险公司应予以赔偿刘某汽车的全部损失。

第二章机动车第三者责任保险保险责任条款第二十条："保险期间内，被保险人或其允许的驾驶人在使用被保险机动车过程中发生意外事故，致使第三者遭受人身伤亡或财产直接损毁，依法应当对第三者承担的损害赔偿责任，且不属于免除保险人责任的范围，保险人依照保险合同的约定，对于超过机动车交通事故责任强制保险各分项赔偿限额的部分负责赔偿。"根据这条法律规定，保险公司对窃贼盗车后驾驶中肇事造成的第三者损失不予赔偿是正确的。这是因为，本案汽车相撞事故是由窃贼驾驶偷来的轿车与他人轿车相撞造成的，窃贼既不是第二章机动车第三者责任保险保险责任条款中规定的被保险人，也不是经被保险人允许的驾驶人员，所以由此造成的第三者责任损失，保险人当然不能予以赔偿。

[结论]

本案窃贼除应被依法追究刑事责任外，还应承担一切经济责任，即赔偿刘某轿车的全损和被撞司机所遭受的经济损失。由于保险公司已经赔偿刘某轿车全损，所以可以从刘某处得

到代位求偿权向窃贼追偿。他人轿车被撞坏的损失在窃贼没有赔付的情况下，应该由保险公司给付交强险的赔款。

三、超时报案无法索赔

[案情]

一辆皮卡车在杭州某医院门口掉头转弯时，正好一位女士走过来，不巧被皮卡车的反光镜撞了一下摔倒在地。由于当时该女士觉得情况并不严重，双方都没有报案，司机私自给了她 300 元钱，就当作此事的了结。结果，当天晚上，被撞女士出现下身大出血，病情严重，最后不得以进行了子宫切除，造成巨额医药费。伤者家属找到车主索赔，车主过了两天后，才想到向保险公司报案，结果保险公司拒绝理赔。

[分析]

通常来说 48 小时内报案是目前保险行业通行的标准。根据相关的规定及保险条款的约定，投保人应及时报案，以便保险公司对事故进行勘察。若投保人未及时报案，索赔时又无法提供证明文件，导致保险公司无法核定保险责任，此种情况将很有可能得不到保险公司的赔偿。同时，车主要切记，车撞车时如果当时情况不是很严重可以选择私了，但是在车撞人的情况下，无论当时情况如何都要选择及时报案，绝对不能私了。

四、要及时采取措施以免扩大损害

[案情]

某年 8 月初，陈小姐开车在某国道金华延伸段的乡村小道上行驶，由于灯光比较暗，汽车底盘碰到路上的铁墩造成发动机底盘、变速箱底盘发生损伤。当时，撞伤后，她并没有及时发现而是继续行驶，导致机油漏光，整个发动机报废。等发现情况后，她向保险公司报了案。但是保险公司拒绝赔偿。

[分析]

保险公司最后认定在事故发生过程中，陈小姐是以 100 km/h 左右的速度行驶的，在撞到铁墩后，她并没有停下来采取及时措施而造成机油漏光，扩大了汽车损害，所以保险公司拒赔。

车辆出险后，应采取相应的措施或及时修理，否则，由此造成的扩大损失部分，保险公司不予理赔。发现汽车有问题要及时修理，千万别硬撑，如果损失扩大，那只有自己承担。

五、查明出险原因——空滤器进水诈骗赔案

[案情]

车主：某市快捷汽车出租公司。

标的车：桑塔纳。

某年 4 月 26 日早上 7 时，保险公司接到客户贺某报案电话，称其被保险车辆于 4 月 25 日晚在萍乡市芦溪县宣风镇银河乡地段，由于暴雨路面积水，操作不当，造成空气滤清器进水，致使发动机损坏，车辆已拖到修理厂，要求保险公司前来定损。保险公司两名查勘人员前往修理厂对标的车受损原因进行查勘核实。在对车辆进行勘察时，怀疑汽修厂和车主有共同做假的嫌疑。车主将水倒入空气滤清器，造成空滤器进水的假象，保险公司查勘人员进一

步进行检查，拆开进气管路发现没有一点进水的痕迹，便当即要求对发动机进行解体检查，解体后发现连杆瓦及曲轴严重烧坏，曲轴抱死。至此，确认是保户与修理厂合伙诈骗保险赔款案。

[分析]

根据中国保险行业协会《机动车商业保险示范条款（2020 年版）》第一章机动车损失保险保险责任条款，第九条"在上述保险责任范围内，下列情况下，不论任何原因造成被保险机动车的任何损失和费用，保险人均不负责赔偿：（一）事故发生后，被保险人或驾驶人故意破坏、伪造现场，毁灭证据。"据此，保险公司认为该保险事故不在保险责任范围内，对该案做出拒赔处理。保险公司人员从空滤器进水引起警觉，凭着多年的工作经验对事故原因进行追查，找出真正事故原因，从而挽回损失 4 000 余元。

六、当事人与事故处理人员勾结诈赔案

[案情]

2020 年 1 月 8 日，某市无为县某运输公司的一台扬州亚星卧铺客车，在某保险公司投保，车损险保额为 18 万元、第三者险赔偿限额为 20 万元，附加险均未投保，保险期限为 2020 年 1 月 9 日 10 时起至 2021 年 1 月 8 日 24 时止。

2020 年 10 月 7 日 10 时许，该运输公司电话向保险公司报案称：2020 年 10 月 6 日 17 时许，标的车由无为县开往武汉，行至无为县境内长江大堤路段时，遇路右前方唐某招手拦车，驾驶员俞某采取措施不当，将唐某撞伤，当即向无为县公安交警部门报案，伤者送往安徽省立医院骨科治疗，车辆无损失。保险公司接到报案后，查勘人员先后前往无为县公安交警部门和伤者就治医院了解得知，案件笔录与报案情况一致，伤者唐某诊断为胸十二椎骨压缩性骨折伴脊髓损伤，伤情较为严重，查勘人员前往医院时，因伤者刚做手术，未与伤者接触，仅向医生了解伤情。2020 年 10 月 18 日，无为县公安交警部门认定驾驶员俞某超速行驶，碰撞行人，负该起事故的全部责任。该伤者治疗结束后，经鉴定为高位截瘫，评定为一级伤残。无为县公安交警部门于 2021 年 4 月 1 日对这起事故损失赔偿进行调解，标的方共承担赔偿金额为 193 467.80 元。该运输公司于 2021 年 4 月 6 日将所有材料提交保险公司请求索赔，保险公司核赔人员在审核案件材料时发现以下疑点：第一，出险当天在巢湖市庐江县人民医院有部分医药费用，庐江县是无为县前往武汉的必经之路，但并非距离出险地最近的医院，为何在该院抢救；第二，所有病历记载唐某仅造成胸背部脊椎严重损伤，其他部位均无外伤记录，于碰撞不尽相符。于是，核赔人员电话向该运输公司询问，该运输公司答复说，碰撞后，伤者尚能站立，认为无大碍，故伤者上车准备前往武汉打工，但车辆行驶至庐江县境内，伤者病情加重，送往庐江县医院急救，于当晚转入安徽省立医院治疗。为了进一步了解事故情况，保险公司查勘人员于 2021 年 4 月 9 日秘密前往伤者家中，在和伤者唐某的攀谈中，得知唐某于 2020 年 10 月 6 日下午和本村多名村民一道搭乘标的车，前往武汉打工，晚 9 时许，当车行至庐江县城外 20 km 处，由于路面不平，车子颠簸，将车内后排双层卧铺外沿钢管支架颠落，砸中位于下铺的唐某胸背部。出险后，交警未对唐某进行任何问话，但唐某签过字，按过手印。2021 年 4 月 10 日，保险公司立即委托检察机关对该案调查取证，当再次前往伤者唐某家中做笔录时，唐某否认前一天所讲的一切内容。当天前往伤者就治的所有医院调阅病案，也无任何收获。最后，经多方努力得知当日同车的几名本村村民

均在武汉打工，故连夜前往武汉，经三昼夜的艰苦工作，终于取得了唐某在车内受伤的有力证据。在证据面前，被保险人放弃了对该案的索赔。

[分析]

本案教训有：

（1）查勘人员仅对被保险人、交警部门及伤者就治医院进行了解，未及时向伤者了解相关情况，导致该案发现疑点时，离发案时间较长，取证工作难度大，故查勘人员应特别注重对第三方的及时调查了解。

（2）医疗核损人员要对伤情和事故经过进行分析，判断是否吻合。

（3）核赔人员审核案件，发现疑点后，不要急于向被保险人询问，以免打草惊蛇，为调查取证造成障碍。

（4）要警惕被保险人与个别公安不良分子串通，出具虚假证明。

（5）对死者应调查死亡原因、死者的个人情况及家庭基本情况。

（6）对所有本次事故所致伤亡的人员均应逐一拍照。

七、内外勾结，共同骗保

[案情]

某年3月，某市双桥区公安分局接到保险公司的举报，称保户赵某在该公司投保的一辆红色桑塔纳轿车于某晚在一住宅楼下丢失，该车保险即将到期。保险公司觉得此案有些蹊跷，请求公安机关予以调查。公安机关接手后，先从外围了解情况，找到与赵某比较熟悉的出租车司机了解赵某最近的表现。其中有一人提供一个线索：案发前的一天，看见赵某与一个操外地口音的男子在一起鬼鬼祟祟，不知在干什么。公安人员掌握这个情况后，就采取正面接触赵的方法，首先询问一些与此案无关的事情，然后话锋一转，突然追问赵某最近总和谁在一起。赵某先是一愣，继而镇静下来，矢口否认和外地人在一起。这时公安人员单刀直入地问案发前一天和他在一起的那个外地口音的人是哪的，在一起都干了些啥。赵某见事情瞒不住了，就如实交代了怎样和该市保险公司的夏某共同密谋，先把投保的车辆联系卖给山西一个个体煤窑主，然后向保险公司投案称车被盗，要求保险公司赔偿损失。保险公司的夏某假装出视一下现场，搞了一份询问笔录，就向公司领导建议此案手续齐全，没有疑点，可以赔付。最终，由于理赔部门工作认真、细致，才制止了一起虚假理赔案的发生，赵某和夏某以共同诈骗罪受到了法律的制裁。

[分析]

诈险人将机动车辆到保险公司投保，然后又将此车转移，随即向保险公司报案称该车被盗，要求保险公司赔付，属欺诈骗赔行为。险外责任险内补偿，这是指未在保险公司投保或是虽然在保险公司投保但标的物的被盗不属保险责任，诈险人为了转嫁损失，而采取的欺诈骗赔行为。

八、新能源车辆骗保

[案情]

北京某保险公司接连接到某新能源车辆出租车公司多起报案，称所属车辆发生拖底事故，事故造成电池的损伤，需更换电池。无一例外，都是单方的车辆拖底事故。在路上开车，车辆拖底风险无处不在，随时可能发生。但是以上发生的拖底事故，碰撞物都非常巧妙地控制在既能低到避开前保险杠，又能高到刚刚够到底盘。再加上接连几起的事故，保险公司查勘员认为这些案有些蹊跷，这些事故车辆，都在同一家出租车公司，车辆都是刚刚出质保期不久，都是事故之前电池监控事故异常的车辆，这让查勘员更有足够理由怀疑，这些事故是人为故意制造，为了更换陈旧新能源电池而制造的骗保事故。通过大数据分析，锁定嫌疑人团伙，在调查公司的配合下，针对这个特殊骗保开展调查工作。功夫不负有心人，经过多轮坚持不懈的调查走访，终于摸清了以某新能源车辆出租车公司法人×××为首的，多人分工合作，有计划、分批次，利用保险合同更换续航衰减电池的团伙骗保作案方式，并且在掌握大量确实证据的情况下，保险公司向当地经侦大队报案。该团伙得知保险公司已经向公安部门报案，做贼心虚，主动联系保险公司，将之前在保险公司所有故意制造拖底事故获得的赔款，悉数退还，请求谅解。

[分析]

目前市面上新能源汽车平均车龄为 2～3 年，这个风险还不是特别明显。唯一需要注意的是最早一批，以获得"补贴"为目的生产的新能源车，陆续过了质保期。新能源汽车和传统燃油车在被当作欺诈道具的时候，其实没有什么不同，都是利用高保额与低实际价值的利益差做文章，如果说专属于新能源汽车的欺诈，就只有一种可能，针对新能源电池的欺诈，即以更换衰减电池为目的的欺诈骗保。目前，各家保险公司在新能源业务承保上，虽然秉持谨慎态度，限制部分车辆承保。但是整体而言，缺乏行之有效的承保风险识别技术，因此应通过先进的科技手段，对新能源车辆进行全方位检测，有效地避免"衰减电池车"的风险。

九、汽车自燃引发赔偿，保险公司深查细究追偿成功

北京某保险公司通过法务部专业律师及司法鉴定机构的力量，成功实现一起车辆自燃赔偿案件的追偿，共追回理赔款 80 万多元。北京车主××于某年 6 月按揭购入一辆价值近 100 万元的宝马轿车，并在北京某保险公司投保了交强险及商业车险。当年 11 月，车辆发生了自燃，于是××向保险公司提出索赔车辆及利息损失近 80 万元。接到事故报案后，保险公司先后多次对车辆进行了细致查勘，发现车辆购买行驶不足半年，且自燃时是在停驶状态，同时，车主在投保时，并未保过不计免赔，即使保险公司赔偿，也需加扣 20% 的免赔额。双方就赔偿款发生了争议，在多次协商未果的情况下，12 月，车主一纸诉状将这家保险公司告上了法庭，要求该保险公司赔偿车损及利息损失 79 万余元，以及律师费 10 000 元。一审保险公司败诉，被判定赔偿车主 75 万余元。在一审过程中，××在其律师团队的协助下，向法院提供了保单、事故确认书、火灾证明等一系列资料，基本得到法院的认可，特别是就自燃原因是车辆本身引起还是人为纵火进行了鉴定，而结果表明，确实属车辆本身原因引起。虽然保险公司方面一直坚持车辆自燃是车辆不合格，应当把汽车销售商一起纳入被告，但车主并未这样做。同时，一审法院也认定，车主与该保险公司的保险事实成立，当年 12 月底，判定该保险公司赔偿车主相关损失 75.90 万元。一审的败诉并未使保险公司诉讼人员灰心，在之后召开的案件会审合议过程中，该保险公司认为应想尽办法向汽车销售商追偿。之后，保险公司法务部专业律师在此案上下功夫。通过一段时间的调查，发现该汽车销售商早先于公司做好车主的工作，并通过向车主支付"精神抚慰金"的方式，避免自己坐上被

告席，而车主得到保险公司赔偿款后，也万万没有想到，保险公司还会在此案上下功夫。同时，这家保险公司还通过第三方对当事车辆事发真实原因进行了司法鉴定。经鉴定，该车存在设计缺陷导致车辆燃烧。在掌握了以上确凿证据后，这家保险公司再次向法院提出了向汽车销售商追偿的调解意见，最终得到法院的认可，法院判定车商向本案保险公司赔偿追偿款70万余元，此案在历经重重波折后，以保险公司成功追偿告终。

[分析]

本案中，保险公司并没有在法院一审不利判决后停止脚步，而是通过继续努力，多方配合，最终保证公司的正当利益得到维护，为成功处理此类追偿案起到示范作用。对于财险公司来说，追偿案件由于受专业技术、专业鉴定人员缺失、被追偿主体无力赔偿等众多原因影响，往往不能实现成功追偿，所以这方面需要改善。

本章复习思考题

1. 汽车保险理赔的含义及其特点是什么？汽车保险理赔应遵循的原则是什么？

2. 目前，我国汽车保险的模式与国际保险发达国家先进模式相比较有哪些不足？

3. 简述汽车保险的索赔程序以及被保险人理赔时需要的单证。

4. 简述保险公司的汽车保险的理赔程序及汽车保险理赔对工作人员的特殊要求。

5. 汽车理赔过程中接受报案的主要工作内容有哪些？

6. 汽车理赔中查勘的主要内容有哪些？

7. 某企业为一辆汽车投保了交强险后，按照责任限额 500 000 元投保中国人民保险公司机动车辆第三者责任险，在出险时给第三方造成 150 000 元损失，诉讼仲裁费用为 3 000 元。该车负主要责任，承担 70% 的损失，依据条款规定应承担 15% 的免赔率。试计算保险公司应支付的赔款。

8. 什么是核赔？核赔的主要工作内容包括哪些？

9. 保险公司汽车理赔的结案工作有哪些规定？未决赔案应如何处理？

10. 保险公司主要的特殊处理案件包括哪些？处理原则和方法怎样？

11. 通过社会实践，对当地保险公司进行实地调查，对搜集的一些案例进行分析。

10

第十章

△ 汽车保险与理赔（第 4 版）

汽车消费贷款及其保险

随着我国汽车业的发展和人民生活水平的提高，汽车产品越来越多地通过汽车消费贷款业务走入千家万户，使我国汽车信贷市场得到蓬勃发展。央行从 1998 年 9 月出台《汽车消费贷款管理办法》之后，1999 年 4 月又出台了《关于开展个人消费信贷的指导意见》，从此，汽车信贷业务已成为国有商业银行改善信贷结构，优化信贷资产质量的重要途径，与此同时，国内私人汽车消费逐步升温，多个城市，私人购车比例已超过 50%。面对日益增长的汽车消费信贷市场需求，保险公司出于扩大自身市场份额的考虑，适时推出了汽车消费贷款信用保证保险。国务院颁布的《国务院关于保险业改革发展的若干意见》（国发〔2006〕23号）明确提出，要建设一个市场体系完善，服务领域广泛，经营诚信规范，偿付能力充足，综合竞争力较强，发展速度、质量和效益相统一的现代保险业。要稳步发展住房、汽车等消费信贷保证保险，促进消费增长。银行、保险公司、汽车经销商三方合作的模式，成为推动汽车消费信贷高速发展的主流做法。根据中国汽车工业协会统计：2020 年中国汽车产量为2 522.5 万辆，销量为 2 531.1 万辆；2021 年上半年中国汽车产量为 1 256.9 万辆，销量为1 289.1 万辆。2019 年中国经销商批发贷款车辆数量为 419.8 万辆，2020 年中国经销商批发贷款车辆数量为 428.4 万辆。随着中国汽车金融市场的逐步成熟，保守估计到 2025 年，我国汽车金融行业会有 5 500 亿元左右的市场。通过汽车金融服务来普及汽车消费，对国民经济的意义不可小觑。

目前，我国较为成熟的车贷险为汽车消费贷款保证保险和汽车分期付款售车信用保险两种。本章讲解汽车贷款及其保险的业务知识。

第一节　汽车贷款概述

一、汽车消费贷款业务的产生与发展

汽车金融服务最初起始于汽车制造商在 20 世纪 20 年代前后向用户提供的汽车销售分期付款。最早的汽车金融服务机构是 1919 年美国通用汽车公司设立的通用汽车票据承兑公司，该公司专门承兑或贴现通用汽车经销商的应收账款票据。由于设立了专门的汽车金融服务机构，分离了汽车制造和销售环节的资金，使得汽车销售空前增长。此后，一些大汽车制造商开始设立金融机构对经销商和客户融资，银行也开始介入这一领域，逐步形成汽车金融服务

体系。汽车金融服务是依托并促进汽车产业发展的金融服务。国外汽车金融服务发展已经有近百年的历史，其发展水平已经相当完善。随着我国经济的发展，许多居民具备了购车能力。消费观念的更新也令大量的城市消费者把目光投向消费信贷。同时，从银行角度来讲，我国目前已具备相当规模的金融资产。

在此种形势下，中国人民银行于 1998 年 9 月 11 日颁布了《汽车消费贷款管理办法》，我国的汽车消费贷款应运而生。

汽车消费信贷业务快速发展，对于推动我国汽车产业发展，活跃和扩大汽车消费，改善金融机构资产负债结构发挥了重要的作用。但与此同时，受我国征信体系不完善、贷款市场竞争不规范、近年来汽车价格波动等诸多因素的影响，汽车贷款的风险逐渐暴露，《汽车消费贷款管理办法》中的许多条款明显不能适应新的市场变化，难以有效发挥促进汽车贷款业务健康发展、防范汽车贷款风险的作用。

为此，2004 年 8 月 16 日中国人民银行、中国银行业监督管理委员会令〔2004〕第 2 号发布《汽车贷款管理办法》。2004 年公布的《汽车贷款管理办法》与 1998 年发布的《汽车消费贷款管理办法》相比，在防范风险与促进发展上有以下五个不同。

（1）扩大了贷款人的范围：将贷款人由国有独资商业银行扩大为包括各商业银行、城乡信用社及获准经营汽车贷款业务的非银行金融机构。

（2）扩大了借款人的范围：将借款人细分为个人、汽车经销商和机构借款人，对不同借款人申请汽车贷款规定了不同的资质条件。其中，对个人借款人首次明确除中国公民外，还包括在中国境内连续居住 1 年以上（含 1 年）的港、澳、台居民及外国人。

（3）针对不同类型的汽车贷款，规定了不同的贷款期限、贷款最高限额和相应的风险防范措施。例如，规定汽车贷款的贷款期限（含展期）不得超过 5 年，其中，二手车贷款期限（含展期）不得超过 3 年，经销商汽车贷款期限不得超过 1 年；规定贷款人发放自用车、商用车和二手车贷款的金额分别不得超过借款人所购汽车价格的 80%、70% 和 50% 等。

（4）新的车贷管理办法也第一次规定了车价确定的参考原则，其实质是"就低不就高"。汽车价格，对新车而言，是指汽车实际成交价格（不含各类附加税、费及保险费等）与汽车生产商公布的价格相较的低者；对二手车而言，是指汽车实际成交价格（不含各类附加税、费及保险费等）与贷款人评估价格相较的低者。

（5）强化了对汽车贷款的风险管理。专门设立"风险管理"一章，要求贷款人建立借款人资信评级系统和汽车贷款预警监测体系，完善审贷分离制度，对汽车贷款实行分类监控及建立汽车贷款信息交流制度等。

2004 年公布的《汽车贷款管理办法》也不能满足贷款管理的需要，中国人民银行、中国银行业监督管理委会又于 2017 年 10 月 13 日，发布修订的《汽车贷款管理办法》，使得我国的汽车贷款业务日益完善。本次修订主要对相关概念进一步明确，使汽车贷款分类方式更丰富，新能源汽车贷款比例成数上升。此外，贷款最高发放比例要求由中国人民银行、中国银行业监督管理委员会①根据宏观经济、行业发展等实际情况另行制定。

1. 汽车贷款相关概念得以明确

（1）汽车贷款的贷款人明确为在中华人民共和国境内依法设立的、经银保监会及其派

---

① 2018 年 3 月，根据《第十三届全国人民代表大会第一次会议关于国务院机构改革方案的决定》，中国银行业监督管理委员会撤销，设立中国银行保险监督管理委员会。

出机构批准经营人民币贷款业务的商业银行、农村合作银行、农村信用社与获准经营汽车贷款业务的非银行金融机构。修订后的贷款人更符合现存金融机构分类标准。

（2）汽车贷款的借款人可分为法人和个人。法人包括汽车经销商和机构。《汽车贷款管理办法》中"机构"为除经销商外的法人、其他经济组织。

（3）新增新能源汽车贷款。明确新能源汽车是指采用新型动力系统，完全或主要依靠新型能源驱动的汽车，包括插电式混合动力（含增程式）汽车、纯电动汽车和燃料电池汽车等。其中，对于实施新能源汽车贷款政策的车型范围，各金融机构可在《汽车贷款管理办法》基础上，根据自愿、审慎和风险可控原则，参考工业和信息化部发布的《新能源汽车推广应用推荐车型目录》执行。

2. 汽车贷款分类方式得到丰富

（1）按借款主体可分为经销商汽车贷款和购车贷款。

①经销商汽车贷款是指贷款人向汽车经销商发放的用于采购车辆、零配件的贷款。

②购车贷款则是向个人或机构（非经销商）发放的用于购买汽车的贷款。

（2）按贷款用途可分为自用车贷款和商用车贷款。

①自用车是指借款人通过汽车贷款购买的、不以营利为目的的汽车。

②商用车是指借款人通过汽车贷款购买的、以营利为目的的汽车。

（3）按交易手数可分为一手车贷款和二手车贷款。

从汽车经销商直接购买的车为新车（一手车），办理完机动车注册登记手续到规定报废年限之前进行所有权变更并依法办理过户手续的汽车为二手车。

（4）按汽车是否为新能源车可分为传统动力汽车和新能源汽车。

3. 新能源汽车贷款比例成数上升

原《汽车贷款管理办法》规定"自用车贷款的金额不得超过借款人所购汽车价格的80%；发放商用车贷款的金额不得超过借款人所购汽车价格的70%；发放二手车贷款的金额不得超过借款人所购汽车价格的50%"。而根据《关于加大对新消费领域金融支持的指导意见》规定"经银监会批准经营个人汽车贷款业务的金融机构办理新能源汽车和二手车贷款的首付款比例，可分别在15%和30%最低要求基础上，根据自愿、审慎和风险可控原则自主决定"。

《关于调整汽车贷款有关政策的通知》（银发〔2017〕234号）体现了对新能源汽车贷款比例的优惠："自用传统动力汽车贷款最高发放比例为80%；商用传统动力汽车贷款最高发放比例为70%；自用新能源汽车贷款最高发放比例为85%；商用新能源汽车贷款最高发放比例为75%；二手车贷款最高发放比例为70%"。

尽管我国汽车消费金融发展迅速，但是仍存在消费者权益保护不足、资金来源渠道较为单一、取消二手车限迁和双录等政策有待进一步落地、汽车估价和残值预测缺乏准确数据、政府部分数据无法查询等汽车消费金融共性问题。2020年4月，发改委、工信部、银保监会等11部门发布《关于稳定和扩大汽车消费若干措施的通知》，推出新的汽车金融刺激措施，明确将通过"适当下调首付比例和贷款利率、延长还款期限等方式"释放汽车消费潜力。更低的首付比例意味着更高的贷款限额，这将直接扩大汽车金融市场规模。还款期限的延长将给予金融服务商更灵活的产品提升空间，也能激发部分消费者的贷款意愿。但同时，这也将为汽车金融机构的风控和融资能力带来更高的挑战。

二、我国的汽车消费贷款业务

汽车贷款是指贷款人向借款人发放的用于购买汽车（含二手车）的贷款，包括个人汽车贷款、经销商汽车贷款和机构汽车贷款。

贷款人是指在中华人民共和国境内依法设立的、经银保监会及其派出机构批准经营人民币贷款业务的商业银行、农村合作银行、农村信用社及获准经营汽车贷款业务的非银行金融机构。

（一）申请汽车贷款必须符合的条件

（1）个人需要的资料：

①《个人贷款申请书》。

②中华人民共和国公民，或在中华人民共和国境内连续居住一年（含一年）以上的港、澳、台居民及外国人的身份证明。

③具有固定和详细住址且具有完全民事行为能力。

④具有稳定的合法收入或足够偿还贷款本息的个人合法资产。

⑤个人信用良好。

⑥能够支付规定的首期付款。

⑦贷款人要求的其他条件。

⑧如贷款所购车辆为商用车，还需提供所购车辆可合法用于运营的证明，如车辆挂靠运输车队的挂靠协议、租赁协议等。

（2）经销商需要的资料：

①工商行政主管部门核发的企业法人营业执照。

②汽车生产商出具的代理销售汽车证明。

③资产负债率不超过 80%。

④具有稳定的合法收入或足够偿还贷款本息的合法资产。

⑤经销商、经销商高级管理人员及经销商代为受理贷款申请的客户无重大违约行为或信用不良记录。

⑥贷款人要求的其他条件。

（3）机构需要的资料：

①企业或事业单位登记管理机关核发的企业法人营业执照或事业单位法人证书及法人分支机构营业执照、个体工商户营业执照等证明借款人主体资格的法定文件。

②具有合法、稳定的收入或足够偿还贷款本息的合法资产的证明。

③购车首期付款证明。

④无重大违约行为或信用不良记录证明。

⑤贷款人要求的其他条件。

（二）贷款程序

（1）客户咨询：客户咨询，领取贷款的有关资料。

（2）客户递交申请资料：客户填写申请表格，向经办行或委托受理网点递交有关资料。

（3）贷款人对借款人进行调查了解。贷款人与经销商签订购车合同、交首付款等。

（4）资格审查：在受理客户申请后，对借款人的资信情况、偿还能力、材料的真实性进行审查，并在规定的时间内给予申请人明确答复。

（5）办理手续：经审查符合贷款条件后，贷款人即与客户签订借款合同、担保合同，并办理必要的抵押登记手续和保险手续。

（6）贷款通知：贷款人通知经销商和客户，由经销商协助客户办理购车所需的各种手续，客户提车，贷款人发放贷款，将贷款全额划入经销商账户。

（7）按期还款：客户按借款合同约定的还款日期、还款方式偿还本息。客户按合同预定全部归还贷款本息后，贷款人将退还客户被收押的有关单证。

汽车贷款流程如图 10 - 1 所示。

客户咨询→客户递交申请资料→贷款人对借款人进行调查了解→资格审查→办
理手续→贷款通知→还款→结清注销

图 10 - 1　汽车贷款流程

（三）汽车贷款的还款方式

对于期限在 1 年以内的贷款，客户应在贷款到期日一次性还本付息、利随本清；对于期限在 1 年以上的贷款，客户可选择按月"等额本息"或"等额本金"还款方式。每月还本付息额计算公式如表 10 - 1 所示。

表 10 - 1　汽车贷款的还款方式计算公式表

项目	每月还本付息额
等额本息还款法	$[$贷款本金 $\times$ 月利率 $\times (1 + $月利率$)^n] \div [(1 + $月利率$)^{n-1}]$
等额本金还款法	贷款本金 $\div$ 还款总月数 $+ ($贷款本金 $-$ 已归还本金累计额$) \times$ 月利率
注：n 为还款月数。	

第二节　汽车消费贷款保证保险

一、汽车消费贷款保证保险的概念

汽车消费贷款保证保险是指以借款合同所确定的贷款本息为标的，投保人（借款人）根据被保险人（提供消费贷款的银行）的要求，请求保险人担保自己信用的一种保险。如果在规定的期限内，因投保人未按借款合同按期履行还款义务，致使被保险人受到经济损失，由保险人负赔偿责任。保险人履行赔偿义务后，有权向投保人或提供连带责任担保的第三方担保人追偿。

二、投保人、担保人应具备的基本条件

（一）投保人应具备的基本条件

汽车消费贷款保证保险的投保人应是年满 18 周岁具有完全民事行为能力的自然人，或依法成立的、能够独立承担民事责任的企（事）业法人。因个人与经销商及机构借款人具

有不同的特点，其成为投保人的条件也不尽相同。

1. 个人投保人应符合的条件

（1）具有城镇常住户口，并在户口（身份证）登记所在地居住。

（2）具有稳定的职业和经济收入或易于变现的资产，足以按期偿还贷款本息；已婚者须提供其配偶偿付贷款连带责任的证明材料。

（3）在申请贷款期间有不低于银行规定的购车首期款存入贷款银行。

（4）能提供银行认可的资产作为抵押或质押，或有足够的代偿能力的单位或个人作为保证人。

（5）没有犯罪记录及欠债不还或赌博习惯、吸毒等不良记录。

（6）愿意接受银行和保险人认为必要的其他条件。

2. 法人、国家机关和其他组织投保人应符合的条件

（1）具有偿还贷款的能力。

（2）与受理公司处于同一城市区域。

（3）在申请贷款期间有不低于银行规定的购车首期款存入银行。

（4）能提供银行认可的资产作为抵押或质押，或有足够的代偿能力的单位或个人作为保证人。

（5）事业法人应提供其上级拨付事业经费的财政部门出具的担保函。

（6）愿意接受银行和保险人认为必要的其他条件。

（二）、担保人应具备的基本条件

1. 自然人

（1）具有完全民事行为能力的中国公民。

（2）具有稳定的职业和经济收入或易于变卖的资产，有能力按期偿还购车款项。

（3）能够提供保险人认可的担保。

2. 法人

（1）中国境内的企业、事业法人单位或国家机关（不含分支机构或派出机构）。

（2）具有偿还购车款能力。

（3）能够提供保险人认可的担保。

（4）凡法律或银行规定不能作为担保人的单位或个人，无论何种理由，均不得接受其担保或反担保的行为。

因此，汽车消费贷款保证保险的投保人包括根据中国人民银行《汽车消费贷款管理办法》规定，与被保险人订立《汽车消费贷款合同》，以贷款购买汽车的中国公民、企业、事业单位、法人。

汽车消费贷款保证保险的被保险人，是指为投保人提供贷款的国有商业银行或经中国人民银行批准经营汽车消费贷款业务的其他金融机构。

三、投保人、被保险人的权利义务

（一）投保人的权利和义务

1. 投保人的权利

在汽车消费贷款保证保险中的投保人即贷款购车人，其权利主要有以下两点。

（1）汽车消费贷款保证保险合同的变更权，在合同成立后尚未履行或者尚未完全履行前，投保人有权对汽车消费贷款保证保险的内容进行修改和补充。

（2）汽车消费贷款保证保险合同的解除权，是指在保险合同有效成立后当事人可依照法律规定或合同约定而提前终止保险合同的行为。

但是在行使以上两种权利时，必须取得被保险人的同意。

2. 投保人在合同生效前必须履行的义务

（1）如实告知义务，指在汽车消费贷款保证保险合同订立时，投保人将有关保险标的的重要事实如实告知保险人。

（2）缴纳保险费的义务，在汽车消费贷款保证保险合同成立后，投保人必须按照约定的金额、时间、地点和方式向保险人交付定额保险费。

（3）通知义务，指在汽车消费贷款保证保险合同成立后，投保人将有关事实通知保险人，比如汽车转让的通知，保险事故发生的通知等。

（二）被保险人权利和义务

（1）被保险人一般是指发放汽车消费贷款的银行。在汽车消费贷款保证保险合同中，被保险人享有的最重要的权利就是保险金请求权，即在保险事故发生后，请求保险人依照法律规定和汽车消费贷款保证保险合同的约定赔偿保险金的权利。

（2）被保险人的义务主要有以下几点：

①维护保险标的安全的义务，是指投保人投保汽车消费贷款保证保险后，被保险人仍须严格遵守《商业银行法》和《贷款通则》等有关法律规定，对投保人即借款人的资格、资信认真进行调查核实，并对借款人的借款、用款活动进行合理谨慎的监督和管理，包括监督借款人按照贷款合同约定的用途使用贷款、及时对未按时还款的借款人进行催收等。

②通知义务，主要是指保险标的转让的通知、危险程度增加的通知及保险事故发生的通知。

③防止和减少损失的义务，是指当保险事故发生时，被保险人应当尽力施救，以防止或减少损失。

（三）保险人的权利和义务

汽车消费贷款保证保险的保险人是指经由国家保险监督管理部门即银保监会审核批准开办汽车消费贷款保证保险业务的保险公司。

保险公司的权利主要有以下几个方面。

①收取保险费。保险费是保险公司盈利的来源，是分散、消化风险的根本，作为承担风险的代价，保险公司有权收取定额的保费。

②依法解除汽车消费贷款保证保险合同的权利。汽车消费贷款保证保险合同成立后，原则上是不得解除的，但如果投保人或被保险人不履行法定义务或保险合同约定义务，保险人即可依法解除保险合同。

③依法拥有保险人的代位求偿权。保险人在承担了赔偿保险金责任后，享有代被保险人向损害保险标的而造成保险事故的第三人请求赔偿的权利。

保险公司的义务主要有以下几点。

①保险条款的说明义务。保险人与投保人协商订立汽车消费贷款证保险合同时，应当向投保人说明保险合同的条款内容，说明的目的是使投保人充分注意并理解保险合同的内容、

真实含义及法律后果。

②赔偿保险金的义务。作为收取保险费的代价，当发生保险事故时保险人应当按照法律规定和汽车消费贷款保证保险合同的约定向被保险人赔偿保险金，这也是保险人的最基本义务。

四、汽车消费贷款保证保险的保险责任与责任免除

汽车消费贷款保证保险的保险责任事故是指投保人逾期未能按《汽车消费贷款合同》规定的期限偿还欠款满一个月的，视为保险责任事故发生。

保险责任事故发生后 6 个月，投保人不能履行规定的还款责任，保险人负责偿还投保人的欠款，但是下列几种情况可以免除相应责任。

（1）由于以下原因造成投保人不按期偿还欠款，导致被保险人的贷款损失时，保险人不负责赔偿。

①因战争、军事行动、暴动、政府征用、核爆炸、核辐射或放射性污染、地震等原因导致投保人不按期偿还贷款合同约定的所欠款项，保险人均不赔偿。

②因为投保人的违法行为、民事侵权行为或经济纠纷致使其车辆及其他财产被罚没、查封、扣押、抵债及车辆被转卖、转让。

③因为所购车辆的质量问题及车辆价格变动致使投保人拒付或拖欠车款。

（2）由于被保险人对投保人提供的材料审查不严或双方签订的《汽车消费贷款合同》及其附件内容进行修订而事先未征得保险人书面同意，导致被保险人不能按期收回贷款的损失。

（3）由于投保人不履行《汽车消费贷款合同》规定的还款义务而致的罚金、违约金，保险人不负责赔偿。

五、保险期限和保险金额

汽车消费贷款保证保险的投保人缴纳保险费的计算公式为

$$保险费 = 保险金额 \times 保险费费率$$

汽车消费贷款保险金额为投保人的贷款金额。这里的贷款金额不包含利息、罚息及违约金。

六、费率规章

《关于规范汽车消费贷款保证保险业务有关问题的通知》（保监发〔2004〕7 号）指出，汽车消费贷款保证保险（以下简称车贷险）自开办以来，对推动我国汽车消费信贷和汽车消费市场的快速发展发挥了积极的作用。但是，随着车贷险业务规模的不断扩大，经营风险也日益显现，一定程度上暴露了车贷险业务在保险责任界定、条款设计及经营管理方面存在的问题。为加强车贷险业务的规范化管理，防范和化解经营风险，进一步促进车贷险业务和汽车消费市场的健康发展。保监会决定，各保险公司实行的车贷险条款费率截至 2004 年 3 月 31 日一律废止，各保险公司应根据通知要求重新制定车贷险条款费率。

七、赔偿处理

当发生保险责任范围内事故时，被保险人应立即书面通知保险人，如属刑事案件，应同

时向公安机关报案。

被保险人索赔时应先行处分抵押物抵减欠款，抵减欠款不足部分由保险人按条款合同赔偿办法予以赔偿。被保险人索赔时如不能处分抵押物，应向保险人依法转让抵押物的抵押权，并对投保人提起法律诉讼。

被保险人索赔时，应向保险人提供以下有效单证。

（1）索赔申请书。

（2）汽车消费贷款保证保险和汽车保险保单正本。

（3）《汽车消费贷款合同》（副本）。

（4）《抵押合同》。

（5）被保险人签发的《逾期款项催收通知书》。

（6）未按期付款损失清单。

（7）保险人根据案情要求提供的其他相关证明材料。

关于抵押物的处分及价款的清偿顺序按《抵押合同》的规定处理。

第三节　汽车分期付款售车信用保险

汽车分期付款售车是我国汽车销售行业采取的多种汽车销售方式之一，为确保汽车销售商开展的分期付款销售汽车业务的顺利进行，也为了让保险业适应当前国内汽车销售的新变化、寻找新的车险业务增长点，我国设立了汽车分期付款售车信用保险这一特别约定保险。汽车分期付款售车信用保险与前述汽车消费信贷保证保险最大的区别在于汽车分期付款售车信用保险的被保险人是汽车销售商，而汽车消费信贷保证保险的被保险人是为投保人提供贷款的国有商业银行或经中国人民银行批准经营汽车消费贷款业务的其他金融机构。保险公司制发的单据用于客户在分期购车时投保的信用险。

一、汽车分期付款售车信用保险的含义

分期付款售车信用保险作为汽车保险中一种特别约定保险。其投保人为汽车分期付款售车信用保险的投保人；被保险人为分期付款的售车人；汽车分期付款售车信用保险的担保人指按照被保险人的要求，接受分期付款购车人的请求，为分期付款购车人所欠债务承担连带责任者。

二、保险责任与除外责任

（1）购车人在规定的还款期限到期3个月后未履行或仅部分履行规定的还款责任，保险人负责偿还该到期部分的欠款或其差额。

（2）如购车人连续两期未偿还到期欠款，保险人代购车人向被保险人清偿第1期欠款后，于第2期还款期限到期3个月后，向被保险人清偿购车人所有的欠款。

（3）由于下列原因造成购车人不按期偿还欠款，导致被保险人的经济损失时，保险人不负责赔偿：战争、军事行动、核爆炸、核辐射或放射性污染；因购车人的违法犯罪行为及

经济纠纷致使其车辆及其他财产被罚没、查封、扣押、抵债；因所购车辆的质量问题致使购车人拒付或拖欠车款；因车辆价格变动致使购车人拒付或拖欠车款；被保险人对购车人资信调查的材料不真实或售车手续不全；被保险人在分期付款售车过程中的故意和违法行为。

三、保险期限和保险金额及相关费率

1. 保险期限

保险期限是从购车人支付规定的首期付款日起，至付清最后一笔欠款日止，或至该份购车合同规定的合同期满日为止，两者以先发生为准，但最长不超过3年。

2. 保险金额

保险金额为购车人首期付款（不低于售车单价的30%）后尚欠的购车款额（含资金使用费）。

3. 保险费费率

$$保险费 = 保险金额 \times 保险费费率$$

汽车分期付款售车信用保险的保险费费率见表10-2。

表10-2　汽车分期付款售车信用保险费费率表

分期付款时间与费率	6个月　0.6%	7~2个月　1%		
	1年　1%	1年3个月　1.25%	1年6个月　1.50%	1年6个月　1.50%
分期付款时间与费率	2年　2%	2年3个月　2.25%	2年6个月　2.5%	2年9个月　2.75%
		3年　3%		

四、被保险人义务

（1）被保险人应要求购车人提供具有担保资格的担保人，并以所购汽车作为抵押。

（2）被保险人应严格遵守购销合同、抵押合同、质押合同等有关必备合同的规定。

（3）被保险人应严格审查购车人和担保人的资信情况，在确认其资信良好的情况下，方可按分期付款方式销售车辆。

资信审查时向购车和担保人收取以下证明文件，并予以登记，包括：个人的身份证及户籍证明原件；工作单位人事及工资证明或居委会出具的长期居住证明；法人的营业执照税务登记证复印件，营业场所证明，法人代表身份证明，单位的开户行、户名及账号，银行及税务资信证明等。保险人有权要求被保险人提供上述证明文件。

（4）被保险人应按时向保险人缴纳保险费。

（5）被保险人应严格遵守国家法律、法规及《分期付款购买汽车合同》中的责任和义务，经常检查分期付款合同的执行情况，做好欠款的催收工作和催收记录，对保险人提出的防损建议，应认真考虑并付诸实施。

（6）被保险人的《分期付款购买汽车合同》如有变动，须事先征得保险人的书面同意。被保险人改变经营方式如对购车人分期付款产生较大影响，应及时书面通知保险人。

（7）被保险人不履行合同规定的各项义务，保险人有权终止保险合同或拒绝赔偿。

五、赔偿处理

（1）当发生保险责任范围内事故时，被保险人应立即书面通知保险人，如属刑事案件，应同时向公安机关报案。

$$赔款金额 = 当期应付购车款或差额 \times (1 - 20\%)$$

（2）被保险人索赔时应交回抵押车辆，由保险人按规定的办法处分抵押物抵减欠款，抵减欠款不足部分由保险人按保险条款赔偿办法予以赔偿。

$$赔款金额 = 逾期款收回欠款金额 \times (1 - 20\%)$$

（3）若被保险人无法收回抵押车辆，应向担保人追偿，若担保人拒绝承担连带责任时，被保险人应提起法律诉讼。

（4）被保险人索赔时，根据出险情况，提供以下有效证明文件：索赔申请书（应注明购车人未履行按期偿还余款和担保人未履行连带责任的原因、索赔金额及其计算方法）；分期付款购车合同；保单正本；被保险人签发的《逾期款项催收通知书》；未按期付款损失清单；代收款银行提供的代收款情况证明；向担保人发出的索赔文件；县及县以上公安机关出具的立案证明；法院受理证明；产品质量检验报告或裁决书；保险人要求提供的其他相关文件。

（5）被保险人在获得保险赔偿的同时，应将其有关追偿权益书面转让给保险人，并积极主动协助保险人向购车人或担保人追偿欠款。

六、追偿及抵押物处分

保险人支付保险赔款之后，即取代被保险人的地位，行使对购车人的追偿权利，包括接管因为被保险人债权而涉及的任何抵押物。

保险人有权按下列任一种方式处分抵押物：拍卖、转让、兑现或其他合理的方式。抵押物经处分后，按下列顺序分配价款。

（1）支付处分费和税金。

（2）清偿被保险人应得的款项。

（3）清偿保险人应得的所有款项。

（4）如上述款项仍有余额，该余额应归还购车人。如上述款项不足清偿欠款，被保险人应积极协助保险人向购车人追偿。

七、其他规定

（1）对超出保险金额或保险期限的任何欠款，保险人不承担任何赔偿责任。

（2）保险人对购车人因未能按期履行主合同引起的罚息和违约金不承担赔偿责任。

（3）发生保险责任事故后，被保险人从通知保险人发生保险责任事故当日起3个月内不向保险人提交规定的单证，或者从保险人书面通知之日起1年内不领取应得的赔款，即作为自愿放弃权益。

（4）保险人赔偿后，若发现是属于被保险人的欺骗等行为造成保险人错赔的，保险人有权追回赔款。

（5）一经承保，投保不得中途退保。

（6）保险人和被保险人应本着"实事求是、公平合理"的原则协商解决发生的纠纷和争议。如协商不成，可提交工商行政管理部门进行调解、仲裁，向法院提起诉讼。除事先另约定外，仲裁或诉讼应在保险人所在地进行。

机动车辆分期付款售车信用保险投保单如表10-3所示。

表10-3　机动车辆分期付款售车信用保险投保单

投保人	地址电话		
被保险人	地址电话		
共同 购车人	本人：	地址： 电话：　　　　身份证号：	
	直系亲属：	地址： 电话：　　　　身份证号：	
	担保人：	地址： 电话：　　　　身份证号：	
	厂牌型号：	牌照号：	
	发动机号：	车架号：	
购车价格：人民币＿＿＿＿＿＿＿＿＿元（¥＿＿＿） 首期付款：人民币＿＿＿＿＿＿＿＿＿元（¥＿＿＿） 贷款金额：人民币＿＿＿＿＿＿＿＿＿元（¥＿＿＿） 分＿＿＿个月，＿＿＿期还款，每期还款人民币＿＿＿＿＿＿＿＿＿元。			
投保金额：人民币＿＿＿＿＿＿＿＿＿元（¥＿＿＿） 费率：＿＿＿＿＿＿% 保险费：人民币＿＿＿＿＿＿＿＿＿元（¥＿＿＿） 保险期限：自　　年　　月　　日零时起至　　年　　月　　日二十四时止			
特别约定：			
投保人声明上述填写内容（包括抵押清单）属实，同意以本投保单及其附件作为订立保险合同的依据；对贵公司就机动车辆分期付款售车信用保险条款（包括责任免除部分）的内容及说明已经了解并认同；同意自保险单签发之日起保险合同成立。			
被保险人签章： 　　　　年　　月　　日	投保人签章： 　　　　年　　月　　日		
注：1. 本投保单上投保人指分期付款的购车人。 　　2. 被保险人指分期付款的售车人。			

第四节　保险公司办理汽车消费贷款保证保险业务的程序

2020年年末，中国超过美国成为全球汽车保有量最大的市场，中国的汽车市场规模超过 1 万亿的规模。这对于开办汽车消费贷款的金融机构来说，无疑潜伏着巨大商机，因而汽车消费贷款保证保险业务，理应存在着巨大的增长空间。以下介绍汽车消费贷款保证保险的保险与理赔的程序与步骤。

一、汽车消费贷款保证保险的承保实务

（一）展业

1. 展业准备

（1）保险公司的展业人员应熟练学习汽车消费贷款保证保险的基本知识，通过全面细致地调查分析，认真筛选贷款购车人。

（2）进行市场调查并选择合适的保险对象。

①调查与分析本区域内银行、汽车生产商、销售商和社会大众对消费信贷的态度，合理预测市场发展前景。

②调查分析与预测个人和法人对汽车消费贷款的实际购买力、参与程度及当地的汽车年销售量等情况。

③了解银行、销售商、购车人对保险的态度、需求及希望与保险公司合作的方式。

④调查分析实施消费贷款售车的车型、销售价格及变化趋势。

（3）同选定的银行、销售商、公证机关、公安交通管理部门等签订合作协议，明确合作方式、各方的职责、权利及义务。

（4）展业材料准备与培训。根据合作协议，向有关合作方及时提供汽车消费贷款保证保险的条款、费率规章、投保单及其他有关资料。对银行与销售商的相关业务人员进行培训，使他们掌握保证保险的有关规定，能够指导投保人正确填写投保单。

2. 展业宣传

备齐保险条款与相关资料以后，向银行、汽车生产商、销售商和贷款购车人做好宣传。重点宣传保证保险的特点、优势及本公司的网络优势、技术优势、实力水平、信用优势和服务优势。

（二）受理投保

业务人员应依法履行告知和说明义务，对贷款购车人要耐心细致地解释条款及其含义，特别对条款中的责任免除事项、被保险人的义务及其他容易引起争议的部分，应予以重点的解释和说明，同时，提醒投保人履行如实告知义务。在投保人提出投保申请时，应要求其按规定提供必需的证明材料，正确指导投保人填写投保单。当投保人填写完整的投保单并提供相关的资信证明材料后，业务人员应对投保人填写的投保单及其资信证明材料进行初步查实，必要时要调查核实。

（三）核保

审核投保单的保险金额是否符合车贷险条款规定、投保人购车的首付款是否符合规定；审核贷款合同和购车合同是否合法并真实有效，银行与销售商在办理消费贷款和购车手续时，是否按照规定严格把关；审核投保人是否按规定为消费贷款所购的车辆办理了规定内容的保险；审核贷款协议是否明确按月、按季分期偿还贷款，不得接受 1 年 1 次的还款方式。审核投保人是否按照与银行签订的抵押、质押或保证意向书，办理了有关抵押、质押或保证手续；审核投保人所购车辆的用途与还款来源。对上述核保内容审核以后，应签署核保意

见，明确是否同意承保，或是否需要补充材料及是否需要特别约定等。若通过核保，应将贷款合同、购车合同和相关证明材料复印一套留存。

（四）缮制保险单证

业务人员根据核保意见缮制保险单证。

（1）缮制汽车消费贷款保证保险保单，保险期限应长于贷款期限，保险金额不得低于贷款金额。

（2）根据贷款金额、贷款期限等正确选择费率并计算保险费。

（3）对保险单证进行复核并签章。

（五）收取保险费

财务人员按照保单核收保险费并出具保险费收据。投保人应一次交清保证保险的保险费。

（六）签发保险单证

保险费收取后，业务人员在保险单证上加盖公章，将保险单正本交被保险人。

（七）归档管理

保险单副本一联交投保人，一联交财务，剩下一联连同保险费收据业务联、复印的贷款合同、购车合同及有关证明材料等资料整理归档。

二、保险合同的变更、终止、解除

1. 合同变更

（1）变更事项。包括变更保险期限、变更购车人住址和电话或购车单位联系地址、银行账户及联系电话、变更其他不影响车辆还款和抵押物登记的事项。

（2）变更申请。购车人在保险期限内发生变更事项，应及时提出申请。

（3）办理批改。在办理批改时，应注意审核批改事项是否将产生意外风险，从而决定是否接受批改申请。

2. 合同终止

遇有下列情况之一，汽车消费贷款保证保险的合同就会终止。

（1）贷款购车人提前偿还所欠贷款。

（2）贷款所购车辆因发生车辆损失险责任范围内的全损事故获得保险赔偿，并且赔款足以偿还贷款的。

（3）因履行保证保险赔偿责任。

（4）保证保险期满。

3. 合同解除

下列情形之一发生时，保险合同将被解除。

（1）投保人违反保险法或担保法等法律法规，保险人可以发出书面通知解除合同。

（2）被保险人违反国家相关法律、法规和消费贷款规定的，保险人有权解除合同。

（3）投保人根据国家相关的法律法规，提出解除合同。

（4）投保人未按期足额缴纳汽车保险费，且被保险人未履行代缴义务的，保险人有权解除合同。

（5）法律、法规规定的其他解除合同的事由。

4. 办理收、退费

（1）经保险人同意延长保险期限的，根据延长后的实际期限选定费率，补收保险费。投保人提前清偿贷款，按照实际还贷时间按月计算保险费，多收部分退还投保人。

（2）贷款所购车辆因发生车辆损失险责任范围内的全损事故获得保险赔偿，并且已优先清偿贷款的，保证保险合同终止，并退还从清偿贷款之日至保证保险合同期满的全部保险费。

三、汽车消费贷款保证保险的理赔

（1）接受报案。

接受报案人员在接到报案时，应按照本书报案部分要求，对报案人进行询问，并填写《报案记录》，通知业务人员。

业务人员根据报案记录，尽快查阅承保记录，将符合理赔的案件记录在《保证保险报案登记簿》。

业务人员在接受报案的同时，须向被保险人提供《索赔申请书》和《索赔须知》，并指导其详细填写《索赔申请书》。同时向被保险人收取下述原始单证。

①汽车消费信贷保证保险保单和汽车保险单正本。

②《汽车消费贷款合同》（副本）。

③《抵押合同》或《质押合同》或《保证合同》。

④被保险人签发的《逾期款项催收通知书》。

⑤未按期付款损失清单。

（2）查抄底单。业务人员根据出险通知，应尽快查抄出汽车消费贷款保证保险保单与批单、汽车保险的保险单与批单，并在所抄单证上注明抄单时间和出险内容。

（3）立案。业务人员应根据被保险人提供的有关资料进行初步分析，提出是否立案的意见与理由，报业务负责人。

业务负责人接到报告后，应及时提出处理意见。

业务人员根据负责人的意见办理立案或不立案的手续。立案时，应在汽车保险单上做出标记；不予立案的，应以书面形式通知被保险人。

（4）调查。

①调查要求。调查工作必须双人进行，应着重第一手材料的调查。所有调查结果应做出书面记录。

②调查方式与重点。

a. 对已经掌握的书面材料进行分析，确认被保险人提供的书面材料是否全面真实。

b. 向被保险人取证，了解投保人逾期未还款的具体原因，被保险人催收还款的工作情况。

c. 向个人投保人的工作单位或所在居委会（村委会）调查，了解投保人收入变动情况；向法人投保人的上级单位或行政主管部门了解其经营情况。

d. 向有关单位和个人调查抵押物的当前状况。

（5）通过其他途径调查，并结合以上调查结果，明确是否存在条款所载明的责任免除事项，投保人、被保险人是否有违反条款规定义务的行为。

（6）制作调查报告。调查人员在调查结束后应写出调查报告，全面详细地记录调查结果并做出分析。

（7）确定保险责任。业务人员应根据调查报告和收集的有关材料，依照条款和有关规定，全面分析，确定是否属于保险责任，形成处理意见后报地市级分公司车险部门审定，拒赔案件应逐级上报省级公司审定。

（8）抵押物处理。

①保险事故发生后，保险人应及时通知被保险人做好抵押物处理的准备工作。

②保险人应与被保险人、投保人（抵押人）共同对抵押物进行估价，或共同委托第三人进行估价。所估价值由各方同意后，签订《估价协议书》。协议书所确定的金额为处理抵押物的最低金额。

③被保险人按照《估价协议书》规定处理抵押物，所得价款优先用于偿还欠款。

④被保险人不能处分抵押物的，应对投保人提起诉讼，抵押物的抵押权转归保险人，保险人应会同被保险人办理抵押权转移的各项手续。

（9）赔款理算。理赔人员根据前述条款的规定，依据调查报告、索赔通知书和估价协议等有关材料进行赔款理算。

①抵押物已由被保险人处理的。

$$赔款 = （保险金额 - 已偿贷款 - 抵押物的处分金额）\times 80\%$$

②抵押物抵押权转归保险人的。

$$赔款 = （保险金额 - 已偿贷款）\times 80\%$$

抵押物灭失、不属于汽车保险赔款责任，且投保人未提供新的抵押物的，保险费也按照上式计算。

上述公式中的"已偿贷款"，不包括投保人已经偿还的贷款利息；"抵押物的处分金额"是指抵押物处分后，被保险人实际得到的金额，即扣除处分抵押物所需的费用及其他相关费用后的余额。

投保人以其所购车辆作为贷款抵押物，因逾期未还款车辆依抵押合同被处分后，投保人为其投保的汽车保险的保险责任即行终止，被保险人应按照保险合同的规定，为投保人办理汽车未了责任期保险费的退费手续。

贷款所购车辆发生车辆损失险保险责任范围内的全损事故后，汽车保险的被保险人应得到的赔款，应优先用于偿还汽车消费贷款。此时，汽车保险的理赔人员，应书面通知贷款银行向保险公司提出"优先偿还贷款申请"，并书面通知汽车保险的被保险人，要按照合同的规定将赔款优先用于偿还贷款。优先偿还的范围仅限于所欠的贷款本金。优先偿还贷款后的赔款余额应交汽车保险的被保险人。赔款优先清偿贷款后，保证保险合同即行终止。保险人应按照关于收退费的规定，为投保人办理保证保险未了责任期保险费的退费手续。

（10）缮制赔款计算书。计算完赔款以后，要缮制赔款计算书。赔款计算书应该分险别、项目计算，并列明计算公式。赔款计算应尽量用电脑出单，应做到项目齐全、计算准确。手工缮制的，应确保字迹工整、清晰，不得涂改。

业务负责人审核无误后，在赔款计算书上签署意见和日期，然后送交核赔人员。

（11）核赔。

①审核单证。

a. 审核被保险人提供的单证、证明及相关材料是否齐全、有效，有无涂改、伪造等。

b. 审核经办人员是否规范填写有关单证，必备的单证是否齐全等。

c. 审核相关签章是否齐全。

②核定保险责任。主要审核是否属于保险责任。

③审核赔付计算。审核赔付计算是否准确。属于本公司核赔权限的，审核完成后，核赔人员签字并报领导审批。属于上级公司核赔的，核赔人员提出核赔意见，经领导签字后报上级公司核赔。在完成各种核赔和审批手续后，转入赔付结案程序。

（12）结案登记与清分。业务人员根据核赔的审批金额填发《赔款通知书》及赔款收据；被保险人在收到《赔款通知书》后，在赔款收据上签章；财会部门即可支付赔款。在被保险人领取赔款时，业务人员应在保险单正、副本上加盖"×××年××月××日出险，赔款已付"字样的印章。

赔付结案时，应进行理赔单据的清分。一联赔款收据交被保险人；一联赔款收据连同一联赔款计算书送会计部门作付款凭证；一联赔款收据和一联赔款计算书或赔案审批表，连同全案的其他材料作为赔案案卷。

被保险人领取赔款后，业务人员按照赔案编号，输录《汽车消费信贷保证保险赔案结案登记》。

（13）理赔案卷管理。理赔案卷要按照一案一卷整理、装订、登记、保管。赔款案卷应单证齐全，编排有序，目录清楚，装订整齐。一般的保证保险的理赔案卷单证包括赔款计算书、赔案审批表、出险通知书、索赔申请书、汽车消费贷款保证保险的保险单及批单的抄件、抵押合同、调查报告、估价协议书、权益转让书，以及其他有关的证明与材料等。

四、客户回访服务

（1）保证保险业务要指定专人负责，对客户应每半年回访一次，做好跟踪服务，及时掌握购车人（投保人）、被保险人的需求与动态。

（2）要建立客户回访、登记制度，实行一车一户管理制，及时记录还款情况。

（3）与银行建立并保持定期联络制度；协助银行做好消费贷款还款跟踪服务。

（4）建立消费贷款购车人与所购车辆档案，内容包括购车人的基本资信情况、车辆使用情况、安全驾驶记录、保险赔款记录、还款记录等。

本章复习思考题

1. 什么是汽车贷款？汽车贷款有哪些具体规定？

2. 什么是汽车消费贷款保证保险？什么是汽车分期付款售车信用保险？两者的区别是什么？

3. 汽车消费贷款保证保险和汽车分期付款售车信用保险的保险责任和除外责任分别是什么？

4. 简述办理汽车消费贷款保证保险和汽车分期付款售车信用保险的程序。

5. 简述汽车消费贷款保证保险理赔的程序。

参 考 文 献

[1] 杨学坤. 机动车辆保险与理赔 [M]. 长春：吉林人民出版社，2002.

[2] 周延礼. 机动车辆保险理论与实务 [M]. 北京：中国金融出版社，2001.

[3] 黄大庆，刘娜. 汽车保险 [M]. 北京：地震出版社，2000.

[4] 王绪瑾. 保险学 [M]. 6 版. 北京：高等教育出版社，2017.

[5] 王云鹏，鹿应荣. 车辆保险与理赔 [M]. 2 版. 北京：机械工业出版社，2010.

[6] 祁翠琴. 汽车保险与理赔 [M]. 3 版. 北京：机械工业出版社，2021.

[7] 中国人民保险公司车辆保险部. 机动车辆保险业务手册 [M]. 北京：中国人民保险公司，2003.

[8] 蒋黔生. 汽车保险与理赔 [M]. 北京：科学出版社，1991.

[9] 段昆. 当代美国保险 [M]. 上海：复旦大学出版社，2001.

[10] 张庆洪，何清埜. 机动车辆保险 [M]. 北京：机械工业出版社，2006.

[11] 白建伟. 汽车碰撞分析与估损 [M]. 北京：机械工业出版社，2010.